主办 / 中国修辞学会
主编 / 胡范铸
执行主编 / 周录祥　陈佳璇

中国修辞

ZHONGGUO XIUCI

2021

上海社会科学院出版社
SHANGHAI ACADEMY OF SOCIAL SCIENCES PRESS

本卷为韩山师范学院科研创新团队"岭东文献整理与文学研究"
阶段性成果

《中国修辞》编委会

(以下名单皆按姓氏音序排列)

编委会顾问

柴春华　中国修辞学会顾问、海南师范大学教授
程祥徽　中国修辞学会副会长、澳门大学教授
黎运汉　中国修辞学会顾问、暨南大学教授
陆俭明　《当代修辞学》顾问、北京大学教授
屈承熙　《当代修辞学》顾问、佛罗里达大学教授
沈家煊　《当代修辞学》顾问、中国社会科学院文史哲学部委员
田小琳　中国修辞学会副会长、香港岭南大学教授
郑远汉　中国修辞学会顾问、武汉大学教授
宗廷虎　中国修辞学会顾问、复旦大学教授

编委会主任

陈光磊　中国修辞学会会长、复旦大学国际文化交流学院教授
胡范铸　中国修辞学会执行会长、华东师范大学国家话语生态研究中心主任、《当代修辞学》编委会主任、教授

编委会副主任

冯广艺　中国修辞学会副会长、中南民族大学教授
刘大为　中国修辞学会副会长、复旦大学中文系教授
刘亚猛　福建师范大学外国语学院教授
谭学纯　中国修辞学会副会长、福建师范大学文学院教授
王建华　中国修辞学会副会长、浙江科技学院原党委书记、教授
曾毅平　中国修辞学会副会长、暨南大学汉语国际推广中心主任、教授
张先亮　中国修辞学会副会长、浙江师范大学原党委副书记、教授
祝克懿　中国修辞学会副会长、复旦大学中文系教授

编辑委员

曹石珠　湘南学院原校长、教授
池昌海　浙江大学人文学院教授
陈光磊　复旦大学国际文化交流学院教授
陈佳璇　韩山师范学院文学与新闻传播学院副院长、教授
邓志勇　上海大学外国语学院党委书记、教授
杜　敏　《陕西师范大学学报》主编、教授
冯广艺　中南民族大学教授
冯学锋　武汉大学文学院教授
甘莅豪　华东师范大学传播学院教授
胡范铸　华东师范大学国家话语生态研究中心主任、《当代修辞学》编委会主任、教授
黄锦章　上海财经大学应用语言学研究所所长、教授
鞠玉梅　齐鲁工业大学外国语学院院长、教授
李　克　山东大学翻译学院教授
林华东　泉州师范学院原副校长、教授
刘大为　复旦大学中文系教授
刘亚猛　福建师范大学外国语学院教授
马清华　南京大学文学院教授
曲卫国　复旦大学外文学院原院长、教授
束定芳　《外国语》主编、教授
谭学纯　福建师范大学文学院教授
王建华　浙江科技学院原党委书记、教授
曾毅平　暨南大学汉语国际推广中心主任、教授
祝克懿　《当代修辞学》主编、复旦大学中文系教授

本卷主编　胡范铸
执行主编　周录祥　陈佳璇
编辑部主任　张虹倩
编辑部邮箱　zhongguoxiuci@sina.com

目 录

本卷特稿

政治传播语言学的逻辑起点 ……………………… 胡范铸 胡亦名 1

"民主国家峰会"与拜登政府对华战略新路径
　　——基于布鲁金斯政策报告话语的框架分析 …………… 张虹倩 16

年度论文选

从引述到负面立场表达 ……………………………………… 方 梅 36

从狂欢到共情:全球新冠肺炎疫情下东京奥运会开幕式的
　　国家形象修辞
　　——一种体育景观观念史的视角 …………………… 甘莅豪 54

香港媒体"国家认同"的修辞建构
　　——以《南华早报》粤港澳大湾区新闻文本为例 ……… 鞠玉梅 69

"共情修辞"的学理渊源与机制构建 ………………… 李 克 朱虹宇 86

翻译修辞批评的几个维度 ………………………………… 陈小慰 104

修辞学教育:关于中西修辞互鉴的思考 …………………… 邓志勇 115

年会论文选

强化、认定与反预期:当代新兴构式"真·X" ……………… 蔺 伟 119

汉语对立类话语标记的类别、功能及形成研究 …………… 杨万成 135

现代汉语状中式"V1+V2"的篇章信息功能透视 ………… 朱 磊 153

微信表情符号[笑哭][捂脸]的情景语义和话语功能研究
　　——基于青年用户的调查 ……………………………… 唐雪婷 170

来琼留学生对汉语教师形象的概念认知研究 …… 孙 丹 潘 磊 193

当代汉语流行语的"市场假象"与澄明 …………………… 邢兆梅 201

"一带一路"倡议下商务沟通中的中国人积极形象研究:
　　交互性视角 ……………………………………… 王婉娜 陈 琦 215

重要学术活动述评

全球思想竞争时代的中国修辞理论建设
——中国修辞学会 2021 年学术年会暨第十一届国家和机构
形象修辞学研讨会述评 ………………… 陈佳璇　周　萍　230

语言、景观与社会发展
——第五届国家话语生态研究高峰论坛述评 …………… 韩晓晔　235

仰止高山怀往哲，发舒贤蕴续新篇
——纪念《修辞学发凡》问世 90 周年暨第十二届
"望道修辞学论坛"学术研讨会述评 ……… 王　静　尉　薇　238

附录

2021 年全国修辞学博士论文摘要选 ………………………………… 244
2021 年修辞学研究博士论文目录(部分) …………………………… 252
2021 年修辞学研究硕士论文目录(部分) …………………………… 253

编后记 ……………………………………………………………… 265

本卷特稿

政治传播语言学的逻辑起点*

胡范铸　胡亦名

摘要：政治传播语言学并非既有的政治学、传播学、语言学研究的简单叠加，而是根据对于"政治""传播""语言"的重新定义而获得的一种新的理论范式。现代政治（已然）是为了某个群体利益的行动，更（应然）是不同利益集团为了自我利益最大化与全球共同体的共同利益和可持续发展的非零和博弈；传播不仅是发布消息，更是沟通社会、建构社会的信息事件；语言不仅是词句，更是一个行为，不仅意味着日常的行为，更意味着一种社会的实践。政治传播语言学就是运用语言分析、媒介分析、政策分析等一系列技术（方法），研究语言的传播何以影响公共知识、社会信仰和政治行动（问题），以促进不同的利益集团达成信仰互文、政治协商、社会共识的理论探索（目标）。

关键词：政治传播语言学；价值观；事件哲学；新言语行为分析

　　何为政治传播语言学？政治传播语言学何为？这不仅是一个政治学、传播学、语言学进行对话的契机，更是一个重新认识政治学、传播学和语言学的机缘。政治传播语言学是政治学、传播学、语言学三大学科交叉的产物。政治学、传播学、语言学分别拥有自己独特的研究范式，而语言与传播、语言与政治、政治与传播也都已在国际学界有了大量的专门论述。与此同时，不论是在专门的政治学、传播学、语言学论著中，还是在已经蓬勃展开的语言与传播、语言与政治、政治与传播研究中，如何将政治学、传播学、语言学三个知识体系融

---

* 本文系国家社科基金重点项目"以'新言语行为分析'为核心的汉语修辞学理论研究"（19AYY002）的阶段性成果。胡范铸，华东师范大学教授，华东师范大学国家话语生态研究中心首席专家；胡亦名，上海理工大学沪江学院讲师，华东师范大学国家话语生态研究中心研究员。

汇为一体,依然是一个极具挑战性的任务。

我们曾经提出,对于一种言语行为的研究需要采用"充分定义法",即充分认识一个核心概念的内涵,才可能有效地展开逻辑的分析①。也许,对于政治传播语言学的分析同样需要从重新定义"政治""传播""语言"三个基本概念入手。

一、何为"政治",谁的"政治"?

何为"政治"？政治就是"政府、政党、社会团体和个人在内政及国际关系方面的活动"②,抑或就是"权力的运用"？

全球思想史上的"政治"概念源自希腊语 Πολιτικά(politiká),最初指的是"城邦",后来意指城邦中公民参与城邦治理、社会管理的过程。在古希腊思想家看来,"政治制度是从城邦公民的习惯里产生出来的"③。"我们见到每一个城邦(城市)各是某一种类的社会团体","城邦出于自然的演化,而人类自然是趋向于城邦生活的动物(人类在本性上,也正是一个政治动物)","城邦的长成出于人类'生活'的发展,而其实际的存在却是为了'优良的生活'"④。这一思想深刻地影响了整个西方思想史,并逐渐发展为一个具有丰富内涵和多种价值指向的概念。

道德主义政治学倾向于认为"政治即正义",强调政治与意识形态、伦理紧密相关,由此指向一种乌托邦的思想。伯纳德·克里克(Bernard Crick)明确强调"政治是对自由社会的治理方式。政治是政治,其他形式的统治则是另外一回事"⑤。"政治是一种独特的统治形式,人们可以通过制度化的程序共同行动,以解决分歧,调和各种利益和价值观,并为追求共同目标制定公共政策。"⑥激进主义政治学倾向于认为"政治即利益",政治的本质就是利益之间的冲突,"所有政治的根源都是冲突的通用语言"⑦。政治的本质是"朋友"与"敌人"的区别⑧。现实主义政治学认为"政治即分配",政治就是"谁得到什么,何时和如

---

① 胡范铸:《试论新闻言语行为的构成性规则》,《修辞学习》2006 年第 1 期。
② 《现代汉语词典(第 7 版)》,商务印书馆 2016 年版,第 1675 页。
③ [古希腊]柏拉图著,郭斌和、张竹明译:《理想国》,商务印书馆 1986 年版,第 317 页。
④ [古希腊]亚里士多德著,吴寿彭译:《政治学》,商务印书馆 1983 年版,第 1—7 页。
⑤ Bernard Crick, *In Defense of Politics*, Chicago: University of Chicago Press, 1972.
⑥ 转引自维基百科英文词条"Politics", https://en.wikipedia.org/wiki/Politics。
⑦ Elmer Eric Schattschneider and David W. Adamany, *The Semisovereign People: A Realist's View of Democracy in America*, Hinsdale Ⅲ: Dryden P., 1960, p.2.
⑧ Chantal Mouffe, *The Challenge of Carl Schmitt*, Verso, 1999, p.116.

何得到"①。也有学者进而认为,政治是关于冲突与合作的典型融合,这种融合在人类的互动中经常出现。纯粹的冲突就是战争,纯粹的合作是真正的爱,政治是两者的结合②。马列经典作家则认为:"政治是经济的最集中的表现。"③亦即政治根源于经济,由经济所决定,政治对于经济具有反作用,任何阶级和社会集团的政治活动,归根到底都是为了实现和维护本阶级和集团的根本经济利益。也有的观点将政治泛化,认为"政治即权力",政治存在于人类社会关系的各个领域,一切牵涉权力、权威的关系都是政治关系,哪怕是家庭内部的父子关系、夫妻关系甚至母婴关系,这在女权主义政治学那里表现得尤为突出。还有的观点将政治污名化,以为"政治即权术"。废奴主义者温德尔·菲利普斯(Wendell Phillips)就曾宣称:"我们不玩政治;反奴隶制对我们来说不是半开玩笑的。"④

比较而言,《布莱克维尔政治学百科全书(修订版)》的界定似乎较为平允:"政治是在共同体中并为共同体的利益而作出决策和将其付诸实施的活动。"⑤《布莱克维尔政治学百科全书(修订版)》强调,从这一定义,可以得出三项重要的推论:第一,政治是一种活动,既然是一种活动,就具有能动性,并且随着时间的推移,以各种不同的方式发展演化,从根本上说就是某些行为产生的一种过程。第二,它是作出决策并付诸实施的活动,故它又同权威和合法性等概念密切相关,制定政策的过程需要导向,因而也就需要意识形态;制定和实施政策必须要有某种可以促使共同团体成员解决问题的力量,因而就不可避免地要使用从温和的感化到直接强制等各种压力手段(权力),包括"制度"和"传统"。第三,政治是发生于某个社会共同体之中,并为该共同体服务的一种活动,即政治是在集体背景下产生的,至少要有两个人共同作出决策,否则就谈不上政治,它产生于任何社会共同体的环境中,并不只是国家内的一种活动。

---

① [美]哈罗德·D. 拉斯韦尔著,杨昌裕译:《政治学:谁得到什么?何时和如何得到》,商务印书馆1999年版,第1页。

② Cees van der Eijk, "What Is Politics?", *The Essence of Politics*, Amsterdam: Amsterdam University Press, 2018, p.11, 29.

③ 《列宁选集》第4卷,人民出版社1995年版,第416页。

④ Alexander Johnston and James Albert Woodburn, *American Orations: V. The Anti-Slavery Struggle*, G. P. Putnam's Sons, 1903, p.233.

⑤ [英]戴维·米勒、韦农·波格丹诺主编,邓正来译:《布莱克维尔政治学百科全书(修订版)》,中国政法大学出版社2002年版,第629页。

不过,我们的疑问是,政治的本质究竟是不同个体在同一个群体之间调整利益的过程,还是不同的群体——由多个个体依据某种需求临时或稳定的构成的群体之间调整利益的过程?如果是前者,则很容易得出"政治首先是个人性的,最典型的政治关系就是父子关系、夫妻关系",而依据后者,才可能充分关注到群体的发展。

由此,我们认为,所谓政治,首先就是不同的利益集团依据一定的价值观为使本集团利益最大化的博弈。这就意味着:

第一,我们需要区别"个体""个别""集团""共同体"的概念。政治固然与每一个"个体"有关,但它的直接形式却是多个个体构成的"利益集团",纯粹某个具体个体(我们将之称为"个别")的行为和诉求并不直接成为政治。政治并非一个小群体内若干"个别"之间的利益,而是意味着不同群体之间的利益。某夫妻两人之间的权力分配本身并不构成"政治",只有其中一方或者双方把这种关系与普遍的夫妻权力分配联系起来(比如将之自觉地作为抗争"男尊女卑"制度的一种行动),使之成为一种"群体性"框架中的"个体"关系,才成为"政治"。

第二,政治固然意味着一种利益的分配,但这一分配过程是一种"博弈"。即不同的政治集团在一定的游戏规则约束下,基于直接相互作用的环境条件,依靠所掌握的信息,选择各自策略(行动),以实现利益最大化和风险成本最小化的过程。

第三,"政治游戏"的最大"规则"就是价值观。政治离不开"利益""分配"和"权力",甚至常常也需要"权术",但制约这一切的首先是价值观。不同的价值观不但决定了对于"利益"的判定,决定"分配"的原则,也构建了"权力"的社会基础。极端主义政治往往把政治博弈看作一种"零和博弈",参与博弈的各方,在严格竞争下,一方的收益必然意味着另一方的损失,博弈各方的收益和损失相加总和永远为"零",双方不存在合作的可能,即所谓"不是我灭了你,便是你灭了我";而反极端主义政治学则把政治的博弈看作一种"非零和博弈",博弈中各方的收益或损失的总和不是零值,博弈中,自己的所得并不与他人的损失的大小相等,连自己的幸福也未必建立在他人的痛苦之上,即使伤害他人也可能"损人不利己",所以博弈双方存在"双赢"的可能,进而达成合作。在非零和博弈中,"正义恰恰是树立社会秩序的基础"[①]。

---

① [古希腊]亚里士多德著,吴寿彭译:《政治学》,商务印书馆1983年版,第9页。

第四,政治利益集团并非一个固化的结构,由于"人是一切社会关系的总和",因此,每一个"个体"可以同时分属不同的利益集团。由此,所谓的"利益"即使落实在某一个个体身上,也往往是彼此冲突、顾此失彼的。由此,也就带来了如何超越"临时的""当下的""分裂的"乃至"自我冲突的"利益博弈,达成全球意义上的"利益分配公正"的问题。全球意义上的"利益分配公正"也就是"全球治理"的过程。

"全球治理"最初是德国政治家勃兰特(Willy Brandt)于1990年提出的旨在对全球公共事务进行共同管理的理论。1992年,28位国际知名人士发起成立了"全球治理委员会"(Commission on Global Governance)。根据"全球治理委员会"的定义:治理是个人和制度、公共和私营部门管理其共同事务的各种方法的综合,冲突或多元利益能够借此相互调适并能采取合作行动。全球治理是由不同层次的行为体和运动所构成的复杂过程,强调行为者的多元化和多样性,强调参与、谈判和协调,强调程序的基本原则与实质的基本原则同等重要。

如果说"全球治理"最初还只是一种愿景,那么,随着互联网的兴起、信息流通的全球化、经济活动的全球化、人员交通的全球化,任何社群再也不可能只是一种孤立的存在。互联网不仅深刻改变了作为社会运行基本条件的信息生产方式、信息流通方式与信息消费方式,同时也深刻改变了社会的层级结构与地缘关系。"在这一语境下,'全人类参与'与'全球化治理'究竟如何展开,第一次已然成为一个极具现实性的问题","通过更加有效的全球治理模式来解决全球性问题,已成为全球的共同需求"①。

全球治理的要素包括五个方面:为什么治理、如何治理、谁治理、治理什么、治理得怎样。其核心就是目标(为什么治理)问题。而这一旨在全球范围内所要达到的目标,应当是超越国家、种族、宗教、意识形态、经济发展水平的全人类的共同命运,也就是"人类命运共同体"的建设。

德国社会学家滕尼斯(Ferdinand Tönnies)指出,"共同体"和"社会"虽然都属于人类的共同生活形式,但只有"共同体"才是真正的共同生活,而"社会"不过是暂时的和表面的共同生活。"共同体"是人类出于"本质意志"的有机团

---

① 澳大利亚前总理陆克文语,中国社会科学网2015年4月27日,http://lcl.cssn.cn/ts/dsrt/201504/t20150427_1603303.shtml,访问时间2020年9月5日。

结,它体现了人类关系的真正本质;而传统意义的"社会"则是依赖权力、制度、法律等"选择意志"的机械团结,体现的是人类关系的表象。"命运共同体"是"命运"与"共同体"的一种内在精神组合和有机联系,"命运共同体超越了一般意义上的共同体类型及其价值要求,同时又是诸种共同体精神和特质的综合化集结和辩证统一,其伦理精义集中体现为利益共生、情感共鸣、价值共识、发展共赢与责任共担"[1]。中国政府如今对此也有了越来越清晰的主张:"这个世界,各国相互联系、相互依存的程度空前加深,人类生活在同一个地球村里,生活在历史和现实交汇的同一个时空里,越来越成为你中有我、我中有你的命运共同体。"[2]

这样,我们也许可以对政治重新定义:政治不仅是各种不同的利益集团依据一定的价值观为了使得本集团利益最大化的博弈,更应该同时成为在全球视域下不同的利益集团就全人类发展最优化的非零和博弈。"政治"不是"个别"的政治,而是"集团"内的"个体"与"集团"之间、全球"共同体"视域下的"集团"的政治。这一定义,既是一种现实主义的立场,同时,也是向以柏拉图、亚里士多德为代表的人类政治文明的开拓者的致敬;既可以覆盖社会公共认知中的各种政治行为,又可以避免将政治无限泛化;既关注到各个层级、各种类型的利益集团的政治活动,又关注到不同的利益集团结成更大的利益共同体(人类命运共同体)的可能。

"共同体"既是一个源远流长的社会理想,也是一个不可或缺的现代观念。真正的现代政治应该是指向每一个个体的生命价值和存在意义,指向全人类的根本利益与永续发展,在鼓励"每一个个体自由发展"的条件下推进人类命运共同体的构建。

二、何为"传播","传播"何为?

何为"传播"?传播就是信息的"广泛散布"[3],抑或就是"大众传播"?

对于传统传播学来说,"传播是指两个相互独立的系统之间,利用一定的媒介和途径所进行的、有目的的信息传递活动"。也就是信息论学者香农(Claude Elwood Shannon)与韦弗(Warren Weaver)所说的,信息传递是"信

---

[1] [德]斐迪南·滕尼斯著,林荣远译:《共同体与社会——纯粹社会学的基本概念》,商务印书馆1999年版,第154页。
[2] 《习近平谈治国理政》,外文出版社2014年版,第272页。
[3] 《现代汉语词典(第7版)》,商务印书馆2016年版,第200页。

源—编码—信道(干扰)—解码—信宿"的过程。而当这种信息传递活动满足了这样三项特征时,即"1.它针对较大数量的、异质的和匿名的受众。2.消息是公开传播的,安排消息传播的时间通常是以同时到达大多数受众为目的,而且其特征是稍纵即逝的。3.传播者一般是复杂的组织,或在复杂的机构中运作,因而需要庞大的开支",便形成了"大众传播。"①

那么,是否任何"两个相互独立的系统之间,利用一定的媒介和途径所进行的、有目的的信息传递活动"都构成传播学乃至政治传播意义上的"传播"?进而言之,"政治传播"是否就是对于"政治的大众传播"?或者只需要定义为"政治的信息传递活动"?

我们以为,传播并非简单地报告消息。例如,某 A 给某 B 发微信"午饭吃了吗",某 B 回答"还没有"。这对话虽然存在"信息传递",也"利用一定的媒介和途径",具有一定"目的",但其本身并不直接构成传播学意义上的"传播"。

首先,传播是一种"沟通"过程,"政治传播"就是"政治沟通"。

信息传播过程是一种信息分享过程,双方都能在传递、交流、反馈等一系列过程中分享信息,在双方信息沟通的基础上取得理解,达成共识。政治信息的传播更意味着"赋予政治过程以结构和意义之信息和情报的流动"②。"政治沟通不只是精英对其民众发送信息,而且还包括全社会范围内以任何方式——不论是对公共舆论的影响、对公民的政治社会化还是利益集团的动员——影响政治的整个非正式沟通过程。"这是"一种包括信息和情报的收集、储藏和传播在内的庞大的沟通过程"③。

进而言之,并非所有的"政治沟通"都必定依赖大众传媒,甚至并非所有的"政治沟通"都一定依赖公共传播。对于政治和政治沟通而言,信息的"收集、存储和传播"有两种可能:依赖公共传播渠道和依赖非公共传播渠道。由此,政治也可以划分为两类:依赖公共传播渠道的政治和依赖非公共传播渠道的政治。

在今天,政治沟通并不限于大众传播,而是包括各种不同的活动:既包括大众传播媒介对公共舆论的影响乃至对于公共政策的影响,也包括新的沟通

---

① Wnight 语,参见[美]沃特·塞佛林、小詹姆斯·坦卡德著,郭镇之等译:《传播理论:起源、方法与应用》,华夏出版社 2000 年版,第 4 页。

②③ [英]戴维·米勒、韦农·波格丹诺主编,邓正来译:《布莱克维尔政治学百科全书(修订版)》,中国政法大学出版社 2002 年版,第 474 页。

技术如电子沟通技术特别是"自媒体"对政治及政治事件怎样被理解的影响，还包括各种非公众渠道的信息传播对于政治组织和政治决策的影响，只是后者通常更多地被归于"情报"或"决策咨询"的范畴加以考察。更重要的是，传播不仅仅是一种"信息传递活动"，更是一种"事件"，信息传递的"事件"。政治传播就是"政治信息传递事件"。

并非所有的"事情"都构成"事件"，用《现代汉语词典》的解释，"事件"就是"历史上或社会上发生的不平常的大事情"。"舆论学"的开山鼻祖李普曼（Walter Lippmann）曾经提出："新闻的作用在于突出一个事件，而真相的作用则是揭示隐藏的事实，确立其相互关系，描绘出人们可以在其中采取行动的显示画面。只有当社会状况达到了可以辨认、可以检测的程度时，真相和新闻才会重叠。"[1]李普曼只是从"事实"是否能够从背景中突出来定义"事件"，以至于极端者推之为"狗咬人不是新闻，人咬狗才是新闻"。法国哲学家巴迪欧（Alain Badiou）从"事件"与"语境"是"断裂"还是"连续"的视角给予"事件"更为深刻的定义，"事件是将那些不可见的抑或不可想象的可能性显现出来。事件自身并不是一个现实的创造，它是可能性的创造，它开启了可能性"[2]，"事件是将那些不可能性转变为可能性"[3]。

这也就是说，"事件"并非某一"事实"（行动/事情）在同一种具有连续性的语境中的"再次发生"，而是意味着一个"事实"（行动/事情）从原有语境中"脱落"出来（发展逻辑），并由这一"事件"创设出了新的语境，使得未来的行动获得了与过去不同的理据。

例如，一位老人跌倒在地，路人上前扶起，这对于社会来说只是一个每天都会发生成千上万次的普通"事实"，并不构成"事件"，通常媒体也不会加以报道传播。但是，在 2006 年 11 月 20 日，南京老人徐寿兰去搭乘公交车时在车旁意外摔倒，青年彭宇立刻予以救助。徐寿兰如何跌倒，她与彭宇是否发生相撞，没有任何第三方能提供确凿见证。现场唯一目击证人陈先生在案发时也参与了部分救助，据称他当时也没有看到徐老太如何倒地，他看到彭宇上前帮忙后，自己也上前帮忙，并打电话叫老人的儿女过来。彭宇将徐寿兰扶起送往医院，检查结果股骨颈骨折，需进行人造股骨头置换手术。诊断结果出来后，

---

[1] ［美］沃尔特·李普曼著，林珊译:《舆论学》，华夏出版社 1989 年版，第 237 页。
[2] Alain Badiou, *Philosophy and the Event*, Polity Press, 2013, p.9.
[3] Ibid., p.10.

徐寿兰向彭宇索赔医疗费,遭到拒绝,并在各种调解失败后,在鼓楼区法院提出民事诉讼。彭宇称自己好心帮助那名老人,将她扶起送去医院,却反而被诬,由此形成了一个法律事件(案件)。案件被媒体曝光后,迅速成为网上热议的话题。尽管事后有关方面称彭宇最后还是"承认曾与老人相撞",但在当时,这已经形成一个政治传播的重大"事件",迄今百度"南京彭宇案",不仅有169万个相关文件,甚至还有专门的百度百科词条。而其之所以从一个"法律事件"发展为一个重大的"政治传播事件",不仅在于当事人究竟谁该负责,更在于一审判决书中"如果被告是见义勇为做好事,更符合实际的做法应是抓住撞倒原告的人,而不仅仅是好心相扶"之类的推断性判词。这一主观性过强的判词一经披露,立刻诱发了"法院不保护见义勇为"和"谁主张谁举证并不重要"等一系列社会想象,不但在全社会掀起轩然大波,而且直接影响了此后中国人扶助跌倒老人的积极性。传统语言学认为是"语境生产(出)事件",其实是"事件生产(出新的)语境",一个"南京彭宇案"的传播造成了全社会从此"怕扶老人"的社会语境。

然而在2008年"5·12汶川大地震"发生后,5月17日,国务院决定,"2008年5月19日至21日为全国哀悼日。在此期间,全国和各驻外机构下半旗致哀,停止公共娱乐活动,外交部和我国驻外使领馆设立吊唁簿"。决定一经发布,不但改变了中国五千年的国家政治礼仪,更开创了我国"国旗为平民生命而降"的新的积极政治生态。

由此,也许可以对于"传播"做出定义:传播并非一般意义上的信息的散布,而是指两个以上的系统之间,利用公共的或者非公共性的媒介和途径所进行的信息传递"事件",旨在彼此沟通以达成新的共识、开拓新的行动路径、创设新的社会语境。

三、何为"语言",以何"语言"?

何为语言?语言只是"人类所特有的用来表达意思、交流思想的工具,是一种特殊的社会现象,由语音、语法和词汇构成一定的系统"[①],抑或只是一套"音义结合体"?

潘文国曾经提出:"语言是什么?这是语言研究的首要问题。所有与语言研究有关的其他问题,诸如语言研究的理论,语言研究的目标,语言研究的范

---

① 《现代汉语词典(第7版)》,商务印书馆2016年版,第1601页。

围,语言研究的途径,语言研究的方法,语言研究的重点,语言研究的结果,乃至语言政策的制定等,可说都是在对语言是什么这个根本问题认识的基础上进行的。不同的语言观会导致不同的语言理论,产生不同的语言研究方法,追求不同的语言研究目标和结果。语言观决定语言研究方法,一定的方法是为一定的语言观服务的。方法之间的相互借鉴当然是可能的,但方法的移用很难摆脱这一方法原来所适用的语言理论的影响。"[1]与此同时,他搜集了从19世纪初至今的权威学者、权威工具书和部分语言学家在这个问题上有代表性的60多条观点加以考察。实际上,语言观的差异还远不止于此。

索绪尔(Ferdinand de Saussure)认为:"语言是一种自足的结构系统,同时又是一种分类的原则。"[2]乔姆斯基(Noam Chomsky)进一步提出:"语言是一组有限或无限的句子的集合,其中每一个句子的长度都有限,并且由一组有限的成分构成。"[3]辉特尼(William Dwight Whitney)认为:"语言是获得的能力,文化的组成部分,为人类普遍具有,也只有人类才有。语言与人类其他表达手段的区别:语言需要产生的直接动因是交际,这是语言史上自觉的、并起决定作用的因素。"[4]《美国百科全书》强调,语言就是"正常人类所具有而为其他物种不备的能力,能通过口头或书面方式,来表达精神现象或事件。其根本点是在语音与思想、概念、头脑中的形象之间建立联想关系,并能用重复方式发出和理解这些语音"[5]。洪堡特(Wilhelm Freiherr von Humboldt)认为:"语言的产生是人类内心的需要,而不只是为了维持外部的与人交流,语言存在于人的本性,是人类发展的精神力量,达到世界观不可缺少的东西。"[6]沃尔夫(Benjamin Lee Whorf)也认为:"每种语言都是与他种语言各不相同的形式系统,其形式与范畴都由其文化所规定,人们不仅利用语言进行交际,还利用它

---

[1] 潘文国:《语言的定义》,《华东师范大学学报(哲学社会科学版)》2001年第1期。本文中关于"语言的定义"部分转引自该文。

[2] Ferdinand de Saussure, *Cours de Linguistique Générale*, Lausanne-Paris: Payot, 1916, p.25.

[3] Noam Chomsky, *Syntactic Structures*, The Hague: Mouton, 1957, p.13.

[4] William Dwight Whitney, "Nature and Origin of Language", in William Dwight Whitney, *The International Scientific Series*, Vol.16. *The Life and Growth of Language: An Outline of Linguistic Science*, D Appleton & Company, 1875, p.291.

[5] *The Encyclopedia Americana: International Edition*, Encyclopedia Americana Corporation, 1996, p.727.

[6] Wilhelm Freiherr von Humboldt, *On Language: The Diversity of Human Language-structure and Its Influence on the Mental Development of Mankind*, Berlin, Gedruckt in der Druckerei der Koniglichen Akademie der Wissenschaften, 1836, p.27.

来分析外部世界,对各类关系、现象或关注或漠视,从而厘清思路,并由此建立起他自身的意识大厦。"①《大英百科全书》表示,语言就是"人类作为社会集团的成员及其文化的参与者,所用来交际的约定俗成的说话和书写系统"②。品克(Steven Pinker)则认为:"语言不是文化的产物,我们并不像学会看钟表或了解联邦政府如何运作那样学会语言。相反,语言是人类大脑的生理构成中的一个清晰的部分。语言是一种复杂的专门化的技术,是在儿童期间自发地、无意识地、不需花力气也不需特别指导地形成的。"③布洛赫(Bernard Bloch)、特雷杰(George L.Trager)指出:"语言是社会集团内部用来协调一致的一个任意的有声符号系统。"④布龙菲尔德(Leonard Bloomfield)强调:"语言社团内部的人们通过语言进行合作,语言弥补了不同的人们在神经系统上的差距,对语言社团中某一个人的刺激,可能会引起另一个人的反应行为。语言把个别的人凝聚成社会的有机整体。"⑤

而马林诺斯基(Bronislaw Malinowski)指出:"语言的最原始功能是作为行为方式,而不是思想的对应记号。"⑥刘易斯(M.M.Lewis)也指出:"语言是一种活动形式,可能是人类最重要的一种行为模式。"⑦弗斯(J.R.Firth)则强调:"我们总觉得语言就是表达感情或交流思想的工具,这个轻率的定义对于活生生的事实来真是太简单化了。言语行为涉及整个社会组织,还必须把日常生活中周而复始的情形考虑进去。"⑧

《剑桥语言百科全书》把语言定义为:"1.人类社会用来交际或自我表现的、约定俗成的声音、手势或文字系统。2.一种特别设计的信号系统,以为计

---

① Benjamin Lee Whorf, *Language, Thought, and Reality*, in Carroll J. Cambridge(ed.), MA: The MIT Press, 1956, p.252.

② *Encyclopedia Britannica*, Encyclopedia Britannica, Inc., 1997, p.147.

③ Steven Pinker, *The Language Instinct: How the Mind Creates Language*, Perennial, 1994, p.18.

④ Bernard Bloch and George L. Trager, *Outline of Linguistic Analysis*, Baltimore, Md., Linguistic Society of America at the Waverly Press, Inc., 1942, p.5.

⑤ Leonard Bloomfield, *Philosophical Aspects of Language*, New York: Henry Holt, 1942, p.267.

⑥ Bronislaw Malinowski, *The Problem of Meaning in Primitive Language*, Routlrdge & Kegan Paul, Harcourt, Brace and World, Inc., New York, 1923, p.296.

⑦ M.M. Lewis, *Infant Speech: A Study of the Beginnings of Language*, London: Kegan Paul and Co., Ltd., 1936, p.5.

⑧ J.R. Firth, *The Tongues of Men*, Oxford University Press, 1937, p.153.

算机进行编程与进行人机对话。3.动物用来交际的手段。4.语音学(常包括音系学)以外的语言符号。"①而《中国大百科全书》则把语言定义为"人类特有的一种符号系统。作用于人与人的关系时,是表达相互反应的中介;作用于人和客观世界的关系时,是认识事物的工具;作用于文化时,是文化信息的载体"②。

那么,语言究竟是什么？在这里,正如韩礼德(M.A.K. Halliday)所说:"看来各种对于语言的解释都很难适用所有的目标。理论是行动的手段,有许多不同的行动都会涉及语言。同时,人们也不希望理论专门得只能适合一件事情。语言学可以适用的目标有这么一些:(1)了解语言的性质与功能;(2)了解各种语言的共同点与不同点;(3)了解语言的演变;(4)了解儿童如何学会语言,语言如何促进人类发展;(5)了解语篇的质量,为什么语篇能传达出它的信息,为什么人们又是这样衡量它的;(6)了解语言如何因使用者及使用目标的不同而不同;(7)了解文学与诗篇,以及口头创作的性质;(8)了解语言与文化、语言与情景的关系;(9)了解语言在社团和个人中所起作用的方方面面:多语现象、社会化、意识形态、宣传等;(10)帮助人们学习母语;(11)帮助人们学习外语;(12)培训口译和笔译人才;(13)为各种语言编写字典、语法等参考书;(14)了解语言与大脑的关系;(15)帮助诊断和治疗因大脑损伤(如肿瘤和意外事件)或功能失调(如孤独症、唐氏综合征)而引起的种种语言病症;(16)了解聋哑人的语言;(17)设计助听器;(18)设计计算机软件,以读写文本或从事机器翻译;(19)设计能理解和产生言语的系统,在口语和书面语间进行转换;(20)通过对照声音或用语习惯协助司法判断;(21)设计更经济有效的方式来传送口语和书面文本;等等。"③

我们以为,语言的定义可以有各种假设,但站在政治与传播的视角,特别需要明确的是,语言是一套符号体系,也是一种社会制度,更是一种行为过程和社会实践。

作为符号体系,语言不仅意味着音义的结合,更意味着在语音系统外,还

---

① David Crystal, *The Cambridge Encyclopedia of Language*, Cambridge: Cambridge University Press, 1997, p.430.
② 《中国大百科全书》,中国大百科全书出版社 2013 年版,第 1793 页。
③ M.A.K. Halliday, *An Introduction to Functional Grammar*, London: Edward Arnold, 1985, pp.XXIX-XXX.

必须有强大的词汇系统和语法系统,而词汇系统的丰富程度和语法系统的精密程度直接显示了这一语言社群的思想交流和知识创造的可能性。

作为社会制度,语言的政治地位和社会功能不仅是由母语使用者决定的,还是整个社会的制度性安排。社会之所以选择若干特定的语言体系以分别承担全球交往、地区交往、社区交往等不同功能,是"政治"的一种安排,而这种"政治安排"直接决定了一种语言体系的发展空间和使用这一语言的行为可能。

作为行为过程和社会实践,语言更是人类借此实现自己的具体意图并推进社会建构的最重要的路径。语言行为的呈现,就是"话语"(Discourse)。Discourse 的词头 dis 具有"分离"和"否定"的意思,而词根 course 则是指"路径"和"过程"等,于是,Discourse 便具有了"辨识路径"的意思,其中包含辨识行为所需要的逻辑性和路径指向所具有的目的性。就根本而言,"沟通是人类语言的终结目的"①,即语言在根本上是人类借助符号彼此沟通的一种社会实践过程。在这里,"话语不仅反映和描述社会实体与社会关系,话语还建造或'构成'社会实体与社会关系;不同的话语以不同的方式构建各种至关重要的实体,并以不同的方式将人们置于社会主体的地位,正是话语的这些社会作用才是话语分析关注的焦点"②。

语言应该以符号体系的拓展推进语言社群内部和跨语言社群知识创造的可能,以语言制度的变革推进诸种语言权利和非语言权利的发展和平衡,以语言行为的实践推进社会关系的和谐。

四、政治传播语言学的目标、问题、方法

任何研究范式都应该是"目标""问题""方法"的统一。政治(已然)是为实现某个利益集团利益最大化的博弈,更(应然)是为实现全球共同体的共同利益和长久利益最优化的博弈;传播不仅是发布信息,更是沟通社会、建构社会的事件;语言不仅是词句,更是一个行为,不仅意味着日常的行为,更意味着一种社会的实践。由此就构成了政治传播语言学的逻辑起点。

语言不仅是一种符号体系,还是一种社会制度,更是一种符号活动(行为过程)。这一符号活动如果是发生在两个以上的系统之间,利用公共性的或者

---

① [德]尤尔根·哈贝马斯著,曹卫东译:《交往行为理论第一卷 行为合理性与社会合理化》,上海人民出版社 2004 年版,第 275 页。

② [英]诺曼·费尔克拉夫著,殷晓蓉译:《话语与社会变迁》,华夏出版社 2003 年版,第 3 页。

非公共性的媒介和途径所进行的,旨在彼此沟通以达成新的共识、开拓新的行动路径、创设新的社会语境,就构成了"传播"(事件)。语言符号所传播的信息既有个人性的,也有公共性的、集团性的。不同的利益集团既为本集团当下利益最大化、更为全人类发展最优化的博弈就是"政治"。在这一博弈过程中,为依据自己的价值观使本集团利益最大化和人类发展最优化,试图系统性地影响公共知识、公众信仰和政治事务,以达成社会共识、信仰互文、政治协商的过程即为"政治传播",其中,承载政治传播功能的语言就是政治传播语言,对此加以系统性考察的就是"政治传播语言学"。

据此而论,我们提出,政治传播语言学的应有目标,就是,既积极推进各个利益集团之间为利益最大化的非零和博弈,更自觉推动每一个个体的生命价值和存在意义的实现,推进全人类的根本利益与永续发展的实践,在鼓励"每一个个体自由发展"的条件下推进人类命运共同体的构建。

基于这一目标,政治传播学的根本问题,就是,以语言推进传播进而推进政治沟通、保障人类每一个个体生命价值和全社会和谐发展何以可能?由此可以发现一系列问题:

——"突发公共卫生事件的信息如何有效发布?"
——"公众意见与焦虑如何有效传达?"
——"政府与公众如何有效沟通?"
——"外交场域如何有效对话?"
——"政治传播如何走出'塔西佗陷阱'?"
——"政治谣言可能造成什么伤害?"
——"汉语国际教育如何避免'文化侵略'的误解?"
……

而这些问题又可以分为"政治传播的语言""政治语言的传播""语言传播的政治"等三大论域。

既然"语言不仅是一种符号体系,还是一种社会制度、更是一种行为过程和社会实践","政治传播的语言"就不能不分别讨论作为符号体系的语言、作为社会制度的语言和作为行为过程的语言对于政治传播的不同意义。既然"信息传递事件"是两个以上的系统之间,利用公共性的或者非公共性的媒介和途径所进行的,旨在彼此沟通以达成新的共识、开拓新的行动路径、创设新的社会语境,那么"政治语言的传播"便不能不讨论主体建构、议程设置、舆情应对、印象管理等各个环节和大众传媒、文艺作品、教科书、政务新媒体、新闻发布会甚至"网剧"等各种场域①。

既然政治是各种不同的利益集团依据一定的价值观为了使得本集团利益最大化的博弈,更应该同时成为在全球视域下不同的利益集团就全人类发展最优化的非零和博弈。在这一博弈中,不但需要回应利益集团内部不同个体与个体、个体与群体之间的关系问题,也需要回应利益集团外部不同群体之间、群体与人类整体之间的关系问题。因此,"语言传播的政治"就不能不讨论语言传播与国家治理、语言传播与政治认同、语言传播与公众权利、语言传播与全球发展的命题。

要探索这种种问题,需要"知识与行动理论""互文性分析""话语批评""框架理论""新言语行为分析"②"实验修辞学""事件哲学"等一系列理论方法的选择和设计。

总而言之,政治传播语言学就是运用语言分析、媒介分析、政策分析的一系列技术(方法),研究语言的传播何以影响公共知识、社会信仰和政治行动(问题),以促进不同的利益集团达成信仰互文、政治协商、社会共识的理论探索(目标)。在这一意义上,所谓"政治传播语言学"亦即"政治语言传播学"或者"语言传播政治学",并非"政治传播+语言学",而是以"政治/传播/语言"为基石的理论探索。

---

① 参见胡范铸:《突发危机管理的一个语用学分析——兼论语言学的研究视界》,《华东师范大学学报(哲学社会科学版)》2002年第5期;胡范铸、薛笙:《作为修辞问题的国家形象传播》,《华东师范大学学报(哲学社会科学版)》2010年第5期;张虹倩、胡范铸:《全球治理视域下的汉语国际教育及孔子学院建设:问题、因由与对策》,《社会科学》2017年第7期;樊小玲:《教科书叙事:自我认知、世界图景与国家形象传播》,《现代传播(中国传媒大学学报)》2018年第10期;周萍:《"超语篇"的叙述方式与结构——以德国网站文本为例的分析》,《社会科学》2018年第12期;甘莅豪等:《"民族冲突"与"恐怖袭击":维基百科全书中的数字话语框架——以昆明"3·1"事件和伦敦"6·3"事件为例》,《新闻传播与研究》2019年第10期;范志忠、勤勤:《国家仪式·现实关注·网剧突围:中国电视剧创作与传播新态势》,《文化艺术研究》2020年第1期。

② 参见胡范铸:《国家和机构形象修辞学:理论、方法、案例》,学林出版社2017年版,第1—12页。

"民主国家峰会"与拜登政府对华战略新路径
——基于布鲁金斯政策报告话语的框架分析*

张虹倩

摘要：拜登政府的"民主国家峰会"构想，既是美国民主党基于"价值观外交"的重要政治设计，也是"西方阵营"概念失灵后的新的话语策略。这一构想以"捍卫民主价值观"为核心，意图重塑美国作为全球领导者的国家身份。布鲁金斯学会作为美国国家安全问题和中国问题的顶级智库之一，积极参与了这一构想的谋划。基于框架理论对布鲁金斯学会的政策报告开展话语分析，逐层考察其框架背后的目标设定、议程设置、组织机制、成员资格、标准制定、时机选择、预期成果等，从中探知美国政府的相关决策动向。所谓"民主国家峰会"的构想不但牵涉中美关系，更可能对全球的中国形象建构产生重大影响。为应对可能的严峻挑战，需要未雨绸缪，多渠道、多路径地以"民主形式的多样性""民主实践的发展性"的话语，构建"民主国家"议题上的反向认知，有效地实现"民主"概念的再框架化，维护中国全球形象，重塑中国国际话语权。

关键词："民主国家峰会"；中美关系；话语建构；国家形象；框架分析

美国民主党向来是所谓"价值优先"，2020年初暴发的新冠疫情给全球发展和世界格局带来了前所未有的震荡，也使美国的全球领导地位遭遇了极大的挑战。为此，拜登在竞选中便宣称，"比以往任何时候都更需要在国内和全球为民主和人权说话"[①]，并由此提出了"价值观外交"战略，承诺捍卫民主价值

---

* 本文系教育部哲学社科研究重大课题攻关项目"语言与国家认同关系研究"（19JZD028）和上海市哲学社会科学规划青年课题"美国顶级智库'中国知识'生产与传播机制研究"（2020EXW001）的阶段性成果。张虹倩，华东师范大学国家话语生态研究中心、国际汉语文化学院副教授。

① Witney Schneidman, "Biden, democracy, and Africa", https://www.brookings.edu/blog/africa-in-focus/2021/01/22/biden-democracy-and-africa/, 2021-1-22.

观将是他的外交政策议程的核心,进而宣布计划在他上任的第一年召开一次全球"民主国家峰会"。此论不仅是一种竞选话语,更是一项重大政治设计,不但牵涉中美关系,更可能对全球的中国形象建构产生重大影响。不过,迄今为止,拜登上台后尚未公开就"民主国家峰会"议题作出具体宣示。那么,如何才能预判美国政府未来的可能行动,进而未雨绸缪?借助于对美国顶级智库的最新涉华政策报告的话语分析,或可提供一条有效的途径。

一、"民主"与"中国":布鲁金斯知识生产的"视域性框架"

在国际思想市场上,智库尤其是顶级智库,不仅是国家和政府决策的重要信息源,也是国家和政府政策走向的"消息树",更是本国形象和他国形象建构最敏锐的推手之一。从当年强调中美合作的"中/美国"概念,到新近妖魔化中国的"4+1(中国、俄罗斯、伊朗、朝鲜+极端势力)的威胁"话语,几乎都是出自有关智库的知识生产。据2021年1月28日全球著名智库评价机构美国宾夕法尼亚大学"智库研究项目"(TTCSP)研究编写的《全球智库报告2020》(2020 *Global Go To Think Tank Index Report*),美国有2 203家智库,是全球拥有智库机构最多的国家。其中,作为"卓越智库"(Center of Excellence)的布鲁金斯学会(Brookings Institution),更是凭借高质量、独立性和影响力闻名世界[1]。那么是否能够以布鲁金斯学会的研究报告为样本展开分析?如果可以,则如何分析?

"知识决定行动,行动生产知识。"[2]在国际舆论场中,一种"知识"经过传播,可能引发一系列行动,而这一系列行动又将可能转化为一种新的"知识"。不过,导致重要行动的"知识"通常都不是零碎的,而是组织成某种"框架"进行的。所谓"框架"(Frame),即"关于特定知识的统一框架组织,或者是对经验的一种图式表征"[3]。美国社会学家戈夫曼(Goffman)认为,"人们在情景中对事物的解释或对行为链条的解释,是通过可感知的、环绕它的蓝图和所引发的框架来进行的。""当人们看待这个世界的时候,他们会利用一个框架来界定:什么是将要勾勒的,什么是需用戈夫曼所谓的框架的边框(Rim of the Frame)来

---

[1] 据《全球智库报告2020》,布鲁金斯学会作为"卓越智库",同2019年一样,未列入全球顶级智库综合榜单。该学会曾连续三年(2016年至2018年)入选此榜单首位。按评定规则,任何连续三年被评为某一类别顶级智库首位的智库,都将被视为"卓越智库",未来三年内不会被列入该类别的排名中。

[2] 胡范铸、张虹倩、周萍:《特大疫情防控中信息治理的观念重构与行动选择——一个基于"文化治理"视域的分析框架》,《文化艺术研究》2021年第1期。

[3] C. J. Fillmore, "Frames and the Semantics of Understanding", *Quaderni di Semantica*, 1985, 6(2), pp.222-254.

过滤掉的。人类的经验是由框架——为确切的事物和'行为链条'提供了解释性'框架'或'参照系'——来组织的。"①围绕同一议题,可能存在多个不同的解释性"框架",分别指向不同的主体认知或话语效果。框架之间存在的竞争关系"对于特定议题的生命周期可能产生重大影响"②。由此,"人类的知识积累便是在不断的框架与再框架过程中发展的"③。

我们认为,所谓"框架",作为一系列信息筛选、强调与再现的原则,至少包含了三重不同而又相关的含义:一是"视域性框架"或者说"议程性框架",即论述哪些事物,各种事物如何联系成"线",形成什么样的"边",从而勾勒出怎样一个"视域",在这一视域中关注的重点又是什么;二是"议题性框架"或者说"修辞结构性框架",即在关注一个议题时,将分解为多少个子命题,分别得出什么结论,子命题与结论、子命题与子命题、结论与结论之间如何"统一";三是"认知性框架"或者说"价值性框架",即在一系列话语背后,构筑了一种什么样的"价值标准"。

由此而论,首先需考察布鲁金斯学会知识生产的"视域性框架"是如何呈现的,其重点是什么。作为美国国家安全问题和中国问题的顶级智库之一,据布鲁金斯学会官网简介,该学会是美国第一个致力于在国家层面分析公共政策问题的私人组织。它强调独立、深入研究,为解决社会所面临的问题提供务实和创新的思路。学会汇集了来自世界各地的 300 多位政府和学术界的顶尖专家,代表了思想、经验和个人背景的多样性。他们提供高质量的研究、政策建议和对一系列公共政策问题的分析。

作为"连接美国政治和智力成果之间的主要手段"④,美国智库"既可以通过呈送内参等方式直接影响政策制定者,又可以借助于公众和舆论的力量间接影响政策制定者"⑤,可以说,在政府部门制定决策以及公众认知、舆论引导等方面都发挥着举足轻重的参与作用。不过,对于布鲁金斯学会来说,它还有着三大特点:第一,布鲁金斯学会是一个高度关注涉华议题的顶级智库。近年来,随着中国在全球治理中地位的变化,这一特点愈加凸显。根据对布鲁金斯

---

① [美]乔纳森·H.特纳著,邱泽奇等译:《社会学理论的结构》,华夏出版社 2006 年版,第 391 页。
② 潘亚玲:《安全化与冷战后美国对华战略演变》,复旦大学出版社 2016 年版,第 52 页。
③ 同上书,第 51 页。
④⑤ 张宁、王静君:《聚合与偏离:美国智库和政府部门涉华议题属性网络的比较分析》,《湖北社会科学》2019 年第 12 期。

学会官网(https://www.brookings.edu)的考察,自2021年1月1日至2月28日,该官网公开发布的研究报告共594篇,而以"China/Chinese/CCP[①]/Beijing"为关键词进行检索,采集到的涉华报告(包括论文、访谈等)高达131篇[②],超过全部报告的1/5。其中1月份79篇,2月份52篇。由此可见,布鲁金斯学会不但思想产品的生产量相当高,其中涉华产品的比重也相当大。

第二,布鲁金斯学会是一个特别关注"民主国家峰会"议题的顶级智库。在布鲁金斯涉华报告中,话题涉及政治、经济、公共卫生、科技、军事、气候等各个领域(见图1)。进一步考察,在涉华报告中特别值得注意的关键词词频和位次分别为:"政治"(Policy)914/3、"经济的"(Economic)517/11、"新冠病毒"(COVID)358/21、"人工智能"(AI)347/24、"军队"(Military)346/25、"气候"(Climate)299/29。"民主"(Democracy)词频426次,居于第16位;"民主的"(Democratic)词频339次,居第26位,两者合计达804次,几乎高于同期所有具体议题。(见表1)在这一时段中,涉华报告中牵涉"民主价值观外交"乃至"民主国家峰会"的有70篇,覆盖率约为53.4%。显然,"民主国家峰会"是布鲁金斯学会关注最多的话题之一,称其为这一构想的重要谋划者当不为过。

图1 布鲁金斯学会2021年1月—2月涉华报告关键词

[①] CCP为"中国共产党"的英文缩写。鉴于同一时段内搜索CCP全称"Chinese Communist Party"时,官网会将这三个单词拆分开,显示结果为分别含关键词"Chinese""Communist""Party"的文章总和,不符合检索要求,且采用关键词"China/Chinese/CCP/Beijing"检索所得涵盖了"China/Chinese/CPC/Beijing"的检索结果,因此,最终采用"CCP"作为关键词之一。

[②] 经人工核读筛选,剔除个别无关文章后所得。

表 1　布鲁金斯学会 2021 年 1 月—2 月涉华报告前 100 个关键词词频

关键词	词频（次）	关键词	词频（次）	关键词	词频（次）	关键词	词频（次）
China	1 308	Democratic	339	Challenges	225	Interests	187
States	954	Public	321	Work	223	Information	185
Policy	914	Cooperation	300	Change	222	EU	183
United	823	Climate	229	America	221	European	180
Security	631	Power	292	Governance	221	System	180
Countries	610	President	289	Economy	216	Taiwan	179
Government	608	Trade	289	Regional	215	Agency	176
Global	582	Center	285	Rights	215	USAID	176
Administration	561	Companies	277	Region	209	Brookings	173
International	550	Digital	276	Energy	207	Europe	171
Economic	517	Support	265	Role	207	Washington	171
World	492	Strategy	261	Nuclear	205	Local	170
Foreign	480	Africa	255	Turkey	203	Beijing	169
Development	477	Trump	255	Defense	201	Crisis	168
Chinese	447	Approach	253	Domestic	199	Research	168
Democracy	426	Country	253	Russia	198	Strategic	162
Biden	403	Efforts	252	Human	196	Japan	159
State	403	Pandemic	252	Actors	195	Department	156
National	391	Issues	246	Governments	194	Example	148
American	372	Fellow	246	India	193	Future	148
COVID	358	Data	244	People	193	Leaders	146
Political	355	Health	241	Policies	192	Armed	145
Technology	350	Asia	231	Allies	191	Leadership	145
AI	347	Law	231	Democracies	191	Influence	142
Military	346	Order	226	Civil	188	Relations	142

第三，布鲁金斯学会是与美国政府存在强大"旋转门"关系的智库。据布鲁金斯学会官网报道，拜登上台后已有 16 位学会成员被选入拜登政府，担任国家安全和外交政策方面的要职，包括国家情报局局长、负责军备控制和国际

安全事务的副国务卿、主管政治事务的副国务卿、负责东亚和太平洋事务的副助理国务卿、负责国际安全事务的首席副助理国防部长、负责南亚和东南亚事务的副助理国防部长、国家安全委员会中国事务主任、国家安全委员会发言人等。布鲁金斯学会向来自称"无党派","自富兰克林·D.罗斯福以来的每一位美国总统"在位时,它都有成员"在国家安全委员会、国务院或国防部任职"[①]。因而,通过布鲁金斯学会的研究动向大体可了解拜登政府的可能举措。

既然布鲁金斯学会既是美国智库"中国知识"生产的典型,也是"民主国家峰会"议题生产的代表,那么,通过对布鲁金斯学会131篇涉华报告的"议题性框架"分析,也许可能发现在"民主国家峰会"议题上,美国智库是如何认识中国,又是如何试图推动"民主国家峰会"这一议题的实施的。

二、"民主国家峰会":布鲁金斯研究报告的"议题性框架"

美国学者罗伯特·M.恩特曼(Robert M.Entman)曾指出,"对于任意议题而言,框架的作用都可归结为以下四个方面:第一,界定问题(Define Problems),分析社会问题如何解决、其所需付出的成本和获得的利益、反映整个社会文化价值观;第二,诊断问题原因或归因(Diagnose Cause),判定和区别问题产生的原因;第三,作出道德判断(Make Moral Judgment),评估社会问题的影响与结果;第四,提供解决方法(Suggest Remedies),提供对于问题的补救方法并预测补救方法可能的效果"[②]。

根据对布鲁金斯学会涉华报告的话语分析可以发现,"民主国家峰会"呈现出一个包含目标设定、议程设置、组织机制、成员资格、标准制定、时机选择、主要成果等子命题的"议题性框架"。

(一)"民主国家峰会"的目标设定与中美关系

布鲁金斯学会总裁约翰·R.艾伦(John R.Allen)在谈论《在2021年恢复美国领导地位》时认为,中国和俄罗斯对"基于价值观的国际社会、基于规则的国际社会"形成了"真正挑战",民主峰会将是实现美国恢复全球领导地位这一目标的平台。他强调,美国必须"领导一个民主国家联盟",并使这些国家为民主

[①] Brookings Institution, "Brookings Foreign Policy Experts Selected to Join Biden Administration in Leadership Roles", https://www.brookings.edu/news-releases/brookings-foreign-policy-experts-selected-to-join-biden-administration-in-leadership-roles/, 2021-1-29.

[②] Robert M. Entman, "Framing: Toward Clarification of a Fractured Paradigm", *Journal of Communication*, 1993, 43(4), pp.51-58.转引自潘亚玲《安全化与冷战后美国对华战略演变》,复旦大学出版社2016年版,第51—52页。

政体的共同利益而走到一起。不过,尽管认为中俄构成了"挑战",但面对中美关系的发展走向,约翰·艾伦仍然冷静而谨慎地作出了判断:虽然"两党都对与中国建立更具建设性的关系持怀疑态度,这并不意味着他们希望与中国建立对抗关系","我们应该寻求与中国建立建设性关系的机会"。他驳斥特朗普在演讲中认为"贸易战很有趣"的说法,认为美国为此遭受了相当大的痛苦,且中美关系"最终从一种战略竞争走向了战略对抗"。在他看来,"一项单纯依靠对抗来取得成效的政策是一项失败的政策"。作为美国海军陆战队退役四星将军,约翰·艾伦还特别强调战争的巨大破坏性,"当你的政策是全面对抗时,从对抗到冲突的距离是相当短的。一旦流血,就很难回头"①。

布鲁金斯学会高级研究员杜大伟(David Dollar)和乔纳森·斯特罗姆塞思(Jonathan Stromseth)在《美国须加紧重新考虑其在亚洲的经济政策》中也同样指出,中美贸易战的弊端在于"这场战争也打击了许多美国伙伴","通过让中国从美国购买来剥夺其他国家的出口,进一步削弱了美国在亚洲经济中的作用";与此同时,"中国在'一带一路'框架下积极推动基础设施建设(包括水电大坝、石油和天然气管道以及广泛的铁路网),而美国将该倡议称为债务陷阱外交的努力并未引起东南亚国家的共鸣",他们主张"美国不应错过与中国竞争的机会,美国要为本国投资者带来利益"②。同样,他们也不认为全面对抗是中美关系的最优选项。

概言之,布鲁金斯学会的代表性意见是,"民主国家峰会"的目的在于恢复美国的全球领导者身份,而非"与中国全面对抗"。中美关系发展应倡导"战略竞争",而非"全面对抗",更不能上升至"军事冲突"。

(二)"民主国家峰会"的议程设置

关于"民主国家峰会"的议程设置,布鲁金斯学会前学者林赛·W.福特(Lindsey W.Ford)和布鲁金斯学会研究员何瑞恩(Ryan Hass)在《亚洲民主》中提出,拜登政府关注的将是"捍卫法治、人权和民主治理"③。布鲁金斯学会

---

① John R.Allen and David Dollar, "John R.Allen on restoring American leadership in 2021", https://www.brookings.edu/podcast-episode/john-allen-on-restoring-american-leadership-in-2021/, 2021-1-4.

② David Dollar and Jonathan Stromseth, "The US must urgently rethink its economic policies in Asia", https://www.brookings.edu/blog/order-from-chaos/2021/02/17/us-must-urgently-rethink-its-economic-policies-in-asia/, 2021-2-17.

③ Lindsey W.Ford and Ryan Hass, "Democracy in Asia", https://www.brookings.edu/articles/democracy-in-asia/, 2021-1-22.

研究员维特尼·施耐德曼（Witney Schneidman）在《拜登、民主与非洲》中则指出："预计受邀国家将在以下三个领域作出一系列承诺：第一，打击腐败；第二，反对独裁；第三，在国家、区域和全球各级促进人权。"①布鲁金斯学会总裁约翰·艾伦强调，"普选理念""妇女的权利"和"实现联合国的可持续发展目标"十分重要，具体包括"从制止对妇女的暴力到清理海洋，再到处理我们孩子的教育问题，再到气候变化"等17项目标。②对于布鲁金斯设想的这些议题，如果抽象地看，与中国的社会主义核心价值似乎并无绝对矛盾。

（三）"民主国家峰会"的组织机制："社区"而非"联盟"

对于"民主国家峰会"的组织性质，约翰·艾伦指出，"民主国家峰会"的机制不是"联盟"，由此可以最大化地争取一致，并化解某些国家的忧虑。他谨慎地解释道：

> 它不应该是一个联盟……但它可以是一个社区。在这个社区的背景下，我们可能会发现自己在我们的立场上非常接近。什么是人权？什么是价值观？对于我们来说什么是重要的原则？我们致力于妇女权利、少数民族权利、人权和法治。我们以自己的方式、自己独特的民主政体致力于宪政民主政体。我想这就是我们在很多方面团结在一起的原因。

进而言之，"民主国家峰会""不是一个联盟，而是民主国家在一起谈判、在一起缔造和平。民主国家如果受到不自由、独裁、恐怖主义实体或跨国犯罪组织的威胁，它们有能力在必要时迅速自卫"③。

不过，也有布鲁金斯学者有意无意地使用了"联盟"概念。研究员皮科恩（Ted Piccone）在《民主峰会召开前，从国内开始行动，并听听国外盟友的声音》中指出，"为了避免峰会仅仅是一场空头支票的合影，拜登政府应该致力于建立志同道合的政府联盟，通过一系列相关国际组织和平台进行有意义的合作，以修复和复兴民主治理"。当然，与此同时，他也感叹，"不幸的是目前还没有客观的衡量标准来评估各国政府是否真正致力于在其外交政策中推进自由民

---

① Witney Schneidman, "Biden, democracy, and Africa", https://www.brookings.edu/blog/africa-in-focus/2021/01/22/biden-democracy-and-africa/，2021-1-22.

②③ John R. Allen and David Dollar, "John R. Allen on restoring American leadership in 2021", https://www.brookings.edu/podcast-episode/john-allen-on-restoring-american-leadership-in-2021/，2021-1-4.

主、权利和法治"①。就此而论,在布鲁金斯学会主流意见看来,以"联盟"形式遏制中国发展缺乏可行性。

(四)"民主国家峰会"的成员资格:地缘政治重组

举行"民主国家峰会"势必遇到哪些是"民主国家"的问题。研究员皮科恩提出:

> 为了确保就民主峰会的基本原则达成共识,拜登政府应在邀请谁的关键问题上谨慎行事,在遵守民主和法治标准方面有据可查。华盛顿应参考各种客观指标来制定邀请名单,如世界自由、世界正义工程法治指数和民主报告。这些研究多年来通过国内调查和外部评估人员跟踪了民主治理、法治和人权的指数。他们的数据表明,首先是欧洲的一小部分忠实和坚定的合作伙伴,加上加拿大、日本、澳大利亚、新西兰、韩国以及来自拉丁美洲和加勒比地区(如乌拉圭、哥斯达黎加、巴巴多斯和智利)及非洲②(如纳米比亚、博茨瓦纳和南非)的前三四名领导人。华盛顿还应与当地可靠的民间社会组织密切协商,并向各种非政府声音开放其程序。③

对此,研究员维特尼·施耐德曼也指出,"站在促进民主实践前线的民间社会组织预计将参与首脑会议。私营部门的代表也将包括在内,特别是来自技术和社交媒体公司的代表,因为他们对重要机构的健康和民主规范非常重要"④。

由于存在民粹主义等一系列问题,布鲁金斯学会专家对于是否吸纳"像印尼、印度和巴西这样的"国家存在分歧。因为在他们看来,这些国家并不属于典型的民主国家,而是在"非民主"到"民主"之间"苦苦挣扎",他们对于美国方

---

①③ Ted Piccone, "Ahead of a democracy summit, start at home and listen to our friends abroad", https://www.brookings.edu/blog/order-from-chaos/2021/02/02/ahead-of-a-democracy-summit-start-at-home-and-listen-to-our-friends-abroad/,2021-2-2.

② 维特尼·施耐德曼认为,"大多数非洲国家处于民主政府和非民主政府之间的中间地带","非洲的民主倒退是一个现实"。参见 Witney Schneidman, "Biden, democracy, and Africa", https://www.brookings.edu/blog/africa-in-focus/2021/01/22/biden-democracy-and-africa/,2021-1-22。

④ Witney Schneidman, "Biden, democracy, and Africa", https://www.brookings.edu/blog/africa-in-focus/2021/01/22/biden-democracy-and-africa/,2021-1-22.

面做出的"协调有利于民主和人权的共同立场"的努力,经常表现出排斥或抵制的态度。①

普林斯顿大学教授约翰·伊肯伯里(G.John Ikenberry)在布鲁金斯学会举办的线上研讨会"自由民主的未来:与约翰·伊肯伯里的对话"上,主张将印度纳入其中。他指出,还是"把印度放在我们称之为自由民主的广阔世界里",因为"所有自由民主国家都在发展中……应该谦虚地承认那些站在自由民主名人堂的国家,他们一开始肯定不是这样的";他强调,民主是一个历史过程,必须注意"美国民主的原罪——奴隶制",很多问题需要"跨越几代人解决"②。换言之,他主张团结一切可以团结的国家。

不过,也有学者如布鲁金斯学会高级研究员、印度问题专家坦维·马丹(Tanvi Madan)对此表示担忧,"在讨论德里和华盛顿的民主议程时,焦点往往是他们之间的分歧。美国观察家们感叹,印度没有更积极的支持民主化或美国对民主促进的努力。印度观察家们既哀叹美国以促进民主为理由的干涉主义,也哀叹美国对各种独裁政权的支持。有时,美国人认为印度是一个主权鹰派,而印度人认为美国太喜欢评论其他国家的政权和内政。两国在言论自由、国家安全与公民自由的平衡以及如何应对非民主国家等问题上也存在分歧。如果民主峰会的议程和邀请名单有所发展,这些分歧可能会再次出现"③。

可见,在"民主国家峰会"成员资格认定上,美国已经陷入两难境地。不过,基于印度特殊的地缘政治环境,其受邀成为"峰会"成员应该是大概率事件。

(五)"民主国家峰会"并不意味着一定是"美国标准"

"民主国家峰会"离不开对于"何为民主"的界定。约翰·伊肯伯里强调,"自由民主政体有着不同的形态和规模、不同的制度和运作理念。支持建立一个充满活力的民主社会的理由之一是我们相互学习",比如"澳大利亚及其投

---

① Ted Piccone, "Ahead of a democracy summit, start at home and listen to our friends abroad", https://www.brookings.edu/blog/order-from-chaos/2021/02/02/ahead-of-a-democracy-summit-start-at-home-and-listen-to-our-friends-abroad/, 2021-2-2.

② Bruce Jones and G.John Ikenberry, "The future of liberal democracy: A conversation with G. John Ikenberry", https://www.brookings.edu/events/the-future-of-liberal-democracy-a-conversation-with-g-john-ikenberry/, 2021-1-4.

③ Tanvi Madan, "Democracy and the US-India relationship", https://www.brookings.edu/articles/democracy-and-the-us-india-relationship/, 2021-1-22.

票方式""德国的医疗保健"等,"所以有一种民主的实验室,就像在美国联邦体系中讨论的那样,我们的各个州是国家的实验室,在全球层面也是如此",他还特别指出,"少谈中国,多谈我们自己的制度","成为加强自由民主世界结构的倡导者,而不必引发冷战"①。

布鲁金斯学会研究员杜大伟、何瑞恩以及耶鲁大学法学院蔡中曾中国中心高级研究员、前美国国务院代理助理国务卿董云裳(Susan A. Thornton)等在《美欧在华合作路线图》中也强调:"特朗普之后的跨大西洋对华外交如果遵循以下几个原则,就最有可能推进具体目标:第一,承认特朗普政府向欧洲施压给中国造成的损害;第二,希望向前看,而不是向后看;第三,认识到重建欧洲对美国在处理中国问题上的信任和协调能力需要时间和美国的谦逊;第四,认识到美国的领导能力将来自其围绕共同问题召集、倾听和动员努力的独特能力。"②可见,布鲁金斯研究报告在批评他国的同时,采用了同时承认自己的问题、不说满话的话语策略,而这一策略相对来说更容易奏效。

(六)"民主国家峰会"的时机选择

布鲁金斯学会总裁约翰·艾伦希望拜登在执政初期就举办"民主国家峰会"。他主张在第一年内就"人权、(联合国)发展目标、汇集(新)技术"等领域召开首次峰会,并以此为起点举行定期会议③。

但布鲁金斯学会外交政策项目高级研究员米蕾娅·索利斯(Mireya Solís)认为,"首先最紧迫的是启动复苏议程,集中精力提升国内经济竞争力。第二是需要厘清民主联盟内部的重要分歧,汤姆·赖特(Tom Wright)恰当地将其描述为'恢复主义者'和'改革主义者'之间的分歧。后者对全球化更持怀疑态度,相信与中国的强硬竞争,支持产业政策和彻底改革自由贸易协定"④。

---

① Bruce Jones and G. John Ikenberry, "The future of liberal democracy: A conversation with G. John Ikenberry", https://www.brookings.edu/events/the-future-of-liberal-democracy-a-conversation-with-g-john-ikenberry/, 2021-1-4.

② Ryan Hass, Susan A. Thornton, David Dollar, Craig Allen, Robert D. Williams, and Paul Gewirtz, "A roadmap for US-Europe cooperation on China", https://law.yale.edu/yls-today/news/trans-atlantic-collabora-tion-china, 2021-2-16.

③ John R. Allen and David Dollar, "John R. Allen on restoring American leadership in 2021", https://www.brookings.edu/podcast-episode/john-allen-on-restoring-american-leadership-in-2021/, 2021-1-4.

④ Mireya Solís, "Is America back? The high politics of trade in the Indo-Pacific", https://www.brookings.edu/blog/order-from-chaos/2021/01/04/is-america-back-the-high-politics-of-trade-in-the-indo-pacific/, 2021-1-4.

研究员皮科恩更明确表示并不赞成本届政府在今年举行大型峰会。他认为，"应首先做两件事：通过一系列国内改革展示我们自我纠正的能力，并开始就全球民主复兴议程的目标和方式与最亲密的民主朋友进行磋商。这两个步骤将有助于支撑我们自己分裂和日益危险的政治，并激发世界其他民主国家之间更大的信心与合作"，原因在于"过去几年的事件，以1月6日的暴动为高潮，从内部提出了一个生存的挑战，美国必须正面应对。同时它还面临着一个更具侵略性的崛起大国，在世界各地推行自己的威权治理体系。解决这两种威胁的最佳办法是首先解决国内政治和经济复兴的迫切需求，包括重建社会安全网，以便有效地提供公平的卫生和司法服务。此外，它可以开始建立一个多层次、多目标的民主政体联盟，以便在2022年或以后召开一次首脑会议。只有这样，它才能恢复其作为世界领导人的信誉，与其他坚定的民主伙伴一道，谦卑地携手努力，完善一个更加包容和公平的社会模式"①。

结合主流意见，这一峰会大概率可能在2021年底或者2022年召开。不过，在这之前，美国政府关于"民主国家峰会"将可能实施逐步推进、由易到难的策略，尤其在成员资格认定上。比如日本很可能将会是较早进入峰会的亚洲成员国之一。近期美日发布了新时代全球伙伴关系联合声明，涉华内容消极，其中谈及美日"就中国的行动对印太地区和世界和平与繁荣的影响交换了意见，并对中国不符合国际规则秩序的活动表示关切。我们将继续在普世价值和共同原则的基础上相互合作……我们重申反对中国在南海的非法海事主张和活动……我们对香港和新疆维吾尔自治区的人权状况表示严重关切"，当然同时也提及"美日认识到与中国坦诚对话的重要性，重申有意直接分享关切，并承认有必要在共同关心的领域与中国合作"②。

（七）"民主国家峰会"的主要预期成果：制定"民主战略"及其路线图

"美国的民主战略应该是峰会的主要成果。"布鲁金斯学会研究员帕特里克·W.奎克（Patrick W. Quirk）认为，民主峰会"首脑会议是必要的，但远不足以应对民主所面临的许多全球性挑战……拜登政府应该利用这次峰会来强调

---

① Ted Piccone, "Ahead of a democracy summit, start at home and listen to our friends abroad", https://www.brookings.edu/blog/order-from-chaos/2021/02/02/ahead-of-a-democracy-summit-start-at-home-and-listen-to-our-friends-abroad/, 2021-2-2.

② U.S.-Japan Joint Leaders' Statement, "U.S.-Japan Global Partnership for a New Era", https://www.whitehouse.gov/briefing-room/statements-releases/2021/04/16/u-s-japan-joint-leaders-statement-us-japan-global-partnership-for-a-new-era/, 2021-4-16.

这些挑战,激发人们对解决这些挑战的支持,并与志同道合的盟友合作制订解决方案。但它必须超越这一点,制定成功的路线图,并采取后续的政治行动来巩固进展。这意味着制定一个全面的美国民主和人权战略,包括所有相关机构和支持工具";"该战略必须包括明确的短期和长期目标以及实现这些目标的理论模型,并为选定的重点领域制定可衡量的目标","美国的首要长期目标应该是一个民主作为主要治理形式的世界,因为民主是为公民提供和平与繁荣的最佳机会模式。鉴于相互竞争的战略优先事项和有限的资源,该战略将需要阐明国家和区域的优先事项以及取得成功的远景";"首先,它应该支持具有重要战略意义的国家的核心民主制度。第二,加强民主与保护民主相结合,使各国能够防止和反击俄中的干涉。第三,它应该支持一个积极的愿景,即技术如何实现民主原则,如何回击数字独裁。第四,它应该再次承诺与盟国合作,以支持国外的民主。最后,它必须以强有力和有原则的外交手段支持这些倡议,与民主活动家站在一起,大声反对独裁者和暴君";"政府的民主和人权战略还应包括振兴国内民主的步骤。一个双重的国际和国内民主战略将反映出美国政府如何在国内外优先处理这一重要问题,并通过明确承认(并利用资源反对)美国民主实践中的弱点,提高海外努力的可信度"①。

可见,拟议中的"民主峰会"并不是一场简单的首脑会议,而是被设计为战略性计划的一环。帕特里克·W.奎克还进一步主张,"拜登政府应该将民主战略写入国家安全指令,就像白宫对待 COVID-19 的做法一样","除了将美国的民主方法编撰成法典,以提高该战略有效的可能性之外,总统的一项指示还向我们的盟友以及权威人士发出了一个强烈的信号,即美国对加强海外民主是认真的";他还强调"拜登政府举办这次峰会是正确的,并以此向世界表明美国对民主的承诺。它应该利用这次峰会来宣布其更广泛的民主战略,并确保所有机构迅速实施这一战略"②。由此可见,"民主国家峰会"并非一个简单的国际外交事件,而是试图在全球舆论市场上构筑并不断强化一个遏制中国的"认知性框架"。

三、民主/非民主:"民主国家峰会"构筑的"认知性框架"

在全球舆论市场上,以往常常采用"西方/东方"的叙事框架。然而据布鲁金斯学会研究报告,"西方阵营"概念面对中国时已经失灵,故而需要新的话语

---

①② Patrick W. Quirk, "The democracy summit must be paired with a democracy strategy", https://www.brookings.edu/blog/order-from-chaos/2021/02/19/the-democracy-summit-must-be-paired-with-a-democracy-strategy/, 2021-2-19.

设计。在布鲁金斯学会举办的线上研讨会"自由民主的未来：与约翰·伊肯伯里的对话"中，约翰·伊肯伯里即提出"需要对全球——自由的国际叙事——进行一种重构"，以"管理相互依存关系"。①与此同时，约翰·艾伦更明确表示："我们经常使用'西方'这个词"，"是因为东方是苏联和中国，所以这区别是有意义的"，但"随着时间的推移，这一点变得不那么有意义"，"西方在许多方面已成为一个排他性的词，而不是一个包容性的词"，因为"当今世界上一些最具活力的民主国家是东亚的民主国家，它们拥有高效的经济、先进的技术，并奉行与我们相同的价值观"，此外还有印度"这个世界上最大的民主国家"。因此，在他看来，"民主社会比'西方'概念要大得多"，是一个全球性的概念，是一种"能够为 21 世纪的民主创造积极的竞争能力"的"组织方式"②。

可见，美国政府"民主国家峰会"构想的框架背后不仅是建立一个外交平台，更是构建一种"全球话语权"，以重塑、恢复和维护美国在国际舞台上的全球领导者身份，同时达到遏制中国的政治目的。这一计划一旦实施，将从两个方面对中国构成重大挑战：

（一）直接污名化中国的国际形象

冷战结束以后，国际社会固然有种种"国家群"的区分，但主要是依据三种标准：一是地缘政治，如"东方/西方""亚太"；二是文化标准，如"阿拉伯国家""佛教国家"；三是经济标准，如"G20""发达/发展中国家"等。但"民主国家峰会"计划一旦实施并不断强化，在全球舆论场上无疑将构造出"民主国家"和"非民主国家"的对立，变相构造出一个"非民主乃至反民主阵营"，进而也为某些力量进一步污名化中国构建了一种认知框架。"民主国家峰会"最后要构筑的其实就是这样一种认知性框架（见图2）。显然，这一框架的设立和实施将会产生十分消极乃至恶劣的话语效果，从而极大威胁社会主义中国形象的国际传播。

（二）严重干扰中国与世界各国人民的交往乃至各种全球活动

"国家身份是分析国家利益和行为的重要起点"③，国家形象是国际交往最

---

① Bruce Jones and G. John Ikenberry, "The future of liberal democracy: A conversation with G. John Ikenberry", https://www.brookings.edu/events/the-future-of-liberal-democracy-a-conversation-with-g-john-ikenberry/, 2021-1-4.

② John R. Allen and David Dollar, "John R. Allen on restoring American leadership in 2021", https://www.brookings.edu/podcast-episode/john-allen-on-restoring-american-leadership-in-2021/, 2021-1-4.

③ 赵良英：《中国负责任大国身份的构建：兼评西方"中国责任论"》，中国财富出版社 2014 年版，第 8 页。

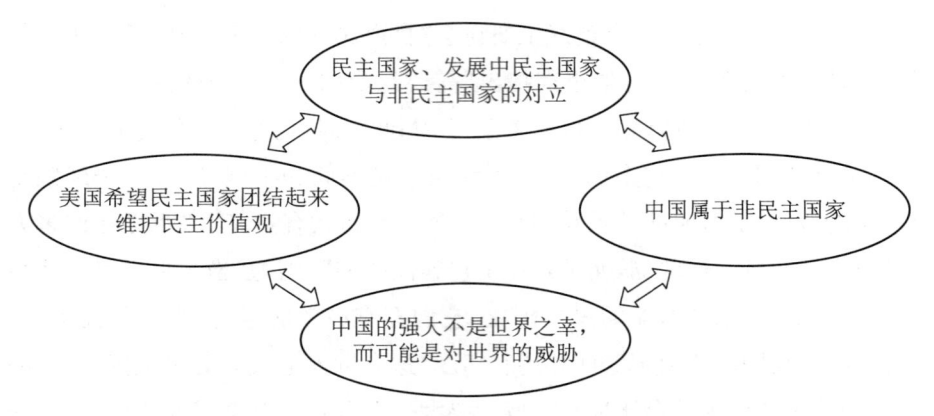

图 2 "民主国家峰会"构筑的认知性框架

大的软实力,也是各国政府政策和民间行动的重要依据。中国形象一旦被构建为"民主国家"的对立面,便可能引发更多的政治想象和话语模式。

布鲁金斯学会高级研究员、外交政策研究主任迈克尔·奥汉隆(Michael E. O'Hanlon)在简报《其他"4+1":来自生物、核、气候、数字等挑战和内部危险》(布鲁金斯"美国复兴与繁荣蓝图"系列政策简报的一部分)中提出了两类"4+1"威胁:一是俄罗斯、中国、朝鲜、伊朗和跨国暴力极端主义组成的"4+1"集团;二是"生物武器和流行病、核武器、气候变化、数字技术的邪恶面,以及美国自身日益削弱的内部凝聚力和力量"组成的"4+1"[1]。这并非迈克尔·奥汉隆一人的认识,布鲁金斯学会研究员弗雷德·杜斯(Fred Dews)在《一月份我们在布鲁金斯学到的 10 件事》也曾专门对此加以介绍[2]。中国形象一旦"固化"为"民主国家"的对立面,无论是推进中国自身发展和"一带一路"倡议的实现,还是推进人类命运共同体的构建,都将增添许多障碍和阻力。

对于"民主国家峰会"所构建的这一认知框架及其对中国国家形象建构可能造成的负面影响,我们必须从"反向认知"和"再框架化"角度提出应对之策。

四、何为民主:重塑民主话语权,努力实现"再框架化"

在 21 世纪,无论对于国家治理还是全球治理,"民主"都已经成为全球普

---

[1] Michael E. O'Hanlon, "The other 4+1: Biological, nuclear, climatic, digital, and internal dangers", http://www.brookings.edu/research/the-other-41-biological-nuclear-climatic-digital-and-internal-dangers/, 2021-1-25.

[2] Fred Dews, "10 things we learned at Brookings in January", https://www.brookings.edu/blog/brookings-now/2021/02/01/10-things-we-learned-at-brookings-in-january-6/, 2021-2-1.

遍认同的价值观念。林赛·W.福特和何瑞恩认为,"当今地缘政治竞争的核心是一场关于什么样的治理模式最能满足公民的需要和发挥公民潜力的竞争"①。于是,美国竭力抢占"民主话语"的制高点。

不过,"民主"观念并不专属于西方,而是人类文明发展的一种思想成就,也是我国社会主义核心价值观的组成部分。因此,面对美国在全球舆论场上的"民主"攻势,我们应该理直气壮地与之展开"民主"话语的竞争(而非攻击),消解"民主国家峰会"的负面作用。具体而言,我们应该尝试通过破解基于"美式民主价值观"的"民主国家"框架认知,积极构建一种新的"民主国家"解释性框架,以期对冲和消解原框架的负面效应,实现对"民主国家峰会"的反向认知和对"民主国家"概念的再框架化。

(一)主动开启对话,寻找民主议题上的共同关切

约翰·艾伦认为,"拜登确实有机会翻开中美两国关系的一页,但他将不得不面对一个持怀疑态度的国会,因为两党都对与中国建立更具建设性的关系持怀疑态度"②。应该说,在西方对中国的质疑声音中,既有对于中国社会发展历史缺乏了解所产生的误解,也有基于对于"民主"观定义不同产生的认识;既有故意抹黑中国的攻击,也有对全球和谐发展的善良愿望。约翰·艾伦还表示,希望中国能够将自己"视为一个伟大的战略对手"。他指出,"在很多地方,我们可以找到一种与中国人合作或协作的方式。例如,我们必须给全球各地接种疫苗","美国和中国现在有机会发挥领导作用,与我们的合作伙伴一起寻找方法,为全球接种疫苗,并建立一个全球医疗监测系统,防止此类情况再次发生","我们也许可以通过某种方式进行合作,找出他们的成功或失败之处以及我们如何从中吸取教训"③。

由此,在处理中美关系问题上,我们不宜一听到批评性意见就以为是敌对性行动,不宜轻易将话语的"竞争"上升为话语的"对抗",更不宜轻易将政治的"竞争"转化为政治的"对抗"。努力主动开启对话,寻找民主议题上的共同关切,强化民主议题上的"可合作性",这更符合我国长远发展利益。

民主不仅是一种理念,更是一种生活秩序。作为"生活秩序",中美在民主

---

① Lindsey W. Ford and Ryan Hass, "Democracy in Asia", https://www.brookings.edu/articles/democracy-in-asia/, 2021-1-22.

②③ John R. Allen and David Dollar, "John R.Allen on restoring American leadership in 2021", https://www.brookings.edu/podcast-episode/john-allen-on-restoring-american-leadership-in-2021/, 2021-1-4.

观上可以寻找到不少共识,如"反腐败""保障女性权利""减贫""禁毒""就业保障"等。布鲁金斯学会高级研究员乔治·英格拉姆(George Ingram)曾强调,应该"为美国国际开发署在气候变化和人道主义援助等共同发展目标上与中国合作提供空间"[①]。布鲁金斯学会官网也曾专门刊发美国杜克大学崔特拉(Tra Tran)、汤胜蓝(Shenglan Tang)、毛文慧(Wenhui Mao)等人的文章,强调后疫情时代全民医疗保险(UHC)对于实现联合国2030年可持续发展目标的决定性影响,同时高度赞赏中国和越南为全民医保所作的努力。[②]

帕特里克·W.奎克和国际美慈组织(Mercy Corps)政策及宣传主任里士满·布雷克(Richmond Blake)也指出,后疫情时代,COVID-19除了对公众健康造成破坏外,还使全球社区更容易遭受暴力和冲突,这一流行病造成的次生影响即对全球饥饿、贫穷、两性平等和可持续和平的影响将更为严重和持久。"我们已经在目睹这一流行病如何削弱信任、散播谣言、扩大武装和暴力极端组织的影响以及加剧资源竞争。"据联合国发布的《2021年全球人道主义概览》预测,到2022年,"需要人道主义援助和保护的人数将猛增至2.35亿——全球每33人中就有1人——而这场冲突(引者注:COVID-19引发的冲突)是全球流离失所和饥饿的主要驱动力"[③]。

可见,在后疫情时代,对于国家安全、国家利益的关切,对于抵制暴力、稳定局势的承诺和担当,提示着中美两国未来合作的巨大可能性。如准备充分,我们不妨就这些双方共同关注的话题,包括"全球禁毒与社会治理""民主建设与社会治理""'一带一路'国家社会发展与民主建设"等,发起对话或论坛,主动构建全面的"负责任大国形象",这将可部分消解国际社会对于中国"一带一路"倡议与当地社会发展关系的猜疑。

(二)重新定义民主,倡导"民主"概念的多元性认识

对于"民主"的理解,亚洲与西方有着明显差异。如前所述,约翰·伊肯伯

[①] Joshua P. Meltzer, "Blueprints to strengthen governance in addressing global challenges", https:// www.brookings.edu/research/blueprints-to-strengthen-governance-in-addressing-global-challenges/, 2021-2-17.

[②] Tra Tran, Shenglan Tang and Wenhui Mao, "Getting to universal health coverage in China and Vietnam", http://www.brookings.edu/blog/future-development/2021/02/03/getting-to-universal-health-coverage-in-china-and-vietnam/, 2021-2-3.

[③] Patrick W. Quirk and Richmond Blake, "How the Biden administration can get the Global Fragility Strategy right", https://www.brookings.edu/blog/order-from-chaos/2021/01/05/how-the-biden-administration-can-get-the-global-fragility-strategy-right/, 2021-1-5.

里强调,"自由民主政体有着不同的形态和规模,不同的制度和运作理念"。①帕特里克·W.奎克在《为什么支持有弹性的政治体系是成功的:拜登民主议程的关键》中也提出,需要"增强民主制度的'弹性'"②。林赛·W.福特和何瑞恩在《亚洲民主》则进一步指出:"亚洲各国普遍支持民主原则,例如,自由和定期选举、公正和透明的司法程序等。然而,各国对具体民主理想的重视程度不同。这表明在民主制度下,亚洲各国公民对'什么最重要'的评价存在显著差异。例如,在日本,只有18%的皮尤(调查)受访者将宗教自由列为'非常重要'的原则,而在印度和印度尼西亚,这一比例接近80%。同样,整个地区只有不到50%的受访者认为媒体自由、公民社会的自由和反对党的自由非常重要。这些发现有助于阐明……在许多情况下,最重要的是地方问题,而不是地缘战略考虑。"③

据此,我们完全可以以我们的思想成果提示这一"弹性"的可能性。例如,美国学者习惯于以"普选制"为核心来定义民主,那么,我们是否可以以"民生"为核心来定义民主? 美国学者习惯于构筑"民主/非民主"的认知框架,那么,我们能否构建"这点上甲更民主,那点上乙更民主"的认知框架? 在此基础上,我们可以发起"全球民主与多样性"的讨论。与此同时,我们还可以考虑筹备"亚洲社会与民主发展论坛",努力构建"亚洲民主国家"指标体系,以"亚洲民主国家群体/欧美民主国家群体/其他类型民主国家群体"的认知框架去化解美国构建的"民主国家群体/非民主国家群体"的认知框架。

(三)设置新的议程,推动民主实践不断发展的认识

"民主"的形式是多样的,"民主"的实践也是发展的。约翰·伊肯伯里同样承认:"所有自由民主国家都在发展中"④。全世界都看到了中国经济的巨大发展,可是,这一发展不仅意味着经济性的,也是政治性的;不仅意味着国家实力日益"强大",也意味着人民权益获得更多的"保障"。

---

①④ Bruce Jones and G. John Ikenberry, "The future of liberal democracy: A conversation with G. John Ikenberry", https://www.brookings.edu/events/the-future-of-liberal-democracy-a-conversation-with-g-john-ikenberry/, 2021-1-4.

② Patrick W. Quirk, "Why supporting resilient political systems is key to a successful Biden democracy agenda", https://www.brookings.edu/blog/order-from-chaos/2021/01/26/why-supporting-resilient-political-systems-is-key-to-a-successful-biden-democracy-agenda/, 2021-1-26.

③ Lindsey W.Ford and Ryan Hass, "Democracy in Asia", https://www.brookings.edu/articles/democracy-in-asia/, 2021-1-22.

就此而言,中国消灭绝对贫困不仅是中华民族史上的大事,也是全球发展史上的大事,更是国际舆论场上最能激发各种利益群体普遍认同的伟大实践。可惜迄今为止,对"脱贫故事"与"民主故事"的关联,我们叙述得还相当不充分。我们可以考虑主动开设"全球民主与减贫论坛",介绍中国的民主建设道路,推进全球民主的发展;我们还可以考虑研发"全球民主发展速率报告",依据全面的民主标准(如女性地位、少数民族权利、减贫、禁毒等),揭示各国民主建设的发展速率,构建"中国的民主建设发展速度很快"的认知框架。

(四)加强高端智库之间的深度对话,助力"中国声音"和全球治理

"智库是国家软实力的重要构成要素","对外传播"是其重要功能之一。[①]在国际舆论场中,智库作为重要的言说者与传播者,其地位不容小觑。据《全球智库报告2020》,中国智库数量跃居世界第二,仅次于美国,且多家智库入选全球顶级智库分类排名。可以看出,中国智库的国际影响力和知名度正在逐步提升。尽管如此,"中国智库并没有完全转为国家的软实力"[②]。早在2017年的"一带一路"国际合作高峰论坛开幕式上,习近平总书记即强调,"要发挥智库作用,建设好智库联盟和合作网络"[③]。在后疫情时代,全球发展面临诸多不确定性因素,新形势下中国智库需要进一步加强顶层战略设计,加强与国际知名智库的深度对话,促进文明交流互鉴,凝聚发展共识,提升引导国际话语方向的能力,助推国际合作和全球治理[④]。

五、结语

拜登政府的"民主国家峰会"构想既是美国民主党基于"价值观外交"的重要政治设计,也是"西方阵营"概念失灵后新的话语策略。这一构想以"捍卫民主价值观"为核心,意图重塑美国作为全球领导者的国家身份。布鲁金斯学会作为美国国家安全问题和中国问题的顶级智库之一,积极参与了这一构想的谋划。基于框架理论对布鲁金斯学会的政策报告展开话语分析,逐层考察其框架背后的目标设定、议程设置、组织机制、成员资格、标准制定、时机选择、预

---

①② 胡键:《中国智库的对外传播研究》,《现代传播(中国传媒大学学报)》2018年第5期。

③ 习近平:《携手推进"一带一路"建设——在"一带一路"国际合作高峰论坛开幕式上的演讲》,http://www.xinhuanet.com/politics/2017-05/14/c_1120969677.htm,2017-5-14。

④ 梁昊光、靳怡璇:《"一带一路"全球治理与智库话语权》,《深圳大学学报(人文社会科学版)》2017年第6期。

期成果等,从中可以探知美国政府的相关决策动向。

  所谓"民主国家峰会"的构想不但牵涉中美关系,更可能对全球的中国形象建构产生重大影响。"政治是各种不同的利益集团依据一定的价值观为了使得本集团利益最大化的博弈,更应该同时成为在全球视域下,不同的利益集团就全人类发展最优化的非零和博弈。"①据此,为应对将来可能的严峻挑战,我们需未雨绸缪,通过多渠道、多路径积极应对,以"民主形式的多样性""民主实践的发展性"的话语,构建"民主国家"议题上的反向认知,有效地实现"民主"概念的再框架化,维护中国全球形象,重塑中国国际话语权。

---

① 胡范铸、胡亦名:《政治传播语言学的逻辑起点》,《社会科学》2021 年第 1 期。

年度论文选

从引述到负面立场表达[*]

方 梅

摘要：汉语中负面立场表达与引述的关联性远不限于以往已经讨论的现象。引述表达形式与负面立场表达之间存在着规约化程度的差异，表现为：有些表达形式含有言说动词，另有一些不含有言说动词。引述表达负面解读具有高度的语境依赖，作为应答语出现，有诠释性回声话语和重述性回声话语两类。其引述内容可见于言内语境，即对他人话语的应答性引述，以及言外语境，即对彼此共享知识的引述。语境中，只有他引才会诱发负面立场解读。作为应答语，以问答问是解读为反问句的重要会话条件。

关键词：负面立场；引述；规约化；应答语；诠释性回声话语；重述性回声话语

一、引言

以往汉语言说动词及其引述表达的研究关注较多的是下面几个方面：直接引语与间接引语的编码差异，如方梅(2006)，陈颖、陈一(2010)；引述边界，如刘一之(2006)；引述与传信范畴的关联性，如乐耀(2013a，2013b)等。近年来，引述与立场表达的关联性越来越引起学者关注(马国彦，2016；方梅，2017；王长武，2017)。先行研究注意到，引述语与负面立场表达[①]之间存在着高度关联。

---

[*] 本研究得到国家社科基金重大项目"汉语自然口语对话的互动语言学研究"(20&ZD295)的支持。方梅，中国社会科学院语言研究所研究员、博士生导师，《中国语文》杂志副主编，国务院政府特殊津贴专家。

[①] 话语中的立场表达(stance-taking)是指说话人对待事物、话语、情境或者言谈中涉及的其他命题表达的态度定位。立场表达涉及三个主要类型：认识立场(epistemic stance)、情感立场(affective stance)和道义立场(deontic stance)。(参看方梅、乐耀，2017)

相较而言,对"说"的研究已较为深入,但是对汉语中以引述形式传递言者负面立场的表达关注较少。我们的考察发现,在表现形式上,有相当一批表达言者负面立场的表达式是基于引语表达的衍生形式,比如,引述标记的派生形式"说是"(方梅,2018);引述回应构式(方梅,2017;王长武,2017)。

本文进一步考察发现,汉语中负面立场表达与引述的关联性远不限于已经讨论的现象。引述表达形式与负面立场表达之间存在着规约化不同的差异,表现为有些表达形式含有言说动词,后文称为"引述词汇的派生形式";另有一些不含有言说动词,其负面解读具有高度的语境依赖——作为应答语出现,后文称为回声话语。其引述内容可见于言内语境——对他人话语的应答性引述以及言外语境——对彼此共享知识的引述。

二、引述词汇的派生形式

引述词汇的派生形式是指由言说动词的引语标记功能进一步派生而来的表达形式,下面主要讨论两类,一类是具有传信功能的"所谓"派生而来的"所谓的";另一类是由言说动词构成的复合词"说 X"。

(一)"所谓的"

"所谓"在《现代汉语八百词》(1999:521)中归入形容词,在《现代汉语词典(第 7 版)》(2016:1257)中标为"属性词"(相当于区别词)。有两个义项,虽然词汇解释都是"所说的",但其中第一个义项的用法是下定义,即"所谓……是指……";第二个义项才是传信[①]用法,用特别标注,将说话人的态度"不承认"解释出来。

① 所说的:~共识,就是指共同的认识。
② (某些人)所说的(不含承认意):难道这就是~代表作?

《现代汉语八百词》的用例中,"所谓"后接名词。接着需要区分什么条件下会解读为中性表达的第一个义项,什么条件下会解读为含有言者"不承认"态度的第二个义项。

从"所谓"实际出现的句法环境看,有两个特点:1.信源可以出现,也可以不出现。即:"(信源+)所谓+引语"。2."所谓"后面有时候有"的",有时候没

[①] 传信(evidentiality)范畴的使用是言者立场表达的重要手段。

有。进一步考察发现,这两个貌似可自由选择的语境,实际分布上是有条件的:1.表达言者"不承认"态度的"所谓",不出现信息来源,如《现代汉语词典》中的例子;或信源为第二人称、第三人称、排斥第一人称。排斥对言者自己话语的引述,即"自引"。2.与中性表达相比,表达言者"不承认"态度倾向于说成"所谓的"。"所谓的"的引述一般是他引的,即引述他人话语。表现为下面两种形式,主语为第二人称或第三人称。即便主语不出现,也不作自引(即引述自己的话语)解读。

1."他(们)所谓的+引述内容"

(1) 刘炎焱:就是说,很多人强调说要言论自由,我说,但是我觉得很多人他没有意识到一点,就是说,什么叫言论自由。言论自由首先你要容忍别人对你的不违法的非议。反正我见过很多人,他所谓的言论自由,其实我后来听了听,我理解就是我必须自由。

马未都:对,然后你不能说我。(《锵锵三人行》)①

(2) 李菁:所以我觉得现在我们的社会所谓的价值观就是一个成败观,你有钱了,有权了,你就成功了,就像可能今天有讨论的,比如说在地铁里拍到某个名人了,就觉得人家很失败,你坐地铁胡子拉碴的什么,但是人家为什么不能过自己的生活,我不要过你们认为的那种成功生活,我过我自己想过的生活为什么就不可以呢?但是我觉得现在我们真的就是一个以金钱,一个以权力来评价人,然后你只要是达到这个目的了,没有手段,你手段是什么无所谓。

窦文涛:没错,你知道吗?自己恶俗也拿恶俗的眼睛看待一切……(《锵锵三人行》)

这两例与《现代汉语词典(第7版)》中第一种用法在句式上相同,都是定义式的表达,差别仅在于这里"所谓"后面有个"的"。

2."你(们)所谓的+引述内容"

(3) a. 这就是你们所谓的好吃到流水的萝卜,我是不是被骗了!

---

① 文中《锵锵三人行》和《观复嘟嘟》的语料根据录音记录而成,未做编辑。因本文讨论内容少有涉及会话分析相关特征,为节省篇幅,文中引用例子中的会话分析专用转写符号从略,下同。

b. 你所谓的效率，可能只是瞎忙。

在"所谓的"前面没有人称代词的时候，默认为他引信息。例如：

（4）窦文涛：刚才余老师讲到刘志军了是吧？给我们透露点秘闻。

余世存：没有，我就看到网上说，原来不是有个所谓的气功大师玩蛇的叫王林，不是给他家那个弄了一个靠山石，但他也没靠住，还是他这个人还是败了。

窦文涛：靠倒了是吧？

余世存：靠倒了。（《锵锵三人行》）

有些"所谓的"用例，显然是他引而非自引，虽然前面并非第三人称或者第二人称。例如下面一例，"我们"并非真正指称言者自己，而是泛指说话人所处的社会环境。例如：

（5）对，你这个行业大家都认为你对他的一个评价至少要涉及两个层面考虑，第一是人格，第二是利益，可是你一说它就涉及这两个。所以，你比如我说你作为有价值的导演，我们先说有价值导演，这个价值你可以自我去理解，你觉得你有商业价值也行，你有人生价值也行，但你一定要有为有守是吧？有作为很容易。有守，有操守就很难，守不住那就变成我们这种状况。这种所谓的喜剧电影，我还真的不大认为它是喜剧电影。（《锵锵三人行》）

上面这一例中，从后续话语可以印证，言者对被称为"喜剧电影"是不认可的。

从结构和意义上看，"所谓"后面"的"是一个羡余成分；但是从言者态度的表达角度看，有这个"的"却是极为重要的。比如《现代汉语词典（第7版）》第一个义项的例句，不能把"所谓"换成"所谓的"。在下定义的文本中出现"所谓"时候也不能有"的"。

（6）a. 所谓"退休养老金双轨制"，是指不同用工性质的人员采取不同的退休养老金。（百度）

b. *所谓的"退休养老金双轨制",是指不同用工性质的人员采取不同的退休养老金。

进一步看,如果全句表达积极态度,也不能在"所谓"后面加上"的"。例如:

(7) a. **所谓**觉悟,就是在漆黑的荒野上开辟出一条理当前进的光明大道。(乔鲁诺·乔班纳)

b. ***所谓的**觉悟,就是在漆黑的荒野上开辟出一条理当前进的光明大道。

可见,"所谓"是具有引述功能的中性表达形容词,而"所谓的"表达言者负面立场。

有趣的是,如果仍然要用"所谓的"单纯表达引述,还要在"所谓的"前面另带加上一个判断词,使之回归中性表达。如例(8)中的"是"和例(9)中再叠加一个"叫"。

(8) 那么工业革命以后发财的途径就多了一条,什么途径就是由技术发财,这个技术一定是可以复制的,而且是能够放量的,而不是一个人的独门绝技,独门绝技也发不了大财,你必须能把这个技术放量,就**是所谓的**一人敌不如万人敌,就是这个道理。(《观复嘟嘟》)

(9) 对对对,好莱坞,像今年,像今年我看奥斯卡评完了,我看到有一种说法,说今年**是所谓的叫**小年①,其实我不太赞同,我觉得今年反倒是沉闷了五六年了的奥斯卡的一个变化之年,就今年第一次看到变化了。(《锵锵三人行》)

综上,尽管结构上"的"貌似羡余成分,其贡献在于将表达言者"不承认"义用一个新的形式固定下来。因此,这个"所谓的"可以看作一个新的复合词。

---

① "小年"指果树歇枝、竹子等生长得慢、鱼鲜等产量少的年份[《现代汉语词典(第7版)》]。"小年"与"丰(收)年"意义相反,此处指当年的电影产量少。

(二)"说"类复合词

复合词"说 X"都是跨越句法层级词汇化的结果。下面主要讨论两种"说"类复合词。

1."说是"

由判断动词"是"与"说"(跨层)组合构成"说是",关于这类组合的词汇化表现,方梅(2018)曾详细论证。这类表达式,整体固化为含有言者态度的复合词,这是现代汉语中负面评价表达的一个能产性手段(方梅,2017)。

言说动词"说"可以用作引述,其后跟着引述内容。但口语中同时还有"说是+引述内容"的表达方式。例如:

(10) 我们其实过去在农村,尤其在农村,为了养活孩子,经常起一些难听的名字,比如什么"拴柱""狗剩",这些姥姥不疼舅舅不爱的名字<u>说是</u>为了好养活,名字起太大不行。(《观复嘟嘟》)

(11) 马未都:对,我同意。泪点我都找不到,我没有找到一个地方有泪点,我没有找到。其实我还算是对这个东西很敏感,比如我们看到报道<u>说是</u>斯比尔伯格哭了一个钟头,我觉得这事就有点……

主持人:这是宣传吧。

马未都:我觉得这事儿有点宣传大了,斯比尔伯格的这个,就这样一个大导演,如果他是看这样的片子能哭一个钟头,这个导演不是好导演,首先不冷静。(《锵锵三人行》)

与单用"说"相比,"说是"除了引述功能之外,同时表达了言者"不承认"或者"不相信"的态度,"被说成 X,其实未必"(方梅,2018)。

2."说什么"

由疑问代词"什么"与"说"组合构成"说什么"。其表达功能乐耀(2013c)曾详细论证。说话人可以引述他人的话,在前面加"什么",表示不赞成、不同意等否定义(丁声树等,1961:162—163;吕叔湘主编,1999:484),这种否定通常称为"引述性否定"(Horn,1985)。例如:

(12) 窦文涛:而且这个,我那天还听到一个大学生跟我讲,你说这个,当然这决不能代表这个中国人民的立场,就说是,他就说在他们学校本来是有个日本孩子,日本留学生,这日本留学生本来在中国的时候跟同学玩得都挺好,大家都在朋友圈,然后就这几天这个日本留学生在朋友圈里有点半开玩笑地骂自己这帮同学,因为他们都在庆祝日本熊本大地震,甚至看见就是说你们为什么叫好,说怎么才无了40多个人,说什么应该多死一些人,甚至还有人在这个,所以我说这不能代表中国人民主流民意,但毕竟有,在网上还有人这个庆祝,就是说这个怎么才40多个,太少了吧。(《锵锵三人行》)

(13) 你紧闭双眼,还说什么四大皆空。你若真的四大皆空,为什么不敢睁眼看我?你若真的睁眼看看我,我不相信你会两眼空空。(网络对话)

例(12)"(应)该多死一些人"和例(13)"四大皆空",要么是言者所闻某人话语,要么是言者引述对方话语。与"说是"相比,"说什么"具有更强的负面情感,它或用于反驳对方的言论,如例(12);或者表达言者的蔑视,如例(13)。

这类引述性否定形式的高频组合,"说"的后面已经不能有表达时体的"了""着""过"共现,使得引述内容前的"说什么"词汇化。

综上所述,引语是立场表达的来源式之一,高频用于引述形式的"所谓的""说是""说什么",也是表达言者"情感立场"(affective stance, Couper-Kuhlen & Selting, 2018:Online-Chapter C.)的词汇手段。

三、回声话语

回声话语是为了实现某种特殊的交际目的,后一个说话人重复前一个说话人的全部或部分内容,重复部分在文字表述上相似,或在一定的语境中内容上相似。虽然从其组成形式上看,这类负面评价引述都不含有言说类动词,但却是典型的"他引"表达。

Quirk 等(1985)将回声话语分为两大类:一是回声问,二是回声感叹。与本文讨论密切相关的是回声问。其中一类是诠释性回声话语;另一类是重述性回声话语。

诠释性回声话语含有言说类动词,重述性回声话语仅是重复对方话语或者部分话语。

(一)诠释性回声话语

诠释性回声话语含有命名义动词"叫"。"叫"有言说义"招呼、呼唤",如"外边有人叫你";又有动词用法,意思是"是、称为",如"这叫不锈钢"[《现代汉语词典(第7版)》]。前者表达行为,而后者意在诠释,"叫"前后的成分具有等同关系。比如下面的例子中,"邹静之写的本子"与"《五月槐花香》"。

(14) 因为他拍的电视剧跟古董多少有点关系,是邹静之写的本子**叫《五月槐花香》**(《观复嘟嘟》)

"叫"的这种诠释表达用法,不仅可以后接名词,构成名词之间的等同关系,如例(14)"《五月槐花香》"是对"邹静之写的本子"的诠释;也可以后接一个说明性小句,如例(15)中,"孩子不能输在起跑线上"是对"一个口号"的诠释。

(15) 后来我想过去的人养一窝子,一窝子孩子的人都养,怎么到这会养不起了呢?是因为今天有一个口号**叫孩子不能输在起跑线上**。(《观复嘟嘟》)

与一般的释名小句①不同,由"叫"引出的这个小句所表达的命题具有引述性。这种小句的引述内容可以是引述他人话语,如例(15),也可以引述自己的话语。"什么叫+引述内容"构成一个设问句,接下来后续语句进一步解释引述内容。例如:

(16) 我老说中国古人有很大的本事,**用坚硬的材质表现柔软**。**什么叫以坚硬表现柔软**?就是以铜这样坚硬的材料表现这种衣纹被风吹拂的这种感觉,这是一绝。(《观复嘟嘟》)

值得注意的是,如果引述的内容是自引性的,整体解读便是设问句。当引述的内容是他引性的时候,"什么叫+他引"诠释性回声话语就具有了负面立场解读。例如:

(17) 一大爷:行了,别扯别的了,厂子里的事是厂子里的事儿,咱们

---

① 用于说明一个名词的内涵的小句称为释名小句。北京话口语里,"说"可以引导一个释名小句,比如"你有没有一个预期说这辈子一定要挣够多少钱",其中"这辈子一定要挣够多少钱"是对名词"预期"的阐释。相关研究可参看方梅(2006、2018)。

大院儿是大院儿的事,何雨柱,我再给你次机会,你说,许大茂家的鸡,到底是不是你偷的?

傻　　柱:**算是我偷的**吧。

一大爷:**什么叫算是你偷的**,是你偷的就是你偷的,不是你偷的就不是你偷的,你以为大院儿的人冤枉你啊?(《情满四合院儿》)①

(18) 傻　　柱:我明白了,棒梗偷我东西吃,全是**你指使**的。

秦淮茹:**什么叫我指使的**,咱这么说,棒梗有没有拿过别人家一根葱?

傻　　柱:这该怎么说怎么说,除了我这儿,雨水东西一个手指头都没动过。

秦淮茹:就是说呢,不拿你当外人儿嘛。(《情满四合院儿》)

上面二例中,"什么叫+引述话语"中的引述内容都是对方的话语。在句法编码上,它与设问句结构相同,但都作反问句解读。

此外,这类重述性回声话语还有一些变式,例如"这也叫 X"可以表达对方所述不符。

(19) 甲:刚才你看的就是所谓超写实主义画派的**艺术**作品,怎么样,够震撼吧!

乙:**这也叫艺术**?它一点也没有给我带来震撼的感受啊。(引自王长武、雷璐荣,2019)

从句法形式上看"这也叫……"是一个直陈语气的陈述式,例如"这也叫狗尾巴草"。即便删除"也",变成"这叫艺术",仍然是负面立场解读。可见,"这也叫"本身只具有诠释性解读,而负面立场解读来自其应答语位置上的回声话语属性。

事实上,对于疑问结构来说,是非问的无标记回应语应是针对命题内容作出肯定或者否定回答。如果背离这个应答惯例而采用其他形式,就会带有不

---

① 文中几例电视剧(《情满四合院儿》《我爱我家》)语料根据录音记录而成,下同。

同程度的认识立场(Epistemic Stance)解读。下面一例就是以问答问：

(20) 秦淮茹：你突然走了是**许大茂搞的鬼**吧？
　　秦京茹：**什么叫许大茂搞的鬼呀**，那傻柱傻了吧唧的，我能嫁给他吗？
　　秦淮茹：那你要嫁给许大茂啊？
　　秦京茹：当然……(《情满四合院儿》)

如果"什么叫+引述话语"是对疑问句的应答语，其负面立场表达的语气更为强烈。

这类应答是两个负面评价行为的叠加，其一是他引性的"什么叫+引述话语"；其二，它是用疑问结构（"什么……"）回应疑问结构。也就是说，回应语没有采用无标记的应答形式，则显示自己具有更高的认识权威。因此，语气也更为强硬。

(二) 重述性回声话语

从构成形式看，重述性回声话语不含有言说动词或命名动词。这类回声话语可以完全重复对方的话语，也可以截取对方话语的一部分。重述性回声话语不一定都具有负面立场表达功能，比如自然口语对话中引述构式"X 不 X 的"(X 是引述内容)。例如：

(21) 甲：你们小两口儿挺**般配**。
　　乙：谈了这么些年了，**般配不般配**的就是他了。（口语调查）

上面例子中的主语小句"般配不般配的"是对前一说话人"挺般配"的引述，重述性回声话语在"X不X的"这个主语小句中属于从属小句的内嵌成分。

有些重述性回应话语是听者附和对方(朱军，2020)，希望对方就某一要点展开论述。如：

(22) 窦文涛：对，因为你真正的咱都知道什么东西能让人笑，它就是很多时候是即兴的。
　　马未都：而且要**顺着出来**。

窦文涛:顺着出来。

马未都:这个感觉只有做主持,只有你站在台上,你就知道什么叫顺着出来。(《锵锵三人行》)

具有负面立场表达功能的重述性回声话语分为两个小类:一是疑问词重述性回声话语;二是非问型重述性回声话语。下面我们逐一讨论。

1. 疑问词重述性回声话语

疑问词重述性回声话语有两类,一类是疑问代词嵌入式;另一类是疑问代词前置。

(1) 疑问代词内嵌

单纯从句法形式看,疑问代词内嵌的表达与疑问句结构相同。疑问代词嵌入引述"动—宾"之间,如例(23);也可以嵌入动宾式复合词内,构成离合词,如例(24)。

(23) 三大爷:咱包饺子,酸菜馅儿。

三大妈:**放点肉**不?

三大爷:这放什么肉啊,两顿肉钱全让傻柱给我坑走了。(《情满四合院儿》)

(24) 志新:爸您刚消停了一个星期,怎么茬儿?想趁机**翻案**?

傅老:翻什么案?有错误就检查,有缺点就改正,这是我们家的一贯传统。(《我爱我家》)

例(23)中,"放点肉不?"是征询对方意见的疑问句,"放什么肉"是它的应答语。尽管"放什么肉"也是疑问结构,但不能解读为寻求未知信息,只能解读为反问句[①]。例(24)类同。因为应答语的言者比对方具有更高的知识权威,即"言者知识领域"事件,这里"翻什么案"只能解读为反问句,而不是言者寻求未知信息的疑问句。从应答形式看,这两例与例(20)相同,同样是违反会话规约的"以问答问"。

---

① 因为言者比对方具有更高的知识权威,即"言者知识领域"事件,这里只能解读为反问句,而不是言者寻求未知信息的疑问句。只有"受话人知识领域"的疑问结构,才有可能解读为言者寻求未知信息疑问句(另可参看方梅、谢心阳,2021)。

在自然口语对话中,这种表达形式与被引述的话语未必是直接应答语。相对于直接用作应答语,这种长距离的话语引述的反驳语力减弱了。例如:

(25) 窦文涛:你知道,这两天台湾有一个,据说是高僧挺大岁数七八十岁给信徒们簇拥着<u>去做整形</u>,他说我为了宣,为了弘法传道,我这个宝像要庄严,<u>所以整了之后,这整的看着就庄严</u>。

马未都:太极端。

窦文涛:他们为了弘法利生。马未都:那不行,那不行。

梁文道:有没有弄得像释迦牟尼佛一样,模仿他。

窦文涛:你这修佛的,你说说。我这相好,换得信徒的结缘。

马未都:那当然。

窦文涛:这个想法不对吗?

马未都:但是你得修来,你不能,你修来的。

梁文道:对,没错,马爷说得对。我认识很多出家人在家居士,我发现有一点,很多人很认你一个人有没有认真修行,修得怎么样,看得出来。

马未都:看得出来。

梁文道:样子就会变。

马未都:对。

梁文道:变得很厉害。

马未都:非常明显。

梁文道:非常明显,我就认识一个西安的一个师兄,他原来也是富商很有钱,做地产,房地产什么。十几年前的,你觉得他开始学佛,你觉得他眼睛开始很纯定,十几年之后我在上海有一次再见到他吃饭,现在人你认不得他,整个人吃素十几年,修行十几年,生意也不做了,整个人进来就是那种气都不对了周边。

窦文涛:这肯定。

梁文道:<u>不用整什么容</u>。(《锵锵三人行》)

上面的例子中,如果孤立看"不用整什么容"似乎可以解读为"什么"的虚指用法,表小量,与"不用吃什么东西"类同。但如果结合语境观察就会发现,两者结构构成相同但意义相异。这里的"不用整什么容"并不表达"稍微整整容",而是言者完全不认可整容。其中的"什么",并不是表小量的虚指用法。

(2) 疑问代词前置

先行研究分析到,说话人可以引述他人或自己的话,在前面加"什么",表达不赞成、不同意等。虽然有疑问代词,如"什么""怎么""谁"等,但并不作疑问解读。例如:

(26) 志新:燕红……我觉得通过这件事咱们俩的心反而贴得更近了,说不定以后……咱俩虽然从小就<u>鸡吵鹅斗,谁也不让谁</u>,可是我心里……
燕红:(怒)<u>什么鸡吵鹅斗?什么谁也不让谁?</u>哪次不是我让着你?包括这次!(《我爱我家》)

(27) 许大茂:这你就不懂了,二大爷是我手里的一支枪,一个没文化的人,能厉害到哪儿去,狐假虎威。
秦京茹:可他毕竟是你们厂领导啊。
许大茂:<u>什么领导</u>,他拉倒吧。不过你还别说,二大爷教会了我怎么当领导。(《情满四合院儿》)

上面二例中,"疑问词+引述内容"重述性回声话语都是回应前一个说话人的评价,例(26)的评价是"鸡吵鹅斗,谁也不让谁"。例(27),虽然前一个说话人没有直接采用评价性形容词或比拟说法,但是"毕竟是你们厂领导"已经表达他的行为不符合身为领导的社会规约。

疑问词"什么"还可以加在引述构式"X不X的"之前,构成"什么X不X的",表示不同意对方的看法。例如:

(28) 甲:你肯定对她余情未断,不然我要骂她的时候,你为什么要拦着我?
乙:<u>什么余情不余情的</u>,我对她从来就没情!(引自王长武、雷璐荣,2019)

2. 是非问型重述性回声话语

是非问型重述性回声话语的特点是不含有疑问代词。例如：

（29）和平：谁给您下跪了，我给您盛饭去……唉，爸您上了一天班儿也够累的吧？虽然说局里的工作**离不开您**，可您也得注意身体呀！

傅老：（发作）**离不开我**？**离不开我**今天怎么把我那办公桌儿给搁到……搁到妇联那屋去啦！（《我爱我家》）

这一例中，对前一个说话人的评价"离不开您"的回应语，没有采用无标记的应答形式，而是用一个带疑问语调的"离不开我？"来引述"虽然说局里的工作离不开您"。从结构上看，此处的"离不开我？"与不带有任何疑问句法的陈述式问句①相同。但是，由于此处说的是傅老在单位的情形，作为当事人，傅老本人具有更高的知识权威（即"言者知识领域"）②，因而只能解读为反问句，而反问句都具有语用否定功能。

一般而言，受话人在听到对方发起首次评价的时候，他处于一个相对从属地位。针对评价话语的应答语，无标记的回应形式是直陈语气的句法表达。在汉语中，表达对评价的一致性态度不一定用"是""对"。下面一例就是重复对方话语来表达一致性态度。例如：

（30）英：换句话说，诱惑不是主要原因。

洪：对（点头）。

英：没有诱惑，到七年……③也够呛了。

洪：**扛不住了**。

---

① 关于"陈述式问句"可参看方梅、谢心阳（2021）。

② Labov & Fanshel（1977）提出了五种与认识相关的时间信息类型，翻译引用如下：A 事件：言者知道，听者不知道；B 事件：听者知道，言者不知道；AB 事件：言者和听者都知道；O 事件：所有在场的人都知道；D 事件：可知性有争议。B 事件与 A 事件，不仅对于判断"问"与"非问"有重要意义，也可以帮助判断疑问在互动交际中的言谈功能。如果这是一个 B 事件，就应当解读为一个要求获取信息的特殊疑问句；如果这是一个 A 事件，则应当解读为一个话题引导语（topic proffer, Thompson、Fox & Couper-Kuhlen, 2015），言者接下来会自揭答案。

③ 此处符号表示有一个短停顿。

英：扛不住了。

洪：嗯……（访谈《爱的诱惑》）

上面一例中，洪说"扛不住了"是对"到七年也够呛了"的诠释，英重复"扛不住了"是对这个评价的认可，即表达言者的一致性立场。

一致性应答与是非问型重述性回声话语的区别在于，一致性应答说话人的认识地位同于或者低于被引述话语的说话人，并且用陈述语调说出来；是非问型重述性回声话语采用疑问语调，且说话人的认识地位要高于对方。

重复前一个说话人的话语究竟如何解读，受制于交谈当下言听双方的认识状态。这一特点不仅体现在评价序列，在告知序列中也是如此。例如：

（31）许子东：……我在深圳去过一个饭店，它就门口写着"日本人莫进"。

窦文涛：为什么？

许子东：就是反日。

窦文涛：**反日**。

许子东：它就写明了"日本人莫进"。（《锵锵三人行》）

上例中，许子东讲述他在深圳的经历。窦文涛对其中的细节提出疑问（问原因），在许子东给出答案"反日"之后，窦文涛重复了"反日"。这个重述话语不带疑问语调，但是许子东重复了他的故事，"它就写明了'日本人莫进'"予以确认。

例(30)、例(31)两例说明回应语重述对方话语不一定构成"回声问"。它有可能是表达言者的一致性立场，如例(30)；也有可能表达言者希望确认新知，并鼓励对方进一步提供信息，如例(31)以及例(22)。重复对方话语的说话人如果处于知识地位较低的一方，他的重述性话语是一个确认新知的行为，不构成反问句，也没有负面评价解读。

四、结语

无论是诠释性回声话语还是重述性回声话语，其中都含有对前一个说话人所言内容的引述。文中对引述与负面立场表达的讨论可以看出以下三个倾向：

第一，应答语这一序列位置是固化负面立场解读的重要条件①。引述只有

---

① 关于语境固化在意义浮现中的作用，参看 Hoey(2005)。

在回声话语中有可能产生带有负面立场解读,而且一般为他引而不是自引。

第二,并非所有的他引回声话语都会解读为负面立场,负面立场解读还受制于言谈参与者的认识地位以及是否遵从会话规约。当回声话语的说话人的认识地位同于或者高于对方,才会带来负面立场解读。违反会话规约"以问答问"是回声话语解读为反问句的重要条件。

第三,如果引述内容编码为从属小句的内嵌成分,则不具有负面立场解读。这个特点符合"从句守旧主句创新"的一般规律[1]。

引述表达形式有的含有言说动词,有的不含有言说动词[2],它们的共性是对于应答语位置具有依赖性。从规约化的角度看,不含有言说动词的引述表达形式的规约化程度更高。

事实上,有相当一部分负面评价构式,其语义解读中都具有引述性,尽管这类构式不含"说"类言说动词。例如,"V什么V"(如:躲什么躲、唱什么唱、吃什么吃)、"A什么A"(如:好什么好、帅什么帅)。构式中重复的动词或名词,其表达内容是先行语境中已经出现的,可以解释为重述性回声话语(参看方梅,2017);表达负面评价的语法构式(参看方梅,2017)隐含对共有知识的引述,像"好你个N"(如:好你个王老五、好你个不长记性的)、"还N呢"(如:还大学生呢、还厂长呢)[3];同语让步。方梅、乐耀(2017)在讨论由"是"构成的同语让步式的时候,提到这类结构往往作为回应语,表达对前一个说话人话语的负面评价立场。

对话互动中,作为应答语的重述性话语传递言者的不一致态度,应答语位置构成了负面立场表达的语境条件。因此,对于构式语义和功能的描写,除了要观察其线性邻接成分的影响,还要关照互动语境对意义和功能解读的塑造。话语立场的解读不仅与相邻句法单位密切相关,也与特定表达式所处的会话行为框架密不可分。

参考文献

陈颖、陈一:《固化结构"说是"的演化机制及其语用功能》,《世界汉语教学》2010年第

---

[1] Bybee(2002)指出,就语用性信息而言,主句比从句丰富得多,新的语法形式所具有的丰富语义内容在主句的环境中更容易体现。相比之下,从句的语用信息要贫乏。从句不会因语用的驱动而容易产生变化。

[2] 没有表达引述词汇的引述表达,也被称为零形引述。

[3] 尹世超(2004、2008)、尹世超、孙杰(2009)探讨了汉语口语里高频使用的应答句式和否定性应答句式。宗守云(2016)发现,"还×呢"构式表达说话人贬抑态度,主要用作对对方话语的回应。

4 期。

丁声树等:《现代汉语语法讲话》,商务印书馆 1961 年版。

方梅:《北京话里"说"的语法化——从言说动词到从句标记》,《中国方言学报》2006 年第 1 期。

方梅:《北京话语气词变异形式的互动功能——以"呀、哪、啦"为例》,《语言教学与研究》2016 年第 2 期。

方梅:《负面评价表达的规约化》,《中国语文》2017 年第 2 期。

方梅:《"说是"的话语功能及相关词汇化问题》,《中国语言学报》第十八期,商务印书馆 2018 年版。

方梅、乐耀:《规约化与立场表达》,北京大学出版社 2017 年版。

方梅、谢心阳:《汉语对话中疑问句的解读——以反问句和陈述式问句为例》,《汉语学报》2021 年第 1 期。

李宇凤:《反问的回应类型与否定意义》,《中国语文》2010 年第 2 期。

刘一之:《北京话中"(说):'……'说"句式》,《语言学论丛》第三十三辑,商务印书馆 2006 年版。

吕叔湘主编:《现代汉语八百词》(增订本),商务印书馆 1999 年版。

马国彦:《引语介体与话语的互文建构》,《当代修辞学》2015 年第 4 期。

马国彦:《"别"与引述性否定》,《世界汉语教学》2016 年第 4 期。

王长武:《互动视角下的现代汉语引述回应格式研究》,华中科技大学出版社 2017 年版。

王长武、雷璐荣:《汉语常用应答语》,华中科技大学出版社 2019 年版。

[日]西村英希:《"×什么×"构式的语义内涵及语用功能》,《语法研究和探索》(十八),商务印书馆 2016 年版。

夏雪、詹卫东:《"×什么"类否定义构式探析》,《中文信息学报》2015 年第 5 期。

尹世超:《说否定性答句》,《中国语文》2004 年第 1 期。

尹世超:《应答句式说略》,《汉语学习》2008 年第 2 期。

尹世超、孙杰:《"那"字应答句》,《语言文字应用》2009 年第 1 期。

袁毓林、刘彬:《"什么"句否定意义的形成与识解机制》,《世界汉语教学》2016 年第 3 期。

乐耀:《汉语引语的传信功能及相关问题》,《语言教学与研究》2013 年第 2 期。

乐耀:《论北京口语中的引述类传信标记"人说"》,《世界汉语教学》2013 年第 2 期。

乐耀:《汉语引述类传信语"说什么"的由来》,《现代中国语研究》(日本)2013 年第 15 期。

朱军:《回声话语的认同功能——基于互动与立场表达的视角》,《语言教学与研究》2020 年第 4 期。

宗守云:《"还×呢"构式:行域贬抑、知域否定、言域嗔怪》,《语言教学与研究》2016 年第 4 期。

Bybee, Joan, "Main clauses are innovative, subordinate clauses are conservative: consequences for the nature of constructions", in Bybee, Joan and Michael Noonan(eds.) *Complex Sentences in Grammar and Discourse: Essays in Honor of Sandra A. Thompson*, John Benjamins Publishing Company, 2002.

Hoey, Micheal, *Lexical Priming: A New Theory of Words and Language*, New York: Routledge, 2005.

Horn, Laurence, "Metalinguistic negation and pragmatic ambiguity", *Language*, 1985, 61(1).

Labov, William and David Fanshel, *Therapeutic Discourse: Psychotherapy as Conversation*, New York: Academic Press, 1977.

Quirk, Randolph, Sidney Greenbaum, Geoffrey Leech and Jan Svartvik, *A Comprehensive Grammar of the English Language*, London and New York: Longman, 1985.

Thompson, Sandra A., Barbara A. Fox and Elizabeth Couper-Kuhlen, *Grammar in Everyday Talk: Building Responsive Actions*, Cambridge: Cambridge University Press, 2015.

Couper-Kuhlen, Elizabeth and Margret Selting, *Interactional Linguistics: Studying Language in Social Interaction*, Cambridge:Cambridge University Press, 2018.

从狂欢到共情:全球新冠肺炎疫情下东京奥运会开幕式的国家形象修辞*

——一种体育景观观念史的视角

甘莅豪

摘要:由于全球新冠肺炎疫情暴发,2020年东京奥运会成为现代奥运会120年历史上首届因非人类威胁原因而未能如期举行,最终又成功举办的体育盛会。在全球"悲情"语境和日本"以悲为美"文化的双重影响下,2020年东京奥运会开幕式放弃以往"酒神狂欢模式",转而采用了"物哀共情模式"。开幕式从"共情"出发,高举人类共同价值理念旗帜,通过节目设置、音乐舞蹈、人员选择和装置象征等手段,深度诠释了奥林匹克精神,展示了日本的创新精神,塑造了一个关注弱者、包容多元、和谐共存、情同与共的现代文明国家形象。由此,这也成为奥运会景观塑造观念史上的一个新起点:从"张扬人类意志"的"人类中心主义"转向"敬畏自然与生命"的"非人类中心主义"。

关键词:新冠肺炎疫情;东京奥运会;国家形象修辞;景观塑造;观念史

1967年,法国学者居伊·德波在《景观社会》一书中指出,随着人类科学技术的急速发展,工业社会制造的商品已经由有形的物质转向了无形的景观,即消费工业社会制造的各种幻象图景日益统领着现代人的生活。[①]2003年美国学者格拉斯·凯尔纳在《媒介奇观》中进一步强调媒介产业对景观社会的推动作用,他认为,"在过去几十年里,因为文化工业的推动,媒介景观已经成为现代经济、政治、社会和日常生活的组织原则"[②]。作为人类最大的体育盛事,奥

---

* 本文系教育部哲学社会科学研究后期资助项目"公共危机责任政府道歉行为的话语修辞研究"(20JHQ096)与国家社科基金重大项目"网络空间社会治理语言问题研究"(20&ZD299)的阶段性成果。
甘莅豪,华东师范大学传播学院教授、博士生导师,主要从事政治传播、修辞学研究。

① [法]居伊·德波著,王昭凤译:《景观社会》,南京大学出版社2006年版,第3页。
② Kellner, Douglas, *Media Spctacle*, London: Taylor & Francis Group, 2003, p.1.

运会从其诞生那刻起,就在报纸、电视和网络直播及转播打造下,通过绚丽壮观的开幕式表演、挑战身体极限的体育竞赛和象征性的美术符号设计,传递奥林匹克精神,彰显举办国的国家形象。

一、劣作抑或杰作:2020 年东京奥运会开幕式引发的空前舆论撕裂

作为一种全球性的体育景观,奥林匹克不仅是一项融合体育、文化与教育的运动,也是国际奥委会、主办国、赞助商、单项体育组织、参赛国、各类媒体共同的作品。在奥运会系列活动环节中,比如,奥运会申办、运动员训练、开幕式和闭幕式活动、项目比赛等,开幕式重点承担了人类共同价值重申和举办国形象宣传的功能,其包括贵宾和国家元首入场、文艺表演、运动员入场、奥委会主席讲话和升旗、主办国和奥委会主席致辞、运动员和裁判员宣誓、点燃圣火仪式、文艺和烟火表演七个部分。为了办好奥运会,主办国往往提前多年就和奥委会进行协商,根据奥委会要求,结合本国特点,提出当届奥运会口号,并根据口号价值内容、举办成本和举办国政府意见,准备和排练文艺表演部分,希望届时在满足赞助商利益基础上,一方面能充分表达奥委会的理想信念;另一方面能帮助本国主办国进行国家形象宣传。可以说,奥运会开幕式不仅凝结了人类命运共同体崇高的精神理想,而且与国家权力、商业资本进行着深度合作,不得不接受权力和资本的规约。实际上,每届奥运会开幕式编导们其实都必须在"人类整体利益"和"本国国家利益"之间寻求平衡点,在两种利益的张力与冲突中"戴着脚镣跳舞"。显然,这也导致开幕式编导不仅极具难度,而且特别容易引起争议。

然而和以往奥运会开幕式相比,2020 年东京奥运会开幕式引发的舆论争议空前撕裂。比如新浪微博话题"东京奥运会开幕式迷惑行为"在 24 小时内吸引 7 764 万次阅读,引发 4.1 万次讨论,诸多中国网民集体吐槽,表示"此次东京奥运会的开幕式'阴间味'很浓,更像是'开墓式'",甚至纷纷转发这条评论:"艺术可以接地气,但请不要接地府;艺术可以有灵魂,但是不能有鬼魂;艺术可以有灵气,但是不能有灵异;艺术是送给观众,而不是送走观众;艺术来源于灵感,不能来源于灵堂;艺术可以很冷门,但真不能太邪门;艺术可以超越人,但不能超度人;艺术不分国界,但分阴阳。"[1]

---

[1] 佚名:《东京奥运开幕 引中国网民疯狂》,https://www.dw.com/zh/%E4%B8%9C%E4%BA%AC%E5%A5%A5%E8%BF%90%E5%BC%80%E5%B9%95-%E5%BC%95%E4%B8%AD%E5%9B%BD%E7%BD%91%E6%B0%91%E7%96%AF%E7%8B%82%E5%90%90%E6%A7%BD/a-58623449,访问时间:2021 年 8 月 8 日。

事实上，这些批评的言论看似热闹，实则是缺乏对日本文化的深入了解，缺乏对奥运精神的深入认同，更缺乏对全球当下特殊语境的深刻理解。的确，奥运会通常会被认为是一场全球的超级派对，开场方式力求热闹华丽以现全球狂欢，但2020年东京奥运会无疑是奥运史上特别的一次。前所未有的全球疫情，给全人类提出了空前的挑战，包括奥运会开幕式：在全球新冠肺炎疫情的悲情背景中，奥运会开幕式是否还可以采用以往的"狂欢派对模式"？如何运用更为合适的风格、理念、模式来塑造体育景观，才能有效地回应这次全球性悲剧性事件，实现国际奥委会主席巴赫和日本首相安倍晋三在联合声明中所说的，"在这个动荡的时代，东京奥运会能成为世界希望的灯塔，东京奥运会的圣火能成为当前世界所处隧道尽头的曙光"？

二、为民族立言与为全人类代言：全球新冠疫情下国家责任修辞的立意

当前新冠疫情已然给全球秩序带来了巨大挑战，一方面，在病毒面前，所有人都是受害者，唯有同舟共济，方能战而胜之；另一方面，多边主义秩序与单边主义秩序的角力和冲突有增无减，各大国利用疫情，进行政治博弈，合作步履维艰，对全球稳定和人类发展造成极大的威胁。在此背景下，日本政府在奥运会因新冠肺炎疫情延期一年后，依然选择在2021年7月23日19点重新艰难启航，实则具有非常深远的战略考量。

作为全球影响力最大的体育景观，奥林匹克运动自其诞生起就蕴含着"奥林匹克精神"，即奥林匹克运动不仅是一个体育比赛，而且是蕴含和承载了人类共同体的理想和希望。通过体育比赛，在生理上最大限度地激发人类的身体潜能，在精神上激励个体面对困难，永不言败。同时，将自身定位为努力消除人类不同群体的隔阂，促进各国人民相互了解，维护世界和平的国际社会运动。可以说，人类自诞生以来，一直面临天灾、战争、病毒等威胁，而奥林匹克运动会总能在关键时刻凝聚和团结全球的激情、勇气与希望，催人奋进、自强不息，比如，1912年现代奥林匹克运动之父顾拜旦就曾希望通过举办奥运会，消除第一次世界大战；1948年英国在第二次世界大战废墟中恢复举办第14届奥运会，力图鼓励饱尝战争之苦的人类更加热爱和珍惜和平。

在120余年现代奥运会历史上，奥运会曾因人类之间的战争冲突而停办3次，东京奥运会是第一次因非战争原因而未能如期进行的奥运会，其可能预示着"奥林匹克精神"的一次重要升华：人类命运共同体不仅要克服人类自身造成危机，还要克服各种非人类的威胁。2020年国际奥委会为了更好地应对后疫情时代,决定在奥林匹克格言"更快、更高、更强(Faster, Higher, Stronger)"后面,再加入一个词"更团结(Together)",从而变成"更快、更高、更强、更团结"。对此,奥委会主席巴赫进行了详细解释:"当前,我们更加需要团结一致,这不仅是为了应对新冠疫情,更是为了应对我们面临的巨大挑战。当今世界彼此依靠,单靠个体已经无法解决这些挑战。……因此,我在今天发起提议,为了实现更快、更高、更强,我们需要在一起共同应对,我们需要团结。"①

从这个意义上看,奥运会开幕式就不能仅局限于彰显主办国的经济、科技和文化实力,而更应该代表人类命运共同体,对非人类自身造成的威胁进行宣誓和挑战,从而带给全人类希望和勇气。由此可见,日本政府选择知难而进,依然举办奥运会,也正是意识到本次奥运会的重大历史意义——为全人类代言,在国际社会彰显国家的责任与担当,从而极大提升国家形象和软实力。而针对新冠疫情的全球肆虐,东京奥组委宣布本届奥运会开闭幕式的共同理念为"前进(Moving Forword)",也蕴含"疫情中要借助体育之力积极向前"之意,同时还为开幕式提出了"情同与共(United by Emotion)"主题,蕴含着"因为疫情,大家难以共聚,也要借体育彼此共情,共克时艰",闭幕式主题为"我们共享世界(World We Share)",蕴含着"不同性格、文化背景的人们共享感动,共创未来"的意思。

在开幕式开场环节安排中,日本编导们在元首入场前,增加了面对新冠疫情带来的全球性灾难,人类进行不屈不挠抗争的象征性表演,同时添加了为疫情死难者默哀仪式。开幕式开场表演以一个人类种子的诞生为起点,再衔接一段该种子在跑步机上不懈奔跑的行为,展现人类历经挫折、迷茫后重新出发的自强不息精神。跑步机表演者既是一位拳击运动员,也是一位长期奋战在新冠疫情第一线的护士。在该表演者身后,彼此隔绝、独自表演的舞蹈演员出现在黑暗中的不同地点,随后他们之间彼此被红色线条串联交织起来。这些红线一方面代表新冠疫情造成人类之间的彼此隔绝,及其给人类神经带来的焦虑与紧张;另一方面却又赋予了人类面对威胁,休戚相关、患难与共的联系、共识与共情。接着伴随集体对逝去生命的默哀,在一片纯黑色的背景中,日本演员森山未来身着白衣,上演了一段献给亡灵的个人现代舞,其或扭曲一团,

---

① 徐仕佳:《更快、更高、更强、更团结》,https://www.sohu.com/a/479124232_400344,访问时间:2021 年 8 月 8 日。

或翻滚挣扎,或艰难站起,展现人类救赎与复活的过程。在舞者的整个舞蹈过程中,他面无表情,动作介于僵硬和有力、跃动和沉静之间,模糊了生死之间的界限,从而既展示了人类身体运动的力量,又体现了一种人生无常、幽深玄静的情愫,呈现我和物之间的共情,准确表达了奥运会感悟生情、"情同与共"的主题。

森山未来的这段舞蹈不追求繁复的装饰和浓艳的色彩,却采用纯净的白色、简洁的肢体语言、刚柔并济的身体线条、单调却妙味无穷的音乐旋律,处处在张力和矛盾中表现人类内心的疑惑、痛苦与坚韧。该舞蹈实际是日本传统文学"物哀"美学思想和现代"暗黑舞踏"悲文化的巧妙结合体。"物哀"美学思想集中体现在日本经典名著《源氏物语》中,其支配着日本人精神生活的诸多层面,强调面对生命无常所自然流露的情感,或恐惧、或悲伤、或爱怜、或低回婉转、或思恋憧憬,正如川端康成所说:"日本国民性有着显著的特点……他们对残缺的月亮、初绽的蓓蕾以及凋零的花朵更为钟爱,他们认为在残月、蓓蕾以及花朵当中蕴藏着一种能够引发人哀愁和怜惜的情绪,显示的是一种悲情之美。这种悲情之美正是深入日本文化当中的'物哀美'的精髓。"[①]虽然"物哀"力图呈现睹物伤情、物我同悲,塑造一种哀婉凄清的美感世界,但也并非表达完全的悲哀,而是对悲哀的消解、超越和深化。"物哀"比悲哀更平静、更坚强,其蕴含禅宗所谓恬淡、空寂的生死观,甚至上升至"直面惨淡人生"的勇猛之力,在追求"死亡"瞬间美的同时,通过"死而复生""循环往复"求得永恒的寂静。

"舞踏"于 1959 年开创,是日本土方巽和大野一雄两位舞蹈家在目睹第二次世界大战的残酷和原子弹爆炸的恐怖后,不禁对人类处境进行反思而创作的一种艺术形式。他们认为"舞踏是拼命站立起来的尸体",仿拟从坟墓里爬出来的白色僵尸,表现"死亡之舞",利用扭曲的肢体语言展现人生的艰难处境,并抚慰人类心灵深处的不安,通过叩问人性和人生将观众从舞者残破的肢体和僵硬的躯壳中唤醒,体会生命无常、众生皆苦的无奈与挣扎。

森山未来采纳了"黑暗舞踏"的"扭曲身体"和"白妆风格"因素,表达了"丧之悲"和"心之洁",又抛弃"男扮女相""歪曲表情""蟹形脚"等元素,淡化了"黑暗舞踏"残忍、暴力、丑陋和疯癫的特征,同时借鉴日本传统的"物哀"审美品

---

① [日]川端康成著,叶渭渠译:《川端康成谈创作》,生活·读书·新知三联书店 1988 年版,第 49 页。

位,采用柔软的线条和刚劲的力量,表达了"生命脆弱"和"生生不息"的"哀思之情",即在超越生死的同时,融入人类无限的情感:伤悲、茫然、疑惑和坚韧,并通过此方式来哀悼逝去的亡灵:痛惜战争、地震和病毒给人类带来的苦难,进而执着于对生命意义的反思与追问,以及对生死进行一种"安抚式"诠释,对灵魂进行一次"拷问式"祭礼。

在奥运五环展示环节中,开幕式编导还特意在五环周围布置了一种类似"经幡"的黑白色器物——"缠"。在江户时代,"缠"这种事物和消防有关。日本人的房屋多为木造,一旦一屋着火,将会危及整片地区。于是,日本民众创建了专门的消防队,并挑选集勇气、技术、机敏于一身之人成为"持缠人"。一旦着火,"持缠人"将率先跑到火灾现场,攀爬到大火尚未烧到的屋顶,不停转动手中之"缠",告诉众人务必同心协力,把火苗截断,否则"持缠人"将会落入火海。可以说,"缠"象征着日本的"勇气"与"责任",其出现在开幕式上,一方面暗示新冠疫情对地球来说犹如城市着火,各国无论强弱,此刻休戚相关,不能放弃希望,而应勇于抗争,不能只顾自身利益、明哲保身,而应同心协力、守望相助;另一方面也向世人表明,日本不畏艰难举办此次奥运会正是对"持缠人"精神的最好继承,从而巧妙地展示了日本"勇于担当"和"坚韧不拔"的民族精神。

总之,在疫情袭击人类的这几年里,全人类面临着死亡、恐惧、指责、压抑和抗争。开幕式呈现的场景如能让人共情,产生敬畏之心,进而反思人类的未来,就是最大的成功。以往奥运会开幕式大多展现自己民族和国家的文化和历史,而东京奥运会开幕式开场没有采用最具日本文化特征的五彩缤纷、漫天飞舞的动漫、游戏和科技,没有通过最先进的电脑图像呈现东京街道和风土人情,展现现实和虚拟相结合,恢宏绚丽的大型舞台景观,而是另辟蹊径,从人性和人类的视角,用"舞踏""物哀"和"缠"去呼唤和鼓舞良知、团结和勇气,让人们产生共情,看到这个世界的不美好,进而反思如何改进、创造更美好的未来。可以说,这种安排都正好和奥林匹克的理想主义精神深度契合,也是新冠疫情期间人类需要的精神力量,正如 2021 年 7 月 14 日东京奥组委奥运举办统管中村英正就演出的宗旨对媒体这样强调:"疫情下世界的形式变得简洁朴素,开闭幕式的演出也将从灿烂夺目变为能够更直白坦诚地表达理念的内容。"[①]

---

① 日媒:《疫情下办奥运褒贬不一 东京奥运或风格罕见》,https://www.sohu.com/a/477975760_123753,访问时间:2021 年 8 月 8 日。

三、从对更强的追求到兼顾对更弱的关注：全球疫情下奥运精神修辞的发展

2020年初暴发的新冠疫情传染速度快、毒性强，几乎使每个国家、民族和地区的人们都遭受病毒的困扰，严重威胁人类生命健康和财产安全，并深刻反映和进一步加重了人类群体之中的不平等和不宽容。整个人类从来没有像今天一样需要放弃成见，紧紧团结在一起，需要强调保护弱者、平等包容的精神。在此背景下，日本东京奥运会开幕式顺应人类社会发展的潮流，坚守人类共同价值理念，巧妙地向世人展示其强大的无微不至的细节设计，在人、物、历史和环境之间浑然天成地深度诠释了奥林匹克精神。

1892年顾拜旦创办现代奥运会的初衷是消解工业社会给人类带来的健康和活力不足、人际关系冷漠、生存环境恶化等问题，希望通过运动竞赛方式来释放个体的身心自由，促进人与人之间的交往与理解，消除自我的孤独感和迷失心态，消除人类之间的争端和战争。《奥林匹克宪章》指出，奥林匹克精神蕴含着丰富的平等包容思想，其希望通过体育向世人传达"和而不同""各美其美，美美与共"的思想，反对武力炫耀、以大欺小，强调个体、民族和国家不分大小、强弱都应平等相待，以包容开放、和平合作、公平竞争的理念，促进人类的相互理解和社会的和谐发展，正如已故美国著名黑人田径运动员杰西·欧文斯所说："在体育运动中，人们学到的不仅仅是比赛，还有尊重他人和生活伦理、如何度过自己的一生以及如何对待自己的同类。"

为了深度诠释奥林匹克精神，在人员安排上，东京奥运会开幕式十分强调对女性、残障人士等弱者的尊重和保护。

首先，多次巧妙释放"男女平等"信号。在运动员入场环节，首次允许每个代表团派出2名（1男1女）运动员共同担任旗手，推进国际奥委会倡导的性别平等原则。在宣誓环节，其运动员、教练员和裁判员人数也由3人增加至6人（3男3女）。宣誓内容不仅加入了"共生""消除歧视"等文字，还特别强调了性别平等原则。而日本国歌演唱者和最后一棒的火炬手这些具有特殊意义的人选，东京奥组委都有意挑选女性担当。

其次，重要场合特意安排残障人士积极参与。和以往奥运会开幕式不同，在日本国旗入场和升旗仪式中，护旗员除了安排四位奥运会冠军以外，还特意选择了一位失明小鼓手和一位消防救生人员。在火炬传递环节，多次将几位残障人士选为火炬手，在进入奥运会主馆的火炬传递中，还特地将第一棒火

炬交给 81 岁腿脚不灵便的华裔棒球运动员王贞治,同时将第四棒交给了残奥选手普田和歌子。

再次,注重尊重和保护穷人、难民、儿童和老年人等社会中其他类型弱者的权利和权益。在奥林匹克桂冠颁奖环节,组委会将桂冠颁给了孟加拉"穷人的银行家"、诺贝尔和平奖得主穆罕默德·尤努斯。尤努斯开创和发展了"微额贷款"的服务,专门提供给因贫穷而无法获得传统银行贷款的创业者。同时他还提倡通过体育解决社会问题,帮助运动员退役后自己创业,倡导运动员从三个方面推动社会进步:推动零碳排放,消除贫困,实现零失业。在百年奥运回顾环节,开幕式通过百岁女性体操运动员阿格尼斯·凯莱(Agnes Keleti)的视野,见证了奥运会团结全世界的光芒,同时在列举百年奥运的著名运动员时,特地挑选了对抗种族隔离制度、击败纳粹雅利安人种论的奥运田径黑人运动员欧文斯,挑选了因贫穷而无法买鞋,光脚跑完马拉松获得冠军的埃塞俄比亚运动员贝基拉,挑选了东京奥运会中年仅 13 岁的轮滑运动员布朗。东京奥组委还秉承国际奥组委旨意,无时无刻不在表达对难民的关心和爱护,鼓励那些无法代表自己国家或地区参加奥运会的高水平运动员以个人身份参加奥运会,并让难民代表队紧接于奥运会发源国希腊之后入场,同时还特意安排难民运动员成为奥运五环旗护旗手之一,告诉国际社会,奥运会不仅是国家间的体育竞赛场所,更应是人类个体的庇护所,难民群体也是人类社会的组成部分,让全世界了解难民危机的严重性,向全球所有难民传递了希望。

东京奥运会开幕式非常重视运用"细节设计""精心安排"的策略,展现奥运会"多样性与和谐"的主题和"包容团结"的理念。开幕式最先出现在跑步机上的表演者就是一名女性混血儿,其母亲是南太平洋波利尼亚群岛人,父亲是日本人。在日本国家队入场仪式中,特地挑选日非混血儿 NBA 运动员八村塁担任旗手。奥运五环旗入场环节中,在挑选五大洲运动员护旗手时,特地打破世人的刻板印象,挑选白色人种运动员代表非洲,挑选黑色人种运动员代表欧洲。在最后点火仪式中,同样刻意选择了日美混血网球运动员大坂直美作为火炬手。开幕式还通过不同肤色、种族、性别和性取向歌手深情歌唱的高清面部特写,奏响了英国披头士乐队主唱约翰·列侬和日裔妻子小野洋子的名曲《想象》,歌词内容提倡用音乐呼唤爱与和平,呼唤听众去想象一个没有宗教派别、地域差异和民族界限造成战火与隔阂的世界,从而进一步表达了打破隔阂、包容共存、远离战争、和谐团结生活在一起的理念。开幕式还安排了奥运会会徽展示环节。表演者们变幻组合着数量众多的长方形盒子。这些长方形盒子类似日本江户时代流行的西洋跳棋黑白棋盘格,但又故意制作得并不规整,长短厚薄颜色皆不相同。在表演过程中,这些大小不一的长方形盒子被不同年龄、种族、肤色和性别的表演者完美和谐地组成了一个会徽圆环,从而表达人类群体虽然存在不同的习惯、文化和思维方式,但是依旧可以和谐共存的寓意。同时,日本还第一次将无人机编队表演引入奥运会开幕式,通过程序设计,让1 824架无人机变幻组成东京奥运会的会徽,与场内的会徽遥相呼应,并逐渐旋转变化,形成一个蓝色的地球。这些表演融合了"方"与"圆",沟通了"东方"与"西方",连接了"传统"与"科技",体现了多样性融合的意思,也表达了东京奥运会要成为一个链接全世界的多元化平台。

总之,东京奥运会开幕式顺应人类社会发展需要,积极传达出平等包容、尊重他者、多元共存、美美与共等价值理念。这些价值理念不仅直接来源于奥林匹克精神,而且在面对新冠疫情威胁的背景下告诉世人,人类不仅是血缘共同体、地缘共同体、利益共同体,更是命运共同体。在面临生存和发展的关键时刻,和平、包容、团结、共享等价值理念的宣扬与传递才符合全人类的共同期望。日本通过东京奥运会的举办巧妙地向世界宣誓自己"不仅重视强者,而且更尊重弱者"的治国理念和价值追求,塑造了尊重人类共同价值,积极融入国际社会,勇于引领人类走出困境的国家形象。

四、本土和外来融合:克服思维定式的文化形象修辞的标新

20世纪中期,人类学家本尼迪克特在叙述日本风俗习惯和道德观念时,曾用日本皇室家徽的"菊"与象征武士身份的"刀"这一对矛盾意象对日本人的性格进行解释。在本尼迪克特看来,"菊"与"刀"反映了日本人处事方式中的矛盾特点:好战而祥和,呆板而好变,保守而创新,驯服而倔强,顺从而无畏等。[①]东京奥运会开幕式也深刻体现了这种特点,它没有一味追求模仿、学习、借鉴和袭用世界其他国家的艺术形式,或者简单延续自己传统的文化习惯,而是在音乐、舞蹈艺术表现方面大胆进行了各种革新,不断颠覆世界的想象,甚至不惜违反大家早已熟悉的审美习惯,让世人在不舒适中进行反思和接受,从而在看似突兀的设计中,让大家强烈感觉到一个既恪守传统又追求创新的日本,一个勇于同时融合东西方文明,努力为自己在世界文明地图中开创出独特空间

---

① [美]鲁思・本尼迪克特著,吕万和等译:《菊与刀》,商务印书馆2016年版,第1—13页。

的日本。

　　日本在申请主办东京奥运会时，希望借此从东日本大地震和福岛核电站泄漏阴霾中重新振兴，却没想举办之时又遇持续多年的全球新冠疫情。这就造成2020年东京奥运会开幕式成为目前为止人类历史上唯一的"无观众"的开幕式。在这种静穆的氛围下，开幕式开场史无前例地采用了"祈愿镇魂"主题，告慰大地震、新冠疫情和为奥运会做过贡献的亡灵。为此，日本对舞台设计进行了别具匠心的设计，在体育馆主舞台放置了一个圆形球体和白色台基，分别象征着太阳和富士山，表达"太阳照耀富士山"的含义。不过白色台基又并没有完全采用"富士山"的形状，而是巧妙地使用了日本建筑中的八角圆堂样式。这种八角圆堂往往出现在寺庙中，在日本具有"祈愿镇魂"的寓意。在歌舞伎表演舞台正中央，编导组还凸显了一株碧绿的松树。这种松树在歌舞伎表演中亦蕴含"神与我同在"之意。此外，日本编导在奥运会开幕式这种大型景观中竟然敢于突破常规，采纳"舞踏"这种极为小众的艺术形式来表达对"亡灵"的哀思，也表现了日本民族的"反叛"与"革新"精神。"舞踏"这种舞蹈艺术形式正是日本对东方文化和西方文化同时进行否定和反思的产物。创始人土方巽不仅不满日本传统舞蹈程序化的固定动作组合，而且强烈质疑不加批判地接受以芭蕾舞为主的西方经典舞蹈美学品位的合理性。他根据日本人肢体短小的身体形态，对舞蹈肢体的表现形式进行了大胆变革，在"反叛"中找到了适合日本人自己身体形态的现代艺术表现形式。可以说，东京奥运会一开场，日本大和民族大胆与反叛的精神就得到了充分体现。

　　在奥运五环展示环节中，日本还大胆而巧妙地将江户时代木匠劳作的敲击声与西方踢踏舞结合在一起，表达了东西方的融合，古今间的贯通。踢踏舞的本质在声音的节奏，它和人类原始舞蹈有非常深厚的渊源，虽源自非洲，却又融合了英国以及爱尔兰式的塞尔特舞，在美洲兴盛，并逐渐走向全球。而踢踏舞也特别强调"学习传统舞步，同时融入自己舞步"。日本在开幕式并没有选择传统的节奏乐器，而是大胆起用日本著名踢踏舞者雄谷合德，让其伴随着江户时代木工劳作的打击声进行节奏表演，进一步用"节奏"这种原始声音语言表明了不同艺术融合的无限可能，启示了人类生产劳动和音乐娱乐之间的共通性，也暗示非洲、欧洲、美洲、亚洲等不同人群完全能够平等沟通和充分理解。此外，奥运五环展示是奥运开幕式的固定环节，也是各届主办国之间互文展示创意之处，比如，北京奥运会配合"科技奥运"主题的"梦幻五环"，伦敦奥运会配合工业革命时代的"钢铸五环",里约奥运会配合亚马孙森林的"绿植五环"。2020 年东京奥运会开幕式则巧妙地利用 1964 年东京奥运会各国运动员播撒种子长成的大树打造成"木制五环"。这些种子来自全世界,又在日本长大,进一步展示了"有容乃大"的理念,巧妙地向世人传达了日本文化不仅敢于吸收来自五湖四海的人类文明成果,而且能够"青出于蓝而胜于蓝"、勇于进行文化创新的自信心理。

　　奥运会体育项目图标是日本对奥运会做出的最大的创新性贡献之一。在开幕式上,日本重点介绍了奥运体育项目图标的形成过程。在 1964 年东京奥运会上,日本一改以往用实物形象或者文字符号表达体育项目的习惯,大胆采用简单的图形、线条和留白等手段,抓住每个项目的特点和神韵,勾勒出奥运会比赛项目剪影,创造了奥运会体育项目图标,从而在全球性体育活动中排除了语言障碍,非常清晰明了,便于各类人群理解体育赛事。这些图标最后还得到国际奥委会官方认可,并被以后历届奥运会沿用至今。基于此,2020 东京奥组委再接再厉,发挥日本民族继承与创新的精神,继续发布了 73 个奥运会及残奥会比赛项目的动态图标,从而提升了全球观众在视频转播中的观赛体验。这组动态图标巧妙地从出现、停止和消失等 3 个方面赋予原始静态图标以鲜活感,不仅有效彰显了体育赛事的艺术感,而且显露出日本设计在全球范围内的顶级水平。在开幕式上,东京奥组委又进一步借鉴日本经典综艺节目《超级变变变》,用身体展示这些动态化的图标,极富创意和喜感,从而将开幕式由最初的庄严肃穆逐步推向幽默热闹,向世人展现了日本人丰富的想象力和独特的审美品位。

　　在开幕式的压轴戏中,日本甚至出乎意料地将日本传统歌舞伎表演和当代钢琴爵士乐同时置于舞台之上。歌舞伎表演始于日本江户时代。本次开幕式上,编导组选择让歌舞伎世家市川团十郎第十三代传人市川海老藏表演传统节目《暂》。《暂》是歌舞伎十八番之一,讲述了主人公镰仓权五郎景政,一位骁勇绝伦的武士,用超人力量从军阀手中救出无辜者的故事,整个节目歌颂了日本武士道文化所赞赏的"廉耻、勇武、坚忍"等核心思想。而爵士乐的表演者是世界顶级爵士钢琴家上原广美,其 7 岁受到雅马哈(YAMAHA)音乐学校的全力栽培,在美国伯克利音乐学院不仅跳级毕业,而且被钢琴大师奇克·科瑞亚(Chick Corea)、奥斯卡·彼得森(Oscar Peterson)、艾哈迈德·贾马尔(Ahmad Jamal)同时称赞为"百年难得一见"的演奏天才。由于自己的胳膊和手指不够长，上原广美并不重视程序性弹奏技巧，而是特别在乎内心情感的表达，大胆地用整个身体去弹奏钢琴，将全身的潜能完全激发出来，从而在爵士乐界开创了自己的弹奏风格。在开幕式演出3分多钟的时间段里，上原广美脸部表情变幻不定，几乎没有停歇地用16分音符和32分音符，甚至更快的音符来加强音乐的旋律质感，有时甚至用手握拳头来锤键盘，并在快速、密度极大的弹奏下，依然保持绝佳的力度、节奏和变化，融合了古典音乐、Funk、摇滚乐等多种音乐元素，将"速度"和"勇猛"完美地整合在一起，同时和歌舞伎表演的太鼓节奏彼此呼应，巧妙诠释了镰仓权五郎景政救人之时内心激烈的冲突与冲动，在激情与勇气之间重新诠释了《暂》所表达的"大无畏"日本武士道精神。显然，编导组选中上原广美的一个重要原因，是其钢琴演奏风格不仅普通公众难以接受，在专业音乐界也备受争议，从而体现了这届奥运会"多元化""包容"的主题。上原广美一反西方钢琴演奏传统设定的表情模式和手法形式，勇于实践自己的"感情是音乐的内核""忠于自我"的核心概念，又符合了开幕式"情同与共"的主题。同时，这种大开大合开拓性的勇气还和《暂》所表达的"反抗权威""坚忍"的精神恰恰和谐共鸣。可以说，开幕式将市川海老藏和上原广美结合的设计非常巧妙，不仅传达人类"大疫之年，傩舞驱之"的原始愿望，更展示了日本人对东西方艺术的追赶与超越。

总之，创新必须依赖于社会对它们的包容。一个没有包容精神的社会，是一个毫无动力的社会，对全人类也无法做出独特、创新的有益贡献。日本开幕式这种"敢为天下先"的艺术创新精神，恰恰有效地真正暗合了"多样化、包容共情，和谐共存"的奥运会主题。

五、从狂欢到共情：奥运体育景观观念史的重大转折

作为全球范围的体育景观，奥运会一方面依靠各国积极参与，传达着人类命运共同体和谐共存的理念；另一方面又必须依靠国家实体才能顺利举办，因此无法摆脱各国将其作为自身"展示国家软实力和开展公共外交的舞台"[①]，比如，1936年柏林奥运会就曾被希特勒视为展示雅利安人种优越理论和向全世界释放和平烟幕弹的平台。作为奥运会中的一个重要环节，奥运会开幕式编导在设计和安排节目时，必须时刻在全人类利益和国家利益之间寻求共识，进行权衡。一方面，他们需满足国际奥委会的要求，积极传达《奥林匹克宪章》中

---

① 骆正林：《奥林匹克运动会的景观制造与价值传播》，《体育与科学》2016年版第6期。

的奥林匹克精神和价值目标,即通过没有任何歧视的体育活动,以友谊、团结和公平精神来教育青年,从而为建立一个和平的、更美好的世界做贡献,比如,伦敦奥运会开幕式强调了体育事业的教育功能,配合"激励一代人"口号,让大量儿童担任演员,选择青少年当最后点燃圣火的火炬手;另一方面,他们又要顺应本国政府要求,有效传达本国的地理、文化和历史,比如,伦敦奥运会和里约奥运会的表演节目都从历史发展角度描述和讨论本国民族文化、科技成就,及其对人类的贡献,北京奥运会通过宏大震撼的艺术表演展示大国崛起的形象。

在大众传媒技术的助力之下,以往的奥运会开幕式景观通常采用古希腊精神中的酒神狂欢形式来表达奥林匹克精神,希望通过对群体性体育竞赛的渲染,让人类感受节日幻象与挑战身体潜能中的梦幻与激情,体验人类日常生活中无法满足的情绪释放和肉身升华。这种狂欢消解了人与人、人与自然、人与上帝之间的等级性和冲突性,在宣泄性、颠覆性和大众性中实现和众生与万物的和解,甚至融为一体,即"在酒神的魔力之下,不但人与人重新团结了,而且疏远、敌对、被奴役的大自然也重新庆祝她同她的浪子人类和解的节日"①。可以说,在奥运狂欢的状态中,"上帝已死",人类作为摆脱一切束缚的生命,他的意志得到了最完全的体现,正如德国哲学家沃尔夫冈·韦尔施指出,"依靠电子技术,我们似乎正在不仅同天使,而且同上帝变得平等起来"②,亦如尼采所描绘的,"人轻歌曼舞,俨然是一更高共同体的成员,他陶然忘步忘言,飘飘然乘风飞"③。

然而,随着新冠疫情的全球肆虐,奥运会景观的生成"语境"发生了前所未有的变化。人类突然发现即使面对病毒这种极微小的敌人,自己最引以为豪的科学技术竟然也会失去效力,只能通过最原始隔离的办法来应对,从而不由得产生群体性无力感,并对人类的自大自傲心理重新审视,进而不得不重新拾起对上帝和自然的敬畏之心,也不得不抛弃现代的"人类中心主义"价值观,转向更为包容的后现代"非人类中心主义"价值观。由此,2020年东京奥运会不得不抛弃"酒神狂欢模式",改用"物哀共情模式",通过祈愿、感伤与共情,在人类心灵、自然物灵和神灵之间搭建沟通桥梁,重新建立万事万物秩序,从而在敬畏、谦卑和包容

---

①③ [德]尼采著,周国平译:《悲剧的诞生》,生活·读书·新知三联书店1986年版,第6页。
② [德]沃尔夫冈·韦尔施著,陆扬、张岩冰译:《重构美学》,上海译文出版社2002年版,第235页。

之中帮助人类群体升华,重新凝聚成一种新型的生命和命运共同体。

　　日本是地处地震带的太平洋岛国,那里有美丽的温泉、大海、瀑布和樱花,也有恐怖的火山、地震、海啸和台风。在这种地理环境中,日本人拥有美好与温馨,却又时常顷刻之间面临灾难性的毁灭。这种生存环境促使日本大和民族并没有产生其他民族的"喜感文化",而是发展出"以悲为美"的"悲感文化"。他们提出了"物哀"思想,感叹美好事物和世间生命就如绽放的樱花,虽然绚烂多彩,却总是稍纵即逝,终不长久;体会人类虽是万物之灵,可在大自然频繁而巨大的灾难面前却又微不足道。不过,日本"物哀"悲剧意识并不沉沦,其虽然肯定生命和美丽的短暂易逝,却没有古希腊悲剧俄狄浦斯王那种无论如何抗争都无济于事的"宿命论",相反它暗合海德格尔"向死而生"的勇气,倡导在面对地理和社会环境的重压和几乎无法抗拒的死亡命运中,依然努力生存,携手共进,彼此包容,情同与共,共同领悟痛惜生命的悲愤之情,激发人类"生"的欲望和生活的动力,寻回生命的激情与意义,寻找对命运进行抗争的解脱之道。

　　随着科学技术的高速发展,地球逐渐成为地球村,人类社会不仅成了信息共同体、商业共同体和知识共同体,更是生命共同体和命运共同体。人类在创造和享受美好的物质和精神文明成果的同时,却也面临着越来越大的生存风险:任何一个地方的微小疏忽和潜藏的敌人,都可能迅速地破坏和摧毁人类现有的生命和生活。这种情况下,作为一个孤独的星球,地球越来越面临和日本国相同的"悲剧"情景:越美好就越脆弱。由此,"悲感文化"就不应仅局限于日本大和民族,而是应该上升到全人类层面,被各国人民了解、理解和接受。

　　实际上,东京奥运会一直面临停办的风险。在新冠疫情依旧肆虐的2021年,举办一场全世界各地区人员聚集的超大型体育运动会并不安全,大量日本国民也有抵触举办奥运会的心理和行为。设想,如果日本政府面对病毒威胁和民众压力选择停办东京奥运会,除了面对高达上万亿日元的经济损失外,更违背了奥运会"不畏艰难,自强不息,追求更高、更快、更强"的精神,从而不仅损害了人类最宝贵的精神财富,也失去了一个将日本独特的"悲"文化推向全球的机会,更失去了一个利用新冠疫情危机带来的机遇,将奥林匹克精神进行升华,提升全人类整体文明水平的机会。

　　所幸,日本政府并没有选择停办,而是在面临承担巨大违约风险和损失的情况下,勇于承担责任,率先向国际奥委会提出"延期申请",并提议在2021年依然使用"2020东京奥运会"名称,从而一方面减少各种前期投入的损失;另一方面也保证了奥运会四年一期的延续性,暗示世人巴黎奥运会将在2024年正常举行,从而显示了人类面临灾难时"永不言败、更加团结"的不屈意志。由此,配合新冠疫情的悲情氛围,2020年东京奥运会开幕式虽没有2008年北京奥运会开幕式的气势磅礴,没有2012年伦敦奥运会开幕式的英式幽默,也没有2016年里约奥运会开幕式的激情四射,却是最具包容性、最具人类命运共同体意识的一届奥运会开幕式,它大胆地将东方与西方、悲情与喜庆、残缺与完美、古典与前卫等矛盾因素集于一身,鼓励全人类保持谦虚与包容、彼此放弃成见,提倡建立一个维护人的尊严的和平社会,鼓励全人类在具有"更高、更快、更强"自强不息精神的同时,更需要注重"团结一起,重在参与"的和谐精神,从而最终达到"越团结,越强大"的结果。东京奥运会开幕式还重新诠释了"国家"和"人类命运共同体"的关系:世界各国是休戚与共的"人类命运共同体",人类文明犹如一颗种子,脆弱又坚韧,需要各国超越地域种族、历史文化乃至社会制度的不同,携手共同呵护。

如果说1964年东京奥运会重点向世人展示了日本从战争废墟中的经济复苏和振兴,那么2020年东京奥运会则刻意回避高调展示本国经济、科技上的物质成就,比如,享誉世界的动漫、游戏产业和世界领先的机器人技术等,而是全方位从细节入手展示了本国的价值理念和文化创新。一方面,积极宣传"多元化、包容共情、尊重弱者、男女平等、团结互助"等人类共同价值理念;另一方面,又积极展示日本在文化艺术领域的大胆创新,向世界展示了日本民族"勇于担当""有容乃大"的精神和气质。日本通过将1964年东京奥运会和2020年东京奥运会互文表达,展示了其从一个单纯的经济、科技强国向文化强国的转变,在细节之中塑造了一个尊重弱者,充满文化自信,具有强大的创新力和包容精神的现代化文明国家形象。

香港媒体"国家认同"的修辞建构

——以《南华早报》粤港澳大湾区新闻文本为例

鞠玉梅*

摘要：本研究以《南华早报》粤港澳大湾区新闻文本为个案，采用修辞与语料库话语分析相结合的方法，探索香港媒体的国家认同建构。研究发现，媒体在较高程度上呈现出以发展为中心的积极话语，构建了融合有利于香港发展的修辞视野，国家认同度较高；对于合作过程中如何保持香港独立性等问题也进行了理性探讨；与此同时，也存在一些消极话语，对于香港身份、合作规划以及实施等问题充满疑虑，在一定程度上弱化了国家认同，尤其是香港较大比例的青年人对大湾区持有疏离感，国家认同度较低。研究表明，大湾区经济与科技创新等领域的发展为国家认同提供了强大的推动力，但建设中的一些阶段性问题易被媒体放大并传播，成为干扰国家认同所不可忽视的因素。

关键词：香港媒体；国家认同；修辞建构；《南华早报》；粤港澳大湾区；新闻文本

一、引言：研究缘起与目标

自香港回归20余年以来，其与内地之间的联系随着两地经济、社会、文化之间的互动而日益密切，但"随着国内外政治经济形势的变化，香港社会内部深层次矛盾显现，在寻求转型中经历了波浪起伏的变局，与内地的关系并非一帆风顺"（孙有中、胡洁，2017），其中"最为突出的就是香港社会的人心回归工作迄今仍未很好地完成"（黎沛文、庄鸿山，2019）。特别是自2019年6月修例风波以来，一些乱港分子非法暴力集会，严重破坏了香港社会的稳定与繁荣，构成了对"一国两制"原则底线的挑战。实际上，从更深层次来看，乱港分子的一系列暴乱行径，让政府不得不重新审视"香港问题"，思考自回归以来在不同

---

* 鞠玉梅，齐鲁工业大学外国语学院教授、博士生导师。

程度上持续困扰香港与内地关系的国家认同问题。在依靠法律治暴的同时，是否也应思考经济、文化、教育和媒体等在构建国家认同、维护香港长治久安和稳定发展的软环境建设中的作用？酝酿多年并自十九大以来力推的粤港澳大湾区（以下简称"大湾区"）建设作为一项重要的国家战略，在 2019 年 2 月 18 日由中共中央、国务院正式公布了《粤港澳大湾区发展规划纲要》，其意义不仅在于促进经济发展，还在于从多层面的交流与互动推进港澳人民的国家认同感。这构成了本研究思考的出发点。

国家乃拥有最高权力的政治单位，Anderson(2006)将民族国家界定为"想象的共同体"(imagined communities)，国家认同在很大程度上源自于社会成员彼此之间对共同体的想象，"在那些不能认识、相遇和听说的人心中，形成的一种集体意识"（卞冬磊，2017），认知、互动与话语建构社会"同一性"。"作为重构主体性最为重要的制度化和规范化的场所，大众传媒所建构的世界观或社会现实对受众认知世界形成了最有力的解释，从而引导着人的主体性重构"（陈薇，2017），影响人对外在环境的认知与判断，形成公众的价值观和行为，成为建构国家认同的中介推动力量。国家认同并非总是基于宏大的民族国家叙事，也是细碎的日常实践的产物。大众传媒作为一种普遍的日常实践，为人们与国家建立关系提供了媒介，"塑造了人们对国家的认知、情感与认同"（卞冬磊，2017）。

对于香港的国家认同问题，学界主要以政治学、社会学、心理学等领域的研究为主。除此之外，新闻传播学和语言学的学者也做了一定的探索，研究主要围绕香港人身份及身份认同的建构机制展开，例如，张萌萌(2013)选取 2004 年和 2005 年的两则新闻事件，考察了香港身份认同在媒体化政治传播中的话语建构，揭示了香港媒体参与认同政治的动力机制；陈薇(2017)从媒体建构的视角，比较分析了香港回归前后其居民身份认同的历史变迁；孙有中、胡洁(2017)从新闻传播学的框架理论角度切入，考察了 2007—2016 年香港英文媒体《南华早报》社论的国家认同构建；陈建平、尤泽顺等(2017)从语言学视角的话语互文策略、语用预设、人称代词和语言政策等方面探讨了回归后香港人身份的构建问题。但已有研究较少关注媒体传播中的修辞建构问题，并且自大湾区建设提出之后，鲜有研究者从修辞学的角度切入香港媒体对国家认同的构建研究。事实上，媒体话语是一种以互动性的话语协商与修辞劝服为特征的修辞机制，而国家认同是通过话语活动不断协商并贯穿着修辞斗争的社会实践,这缘自"人类是借助语言而实现互动建构社会的"(孟凡璧、武宁,2021:95)。因此,作为探究话语与社会之间互动的经典学科,修辞学在很大程度上对于揭示媒体对国家认同修辞传播的建构路径及其效应可提供不同于其他学科的视野。同时,伴随着新冠肺炎疫情在全球的持续影响,以及《国安法》在香港的颁布与实施,国内外形势均发生了迥然的变化。在这样一种新的社会语境下,探索香港的国家认同问题是我们不得不面对的课题。凡此种种构成了本研究的理据和必要性。

二、研究设计

(一)研究视角:国家认同的修辞建构

国家认同的实现并非总是建立在"政治正确"基础上的意识形态灌输和说教,在信息技术飞速发展的今天,媒介以书面文字、视听影像和其他象征符号的制作、流通与消费,通过话语活动的互动协商和修辞斗争实践,构成国家认同建构的重要路径,以大众媒介修辞传播为核心的国家观念、公民身份建构成为国家认同研究不能回避的问题。

修辞自古希腊源头开始,就与"政治性"和"公共性"密不可分,从最初演说的劝服实践到当今的包含言说在内的一切象征手段的认同追求实践,修辞都带有大众传播的印记,它将政治、舆论、外交和生活等诸多领域连接起来,在意义生产和人际交往中占据重要的位置。这缘自修辞自古典时期哲辩师(sophist)一代以来就被认可的巨大力量,即修辞者一旦调用各方可资利用的符号资源,就有可能影响受众的认知并进而改变其行为。修辞起效的关键点在于对受众认知和行为的改变。

国家认同首先是一种个体意识和社会心理,修辞在交流中引导和培育受众对国家的情感,形成社会场域、主体认知和话语行为的统一体,通过有效的话语表达模式,激发受众对国家认同的心理需求,建构起公众之间可共享的国家认同所需要的共有政治意识、文化意识和民族意识。通过话语策略在认知上谋求"同一",还需在行动上"诱发合作",唯有如此,修辞才能生效。然而,话语与行为并非截然对立的两极,相反,话语乃社会实践,是社会现实的组成部分。具体来说,媒介话语以其语言不断对现实进行定义,因而形成媒体对现实世界的独特理解,这可落实到每一次的新闻报道或评论的日常传播实践中。在形形色色的媒体语言景观中,有关国家的意识、性质及其与自我的关系,也在被往复不断地定义以及潜移默化地渗透,认同意识与行为的结合也在修辞力量的影响下,不断地被"唤起"而后悄然地实现有机统一。

国家认同的修辞建构阐释并非意味着政治学、心理学、社会学等领域的研究范式不重要,而在于为国家认同研究提供了一个切入点,为在具体的话语实践层面考察话语的修辞运作机制提供了理论依据与方法论指导。

(二)研究方法

本研究拟从国家认同的修辞建构视角出发,选取《南华早报》(South China Morning Post)关于大湾区的新闻文本为个案,采用修辞分析与语料库话语分析相结合的方法,分步骤展开具体研究。通过分析,试图发现香港媒体所建构的国家认同图景及其特征,并据此进行反思,得出研究启示,以促进香港特区的国家认同。

1. 幻想主题修辞批评

幻想主题修辞批评是兴起于20世纪七八十年代但时至今日仍然受关注的一种修辞批评范式。这里的"幻想"(Fantasy)并非该词通常的意义,而是一个专门术语,指"对满足心理或修辞需要的事件进行创造性、想象性的阐释"(Bormann, 1985:5)。"幻想主题"(Fantasy Theme)即广义的话语的内容,它是一种"叙事建构"(Narrative Construal)(Antoine et al., 2005:213),它虽可包含能被证实的事实,但更多是通过对象征符号的运用,对事件或现实进行创造性或想象性的构建,因此,它指向的是语言重构的世界,而并非所谓"真实的"世界。"幻想主题修辞批评"即指对创造或想象的内容的评论,目的是用于考察一个群体如何通过符号对事件加以戏剧化,并如何据此生产出一种神秘的力量以影响群体成员对事物和现实的认知和随之而来的行为。其基本观点为,在人际交往中,人们彼此分享幻想主题,并因此影响或改变人们的态度和行为。换言之,幻想主题就是一种修辞劝说或者说达成修辞认同的路径。因此,幻想主题修辞批评关注群体交流中人们的幻想主题的趋同所引致的劝说和认同。这一修辞批评流派打破了传统修辞批评较为关注个体修辞者的窠臼,转而探索小组交流、社区交流甚或到整个社会互动中团体修辞者的话语。因而,这种修辞批评模式更适用于分析大众传播话语。

幻想主题修辞批评的理论基础是象征趋同理论(Symbolic Convergence)。何为"象征趋同"? 它是指在群体交流中,人们会带着各自的幻想主题加入其中,随着话语互动的推进,人们之间的幻想主题会逐渐发生链接,越来越趋同。也就是说,"一个人的幻想主题会'牵引'出另一个人的相似或相同的幻想主题,这样,交流者之间会逐步'戏剧化'地靠拢,达到一个共同的象征世界"(邓志勇,2015:167)。交流互动生成共享的社会现实、创造群体共有的价值观,认同在象征符号的作用下悄然达成。因为人是叙事动物,且具有分享叙事的冲动,这就构成了劝说的潜势,建构了认同的基础。因此,Bormann(1983)指出,"象征趋同不仅导致了思想的一致和情趣相同的交际,也创造、维持以及使人们取得情趣相同的交际和达成共识"。

幻想涉及幻想主题、幻想类型和修辞视野等三个层面。因此,幻想主题修辞批评分为三个步骤:第一步是识别幻想主题,即考察"引发幻想链的戏剧化话语的内容"(Bormann et al.,1994:281),它是分析的基本单位;第二步是将幻想主题分类,建立"幻想类别"(fantasy type),即将相同或相似的主题归为一类,相似的主题不断地被"复颂"(chain out),它是分析交际参与者之间象征趋同的重要参照点;第三步是建构修辞视野(rhetorical vision),并阐释其对群体成员的影响,它是交际参与者集体共享的潜在世界观和认知与阐释事物的模式,最终"建构我们对现实的看法"(Littlejoin,1996:172),发挥叙事影响他人的修辞功能。

2. 语料库分析方法

幻想主题修辞批评主要着眼于文本符号的内容,从文本的幻想主题出发进行深层的宏观意义分析,比较依赖研究者的文本解读与阐释能力。通常其文本选择任意性较大,且往往是单文本分析,碎片化和示例性较突出。鉴于此,本研究引入语料库的分析方法进行补充,从而为文本阐释提供坚实的数据支撑,有助于克服研究者个体的主观性和片面性。同时,语料库语料的丰富性也可减少研究者选择分析对象的随意性,增强解释的说服力。本研究拟自建专用语料库并使用语料库分析方法中的关键词检索与分析以及特定关键词的搭配强度分析工具,从微观层面揭示话语背后隐藏的修辞意图,可与文本幻想主题和幻想类型的宏观意义分析互为补充,进一步揭示文本所构筑的修辞视野以及由此构建的群体认同。

(三)语料收集

本研究选择香港《南华早报》为个案作为媒体考察对象。《南华早报》始自1903年,在香港拥有较高的新闻公信力,并主要面向精英阶层,是最权威的报纸之一,在国际舆论界也具有一定的影响力。本研究在《南华早报》网站中以大湾区的英文表达式"Greater Bay Area"作为关键词搜索,遴选出相关新闻文本,包括新闻报道和新闻评论。为凸显关键词反映的集中度,本研究仅考察"Greater Bay Area"出现在标题和导语中的新闻文本,共获得180篇有效样本,组成小型专题语料库,语料形符总计为127 116个词,文章分布时间为自2019年2月18日至2020年8月27日。

三、分析与讨论:《南华早报》建构的国家认同图景与特征

(一)数据分析

1. 幻想主题修辞分析

依照幻想主题修辞批评的三个步骤对语料进行分析,即第一步通过阅读文本内容,确定幻想主题类别,对每种主题给出操作化定义,然后将文本分别纳入其中进行量化统计;第二步将第一步得出的主题进一步提炼归类,得出层次更具概括性的修辞幻想类型,并分别进行量化统计;最后,据此得出文本建构的修辞视野以及由此反映出的建构国家认同特征。

首先,确定幻想主题。对语料进行编码后,最终共得出20个幻想主题类别(见表1)。

表1 文本幻想主题的类别与分布

文本主题	定义	频率	百分比
经贸合作	融入大湾区对香港经济发展的影响	72	21.3
合作的实施	如何有效实施合作	60	17.7
金融业	粤港澳城市金融业的融合对香港的影响	42	12.4
普通人生活	融入大湾区对香港普通人生活的影响	36	10.7
竞争与合作	融入大湾区如何处理合作与竞争的关系	23	6.8
与内地的关系	融入大湾区如何处理与内地的关系	13	3.8
教育合作	与大湾区城市在教育领域的合作	13	3.8
交通物流	大湾区交通物流一体化发展对香港的影响	11	3.3
独立性问题	融入大湾区对香港独立性和独特性的影响	10	3.0
科技创新	大湾区城市深圳的科技创新对香港的影响	10	3.0
航空业	融入大湾区对香港航空业的影响	9	2.7
医药卫生	与大湾区城市医药合作对香港的影响	9	2.7
环境保护	与大湾区城市在环境保护和研究领域的合作	8	2.4
旅游业	融入大湾区对香港旅游业的影响	7	2.0

(续表)

文本主题	定　义	频率	百分比
身份困惑	融入大湾区对香港传统国际形象和身份的影响	5	1.4
科学研究	与大湾区城市在科学研究领域的合作	3	0.9
文化交流	与大湾区城市在文化交流方面的合作	3	0.9
媒体合作	关于大湾区发展的媒体报道领域的合作	2	0.6
航运业	融入大湾区对香港航运业的影响	1	0.3
规划疑问	对于大湾区是否促进香港发展充满怀疑	1	0.3
合　计		338	100

对幻想主题进行分析，可以看出《南华早报》关于大湾区的新闻文本在20个幻想主题的基础上"复颂"出三种幻想类型，并建构出三种修辞视野（见表2）。

表2　文本幻想类型与修辞视野

幻想类型	频率	百分比	修辞视野
融合发展	286	84.6	融入大湾区有利于香港各方面的发展；实施合作还需要厘清和解决很多问题才能推进融合；融入大湾区涉及普通人及其生活各方面
关系处理	46	13.6	如何处理好与大湾区城市之间的竞争与合作关系；如何处理好与内地的关系；如何在合作中保持香港的独特性
合作疑虑	6	1.8	香港传统城市身份面临丢失的风险，对新的湾区城市身份充满疑问；大湾区不会对香港的发展有促进作用
合　计	338	100	

第一种是最突出的"融合发展"幻想类型。表1中的"经贸合作""合作的实施""金融业""普通人生活""教育合作""交通物流""科技创新""航空业""医药卫生""环境保护""旅游业""科学研究""文化交流""媒体合作"和"航运业"可看作这一幻想类型的具体体现，重点探讨香港与大湾区城市在各方面合作并融入大湾区对香港经济和社会诸多领域的影响，主要建构了融合有利于发展的修辞视野，同时关注实施合作还需要进一步厘清和解决的许多问题，推行更为具体可行的方案，以及对普通人生活的影响等。这一幻想类型整体基调积极肯定，对于香港融入大湾区以求发展非常认同。该幻想类型所占比例为84.6%，是语料中所占比例最高的。

第二种是"关系处理"幻想类型。表1中的"竞争与合作""与内地的关系"和"独立性问题"可归入这一幻想类型,主要探索涉及合作过程中诸种关系的处理问题,建构了合作中需处理好与内地关系的修辞视野,重点关注合作中如何保持香港的独特性和竞争优势的问题。这一幻想类型整体基调比较理性中立,对香港融入大湾区发展仍较为认同。该幻想类型所占比例为13.6%。

第三种是"合作疑虑"幻想类型。表1中的"身份困惑"和"规划疑问"可看作这一幻想类型的体现,主要探讨大湾区合作对香港国际身份的影响,以及大湾区规划是否能推动香港发展等问题,建构了对合作充满疑虑的修辞视野,重点关注香港的国际形象和身份问题,并且对大湾区项目是否有利于香港的发展充满疑虑。这一幻想类型整体基调消极负面,对于香港融入大湾区发展不够认同。该幻想类型所占比例为1.8%,是语料中所占比例最低的。

基于以上分析,我们对《南华早报》大湾区新闻文本的幻想主题进行了进一步提炼,最终将其定为"融合发展""关系处理"和"合作疑虑"等三个类别,可以发现这三类幻想类型所占比例差距较为悬殊,超过半数的文本认同"融合发展",其次是"关系处理",这两者相加所占比例高达98.2%。可见,媒体的修辞话语所构筑的是对大湾区这一国家发展战略的高度认同。

2. 关键词分析

使用语料库话语分析方法分析语料中的关键词,更能直接地展现所选语料的关注焦点,可作为对幻想主题修辞分析的补充,在一定程度上降低其分析过程中的主观性,两者结合有望更好地完成研究目标。"关键词"是指"通过与参考语料库对比测算出的拥有特殊频率的词"(钱毓芳、田海龙,2011:41),是了解文本特定偏好的重要途径,借此研究者可发现修辞者如何从意识形态上导引受众与构建现实。以美国当代英语语料库(COCA)为参照语料库生成关键词表,并聚焦关键性排序前100位的实义关键词,对关键词进行类别划分,发现主要涉及两大类,即涉事主体类和合作发展类,并对其各自包含的子类别进行具体划分和分析。通过关键词分析,或将有助于我们更细致地了解《南华早报》有关大湾区新闻话语的建构特征和传播焦点。

(1) 涉事主体类关键词分析

涉事主体类关键词包括与话题直接相关的地域性词汇、与主题关联性较强的地域性词汇以及与大湾区相关的人员、机构和国家的词汇等(见表3)。

表 3　涉事主体类关键词

类别	子类别	关键词（关键性）
涉事主体	城市	Hong(3032.107)，Kong(3027.848)，Macau(526.644)，Shenzhen(519.546)，Beijing(408.823)，Guangzhou(246.997)，HK(221.446)，Zhuhai(160.406)，Zhongshan(99.367)
	区域	Bay(1132.782)，Area(1111.489)，Greater(1067.484)，mainland(971.418)，cities(657.240)，city(577.033)，area(508.627)，bay(439.676)，Guangdong(417.341)，border(301.396)，region(280.369)，GBA(254.095)，Valley(103.625)，province(102.949)，Silicon(99.367)，River(88.011)，Delta(86.591)，Pearl(80.913)
	国家	China(1041.932)，US(401.726)
	人员	Chinese(349.203)，people(306.929)，Hongkongers(190.216)，Lam(183.119)，Chan(141.953)，local(130.867)，residents(129.177)，investors(110.723)，buyers(97.947)，authorities(96.528)，Wong(93.689)，chairman(89.121)，chief(87.126)，executive(79.437)
	国际	international(225.025)，world(162.655)，global(121.518)，Asia(107.884)
	机构	government(331.842)，University(126.338)，HSBC(76.654)

与话题直接相关的地域性词汇包括香港、澳门、深圳、广州、珠海等大湾区城市名称，同时，北京也非常受关注，因为北京代表了作为政策制定者和发展规划者的中央政府。此类词汇还包括相关的区域名称，如大湾区（GBA）、大陆（mainland）、海湾（bay）、广东（Guangdong）、地区（region）、边界（border）等。它们都是与大湾区建设项目有密切关联的地方，是涉事的主体。

与主题关联性较强的地域性词汇包括珠江三角洲（Pearl River Delta）这一名称，说明大湾区的设立对于该地区的重要意义，其影响力也随之提升。此外，此类词汇还包括美国硅谷（Silicon Valley）这一地域名称，媒体语料中有较多将大湾区与美国旧金山湾区相联系的话语，探讨两者之间是否可匹敌成为媒体关注的热点之一，说明大湾区建设项目的高端国际定位和对科技创新的突出重视。

除了相关联的地域性词汇以外，涉事主体主要指与大湾区相关的人员、机构和国家。人员包括内地和香港的居民如中国人（Chinese）、香港人（Hongkongers）、居民（residents），重要人物如香港特区行政长官林郑月娥（Lam）、权威（authorities）、项目执行者如经理（executive）、主席（chairman）、投资人(investors)等;机构包括一些管理和参与大湾区项目实施的机构,如政府(government)、大学(University)、银行(HSBC)等;国家名称提到了作为大湾区项目倡议的提出者和实施者的中国(China),还重点提到了美国(US),主要与中美贸易战相关,说明大湾区的建设与国际环境密不可分,因此一些比国家更大的相关词汇,如国际(international)、世界(world)、全球(global)、亚洲(Asia)等也成为涉事主体类词汇,说明大湾区的开放性和国际化等重要特点。

(2)合作发展类关键词分析

从合作发展类关键词表(见表4)可以看出媒体报道的重点在于探索大湾区城市之间的合作及其合作领域,政府的规划与政策和社会因素是影响合作的两个重要方面。

表4 合作发展类关键词

类别	子类别	关键词(关键性)
合作发展	合作及合作领域	economic(347.345), companies(275.388), financial(277.892), services(218.607), yuan(218.607), opportunities(181.699), property(175.778), business(169.405), insurance(166.053), innovation(164.323), investment(161.291), technology(156.496), trade(151.230), products(147.631), capital(144.506), schools(133.435), across(132.516), work(126.807), help(126.259), economy(125.636), integration(123.692), talent(106.929), market(104.569), research(103.960), homes(99.367), medical(97.460), businesses(93.689), cooperation(91.601), banks(90.850), firms(80.913), potential(79.710), transport(78.350), funds(76.654), bank(76.279)
	规划与政策	plan(486.378), development(365.814), hub(220.836), scheme(179.027), blueprint(139.086), centre(137.694), role(118.357), projects(112.143), plans(103.625), expected(96.164), further(94.384), policies(86.591), initiative(79.094)
	社会因素	systems(136.274), protests(86.591), different(86.435)

占据这一类词汇的主体部分是合作与合作领域方面的词汇。合作类词汇如机会(opportunities)、融合(integration)、合作(cooperation)、潜力(potential)等说明媒体报道认为融合发展是大湾区建设的主旋律,大湾区为香港提供了可持续发展的潜力和机会;合作领域类词汇占据了这一类词汇的大半,重点在于探索香港与大湾区其他城市之间可合作发展的诸多领域,如经贸(economic, trade, business, investment)、金融(financial, insurance, banks)、科技创新(innovation，technology，talent，research)、教育(schools)、医药(medical)、交通(transport)等,说明媒体报道注重务实,探索如何将项目规划落地实施的特征比较明显。

这一类词汇中,占有一定的比重还有政府的规划与政策类词汇,如计划(plan)、方案(scheme)、蓝图(blueprint)、项目(projects)、政策(policies)、倡议(initiative)等,此外与规划相关的愿景效果类词汇也包括其中,如发展(development)、核心(hub)、中心(centre)等,说明媒体报道对政府政策、规划及其目标的重视,它们被看作合作与融合发展的前提条件。

社会因素也是影响大湾区合作的重要方面,因此,这一类词汇也包含在合作发展类词汇体系中。这一类词汇主要涉及香港与内地城市的不同(different)、一国两制中的体制(system)问题和2019年以来香港持续的暴力乱港(protests)事件,这些都是影响合作实施的关键而且敏感的问题,说明媒体报道也非常关注社会因素对大湾区项目实施的影响。

3. 关键词搭配分析

基于语料库来考察关键词 China、Beijing 和 Greater Bay Area 的搭配语境,并以此考察媒体报道对国家及其大湾区项目的认同态度。使用 BFSU Collocator 1.0 搭配检索软件对关键词进行搭配强度检索时,主要考察实义词,跨距设为左8右8,搭配强度按照对数似然比值(Log-likelihood ratio)排列,因为虽然算法很多,但对数似然比"被认为是一种比较好的搭配强度计算方法"(梁茂成等,2010:98)。对三个关键词进行搭配检索后,我们整理得到强度排在前10位的搭配词(见表5)。

表5 关键词 China、Beijing、Greater Bay Area 的高频搭配

关键词	搭配词(对数似然比值)
China	mainland(679.042 8)，southern(264.030 3)，world(162.389 2)，gateway(142.586 6)，research(137.276 4)，economic(129.252 4)，plan(127.379 5)，foreign(117.571 6)，trade(109.472 6)，cities(87.011 7)
Beijing	plan(235.980 8)，blueprint(210.552 3)，unveiled(157.168 6)，turn(123.573 9)，development(122.816 9)，announced(92.451 8)，national(89.231 1)，China(66.664 2)，Shenzhen(66.478 7)，initiative(55.762 5)
Greater Bay Area	plan(606.804 4)，development(498.154 0)，Beijing(368.211 6)，China(357.200 2)，blueprint(316.993 2)，cities(239.564 5)，opportunities(163.026 9)，initiative(154.691 6)，scheme(136.064 4)，new(132.105 8)

由表5可见，三个关键词的搭配词汇具有较多共性，这些搭配词汇从国家规划、城市连接和发展新机遇等三个方面出发构建了情感态度较为积极的话语，促进了中国和大湾区的正面形象，有助于构建国家认同。

国家规划一类的搭配词主要包括表计划类普通名词(plan, blueprint, initiative, scheme)、施事类特殊名词(Beijing, China)、发布类动词(unveiled, announced)、目标类动词(turn … into)和国家类形容词(national)，媒体构建了有关中国和中央政府规划大湾区的积极话语文本，描绘出谋划发展的正面国家形象。媒体积极报道了2019年北京发布大湾区发展蓝图(Greater Bay Area blueprint)，目标是将香港、澳门和9个广东省的城市建设成为一个世界级的城市群(a cluster of world-class metropolises)和一个繁荣的、具有技术与创新能力和经济发展活力的全球中心(a thriving global centre of technology, innovation and economic vibrancy)，刻画了作为国家政府层面的规划蓝图的大湾区起点高、发展前景看好，表现出对国家发展规划的高度认同。

城市连接一类的搭配词主要包括表区域的名词和形容词(mainland, southern, world, cities, Shenzhen)和表连接通道的名词(gateway)，媒体通过对香港与以深圳为代表的中国南部广东省城市之间的连接，展现了大湾区建设项目促进香港与内地城市交流与合作的正面形象。报道多次提及大湾区的建设不会使香港成为另外一个内地城市(just another mainland city)，但通过大湾区建立起与内地城市的连接(special connections)将有利于香港的发展，反复倡导香港与内地城市融合发展的理念。排在与China搭配词的第4位的gateway不仅指物理意义上的通道、出入口，常被比喻性地用作连接香港与内地的纽带，而连接的不仅是城市，更是经济发展的机遇(linking city to economic opportunities)，同时还指香港因具有连接中国与世界的特殊作用(as a gateway between China and the wider world)，在大湾区建设规划中仍具有关键作用(take a leading role)。

发展新机遇一类的搭配词中包括与发展相关的名词(development, trade, opportunities, research)和形容词(new, economic, foreign)。Development一词与Beijing和Greater Bay Area均有搭配，并且均排在搭配强度前五位，说明促进发展是中央政府提出大湾区建设规划的主旨。报道认为大湾区的建设目标为香港的发展带来了新的机遇(provides Hong Kong with tremendous new opportunities)，重点关注了大湾区在经贸、科技和吸引外资方面的往来与合作。报道在这一方面的主要基调正如 2020 年 7 月 5 日的一篇社论题目所说"香港的未来取决于与大湾区的进一步融合"（Hong Kong's future lies in further integration with Greater Bay Area），表现出对大湾区建设项目和国家的较高认同。

（二）讨论

通过对香港《南华早报》自大湾区发展规划正式实施以来有关大湾区的新闻文本的实证分析，可以发现香港媒体视野中的"国家认同"话语构建已从主流上形成了对国家认同的情感，虽然其中也不乏负面质疑认同的声音，但不影响国家认同的整体图景的形成。在宏观层面上，该报对于国家认同的构建凸显了合作发展与恰当处理各种关系的修辞幻想主题，强化了"同一"发展的认同态度，虽然存在些许合作的疑虑，但对主流的认同并无多大伤害；在微观层面上，该报通过对关键词语及其搭配词语的使用形成了密集的语义网络，营造了一种浓厚的国家认同感的语义氛围。宏观与微观策略共同构建了《南华早报》有关大湾区新闻议题的国家认同话语特征。

1. 经济与科技等多领域的发展与合作为国家认同提供了强大动力

前文的数据分析发现，媒体通过对大湾区发展规划目标、香港与内陆城市的多领域合作等议题的设置，呈现出具有巨大"经济崛起""科技创新引擎"发展潜力为主调的大湾区所代表的中国形象，这无疑成为促进香港地区对国家认同的强大动力。无论是在宏观的修辞幻想主题选择还是微观的词语选用层面上，这一国家认同的特征都表现得非常突出。例如，以下来自媒体话语语料库的三例：

(1) The advantages go beyond cross-border transport convenience. The free flow of passengers and goods has always been paramount to closer economic and cultural integration in the bay area.(Aug. 27th, 2020)

(2) "In my view, the Greater Bay Area has the potential to become not only the Silicon Valley of the East, but also ... Wall Street within the same city cluster," she said.(Mar. 26th, 2019)

(3) Deepening cooperation and coordinating economic development of the region's 11 cities will provide a host of opportunities that can ensure sustained, long-term growth.(Feb. 24th, 2019)

例（1）为一篇关于跨境交通口岸开通的报道，认为其意义不仅在于人和物的流通，更在于对大湾区经济和文化融合的促进；例（2）为一篇引用香港特区行政长官林郑月娥发言的新闻报道，认为大湾区在科技创新和金融领域的巨大潜力，可与美国的硅谷和华尔街相媲美；例（3）为一篇新闻评论文章，其主旨观点强调融入大湾区可为香港经济保持长期的可持续发展提供机会。

由此可见，媒体话语所着力构建的是以经济、金融、科技、文化等多领域合作为基础的国家认同，这是与促进香港的长期繁荣和发展以保持其国际优势地位的考量分不开的，这已成为媒体话语的主流。

2. 对合作中"一国两制"实施的担忧一定程度上弱化了国家认同

自大湾区规划颁布以来，媒体也不时出现有关体制差异以及大湾区对香港独立性的削弱等方面的疑虑和担忧的报道和评论，使大湾区规划和发展中的某些负面问题被放大。例如，以下媒体话语语料中出现的"身份困惑""独立性""两制消弭"等议题：

（4）Asia's world city: the old Hong Kong brand is no more. Perhaps we should try Asia's Greater Bay Area city? (Aug. 20th, 2020)

（5）It received a mixed reaction in Hong Kong as critics, including pan-democrats, were worried the city's autonomy would be undermined in the mega-plan. (Jun. 19th, 2019)

（6）... there exist legitimate concerns over the possible erosion of "one country, two systems" if our policymakers are not careful while pushing for further economic integration. (Feb. 25th, 2019)

类似议题在不断的话语输出中有可能被过度标签化，影响香港受众对大湾区的印象，或可最终成为对国家认同的阻力。尽管政府一直以来都表现出坚定、积极的发展大湾区的态度且效果已经非常显著，但标签化的刻板印象一旦形成就难以改变，或许会消解大湾区建设中对香港经济与社会发展所起到的积极作用，进而弱化香港受众的国家认同。

3. 香港青年人的国家认同呈现复杂图景

媒体时有将香港青年人与大湾区相联系的新闻文本，有的为专文报道或评论，有的在其他话题中提到。通过对这些语料的观察和分析，可发现媒体眼中的香港青年人对大湾区建设项目所投入的热情不一,对国家的认同因而也呈现出复杂图景。一方面,大湾区所实施的对香港居民执行的一些比如减税等优惠政策(tax benefits)以及相对于香港来说较低的生活成本(low cost of living),吸引了一些年轻人到大湾区读书和工作,特别是毕业于内地高校的年轻人更有可能选择在大湾区的广东省工作和生活,但是在很多情况下,做出这种选择的年轻人时常会遭到在香港同伴的疏离(alienated);另一方面,媒体更多展现了香港青年人对国家的较低认同度,他们觉得大湾区与香港和自己无关,不愿选择到大湾区工作和生活,媒体引用了一些调查报告的数字来试图说明问题,例如,以下两例:

(7) According to a new survey released over the weekend by the Hong Kong Guangdong Youth Association, more than 70 percent of the young people in Hong Kong they interviewed held that the city should keep its distance from Chinese mainland. (Jan. 15th, 2020)

(8) Some 62 percent of those polled said they were not willing to live in any of the nine mainland cities, and 68 percent said they were unwilling to work there. (Feb. 27th, 2019)

其中的原因是多方面的,比如工作文化不同(different work culture)、较低工资(lower salaries)、信息获取的障碍(information barriers)、对中国高校质量的不认可(low recognition of Chinese university qualifications)、过多的政府管控(control)、言论表达的不自由(less freedom)以及城市之间的协作不畅(a lack of coordination among the 11 economies),等等。

由此可见,媒体抓住一些"生活问题""文化差异"以及"言论自由"等议题凸显了香港青年人融入大湾区的障碍,对国家认同建构产生了消极的影响。因此,如何利用大湾区这一国家发展战略来有效增进香港青年人对国家的正向认知,促进其国家认同,仍然是亟待解决的重要问题。

四、结语与研究启示

媒体话语修辞传播是国家认同构建的重要媒介,其所构建的话语意义和态度影响受众对国家的认知,从而成为影响公众之国家认同的潜在因素。研究发现,香港媒体《南华早报》对于大湾区这一国家发展规划项目的关注焦点不仅局限于涉事主体，合作发展成为媒体关注与报道的重点，国家的大湾区规划蓝图、城市连接、发展新机遇等议题构建了积极的国家认同特征。总体而言，媒体呈现出以发展为中心的积极话语，如经济发展、科技创新、产业提升、环境保护等，构建了融合才能有利于香港发展的修辞视野，呈现出较高的国家认同度。与此同时，对于如何处理好合作过程中与内地的政治、社会、文化等方面的关系，特别是如何保持香港的独立性和竞争优势地位也是媒体关注的一部分，分析讨论较为理性，不影响其整体的国家认同特征；但也存在些许消极话语，对于香港身份问题、与大湾区的合作规划以及合作实施充满疑虑，在一定程度上弱化了国家认同。

本文分析表明：大湾区经济与科技创新等多领域的发展与合作为国家认同提供了强大的推动力，为促进积极话语建设、提高媒体受众对国家的整体认同提供了途径。但作为媒体的焦点之一，大湾区建设中的一些阶段性问题容易被媒体放大并广泛传播，成为干扰国家认同的不可忽视的因素。

基于以上研究发现，对如何抓住大湾区建设与发展契机来提升香港居民的国家认同，提出以下几点思路：第一，主动构建有关大湾区话语的积极修辞视野，扩大有关大湾区城市发展的报道比例，并拓展多元传播渠道，保证正面议题与话语的传播速度和效果；第二，加强对有关"一国两制""香港独特性"等易使合作产生疑虑一类问题的针对性宣传，积极消除此类议题有可能带来的消极影响；第三，通过新媒体以及其他网络媒体等媒介形式，做好对香港青年人的宣传与影响工作，构建积极的国家形象话语，多途径促进文化交流以增进对内地的了解，消解误解与偏见，从而提高青年人的国家认同度。

参考文献

陈建平、尤泽顺：《社会、文化、身份与话语建构——中国社会语言学新探索》，人民出版社 2017 年版。

陈薇：《香港身份认同的媒体建构：社会建构论的视角》，《港澳研究》2017 年第 1 期。

邓志勇：《当代美国修辞批评的理论与研究范式》，中国社会科学出版社 2015 年版。

黎沛文、庄鸿山：《粤港澳大湾区建设背景下香港青年的公民身份建构与国家认同问题研究》，《青年发展论坛》2019 年第 1 期。

梁茂成、李文中、许家金：《语料库应用教程》，外语教学与研究出版社 2010 年版。

孟凡璧、武宁：《语言与认同：社会、文化、国家、全球——第四届国家话语生态研究高峰论坛述评》，《当代修辞学》2021 年第 1 期。

钱毓芳、田海龙:《话语与中国社会变迁:以政府工作报告为例》,《外语与外语教学》2011年第3期。

孙有中、胡洁:《香港〈南华早报〉的国家认同研究(2007—2016)》,《新闻大学》2017年第6期。

张萌萌:《香港认同建构:政媒机制与媒体化再现》,社会科学文献出版社2013年版。

Anderson, B., *Imagined Communities: Reflections on the Origin and Spread of Nationalism*, London: Verso, 2006.

Antoine, T.J. St., Althouse, M.T. & Ball, M.A., "Fantasy-theme analysis", in J.A. Kuypers(ed.) *The Art of Rhetorical Criticism*, Boston, MA: Pearson Education Inc., 2005.

Bormann, E.G., *The Force of Fantasy: Restoring the American Dream*, Carbondale: Southern Illinois University Press, 1985.

Bormann, E.G., Cragan, J.F. & Shields, D.C., "In defense of symbolic convergence theory: a look at the theory and its criticism after two decades", *Communication Theory*, 1994(44).

Littlejohn, S.W., *Learning and Using Communication Theories: A Student Guide for Theories of Human Communications*, Belmont: Wadsworth Publishing Company Inc., 1996.

"共情修辞"的学理渊源与机制构建

李 克 朱虹宇[*]

摘要:"共情"与"修辞"之间具有深厚的学理渊源,体现于修辞人文主义、情感诉诸、受众观、认同观与"共情"的关联。对"共情"的适切调用和融合不仅是对修辞中"情感"概念的升华,更是对修辞发展之人文主义倾向的巩固。基于此,我们尝试提出"共情修辞"概念。"共情修辞"在修辞说服观与认同观的基础上产生,传统修辞的权力关系因此被人文主义表征,在继承传统的基础上弱化或完善,这是话语的进步,亦是通过修辞所反映出的人类社会的进步。

关键词:"共情修辞";人文主义;情感诉诸;受众;认同

一、引言

西方修辞学的发展呈现出愈加浓厚的人文主义色彩,受众似乎"无声胜有声"地在修辞中逐渐掌握更多"话语权",此时修辞对受众情感的关注具有两层意义:一是推动取得预设的修辞效果,二是巩固修辞的人文主义特质。前者与传统情感诉诸的使用并无二致,后者则增添了新修辞情境下对尊重、平等理念的偏重,显露出共情痕迹。修辞中对共情的使用全面客观又不失人文温度,似乎是新时代修辞情境催生出的理想化修辞模式之一。基于此,我们提出如下问题:是否能够通过构拟一种新型修辞模式,将共情与修辞以理念化的形式糅合,为古罗马"人文主义修辞文化"(李瀚铭、刘亚猛,2019)的沿袭做出现代阐释?

"共情"虽与"修辞"具有学理关联,但是真正建立一套较好糅合两个学科理念的机制或理论是宏大而困难的。本文尝试构拟"共情修辞"学理机制,使共情理念不至湮没于修辞大潮,亦使带有人文主义特征的修辞发展不至脱离

---

[*] 李克,山东大学(威海)翻译学院教授、博士生导师;朱虹宇,山东大学(威海)翻译学院博士生。

共情内核。

二、从说服到认同：修辞发展的人文主义倾向

历史的偶然中，时有经过漫长时间洗练与学统沉淀之后得以印证的必然。西塞罗（Cicero）作为重要的修辞学家，也是"首先意识到人文主义之内容的人"（牟宗三，2003：208）。如果说这是一个巧合，那么牟宗三通过西塞罗的思想所推衍出的人文主义的内容——"人性与人的品位……不能离开社会生活中的言词举动"（牟宗三，2003：208），则不得不说彰显了修辞与人文主义之必然关联。西塞罗时期的人文主义是"否定自己而想进于文，而14世纪—16世纪，所谓文艺复兴时的人文主义，则是否定中世纪封建社会与教会所传下来的积习之桎梏"（牟宗三，2003：212）。从否定自己到否定他人再到挣脱约束而实现人性的自觉，这一漫长的人文主义演变过程激励着修辞的发展演变。

（一）"说服"对人文主义的制约

在修辞语境中，说服是修辞者通过刻意的努力推动受众在观念或行动上朝向修辞者所预设的方向做出改变。结果与预设完全吻合，则说服目的可谓达成，说服行为产生效果；但结果与预设不吻合，该过程仍被视为完全意义上的修辞。因为修辞的内蕴在于对行为、内容、情境等要素合理性的分析、借鉴与发展，对效果的评价只占据不产生关键影响的小部分，我们可将其解释为"修辞研究的基本属性是描写性和解释性，不是规范性和评价性"（埃默伦，2020）。

如此已足以避免修辞研究陷入马基雅维利主义及唯结果论的旋涡而受人诟病，然而说服与"强制"或"操纵"的本质关联却使其难逃厄运，这一点在古希腊时期出现的被视为"诡辩家"的群体中可见一斑，甚至有的修辞者只能自我韬晦，以"隐形"之术做"显形"之功。以说服为核心的修辞是否真的使用言语强制手段在受众中施行说服目的？我们认为此种见解失之偏颇，如果不得不谈及修辞者在修辞目的驱使下做出的改变——为影响受众观念与行为而刻意为之的姿态，则需要追溯到修辞存在的前提——或然性。说服与其说是通过语言进行操纵，不如将其释为对修辞或然性的填补。

从修辞者与受众的修辞地位来看，说服的作用目标归于受众，但是主动权明显落在修辞者身上，修辞者睥睨整个修辞活动并通过修辞行为在自身修辞能力范围内施加影响，说服成为唯一目的。不难看出，以说服为核心的修辞存在以受众为靶的解读风险，当修辞或然性显著到足以使受众知晓其掌握"生杀

大权",但修辞者仍以说服者的单一角色自居之时,修辞就无怪乎受到诟病,尤其在人的尊严受到前所未有之重视的人文主义时代,任何带有不平等和贬低意味的话语都难以赢得人心。当前修辞学处于一边是改变传统理念以迎合时代新需求,一边是沿袭两千多年的深厚学科根基之际,新修辞学的阐释以及认同观的出现,不仅保留了修辞学中经论证的灼见,也吸纳了新时代的人文主义精神,与传统修辞学并行不悖的同时还对修辞学重振大有助力。

（二）"认同"对人文主义的继承与宣扬

认同观指修辞者通过某种修辞范式在与受众共同利益的基础之上获得其认同（identification）或与其达成同质（consubstantiality）。认同核心理念为修辞者通过修辞行为获得受众对某观点或行为等的认同,在本义上强调态度层面上对修辞者持有的肯定,但是同样可在行为层面上显露出符合预期方向的挪移。观察认同相对于说服发展出的新修辞特征,不难发现,认同观实则沿袭了说服观之核心,"受众""改变""目的"等关键词在两者中均被凸显,然而为何"认同"逐渐被视为评判修辞行为是否有效的绝对因素（张晶、许子琪,2009）,占据新修辞学的中心地位并得到延续发展？

修辞理论的发展仰赖于同社会主流认知和信仰的契合。人文主义强调人的价值,其双重含义——作为世界观和历史观的人文主义和作为伦理原则和道德规范的人文主义,无一不赋予个人价值和平等主义以特殊关注,而认同观正是在此潮流中突破修辞传统瓶颈并显露出与社会的黏合性。虽然认同观对说服观具有显著沿袭性,但是说服是修辞者的说服,认同是受众的认同;修辞地位的"易换"充分说明受众摆脱了接受说服的绝对被动角色,其对修辞结果的关键作用受到关注并通过修辞重心的转换得以明示,体现的是"相互尊重、积极健康的修辞观"（陈小慰,2017）。此修辞观蕴含的平等与尊重是人文主义精神之核心。正是认同观对人文主义精神的把握才助推修辞开拓新的疆域并获得长远发展,此时作为"思想重塑力的修辞"（黄海容,2014）真正以思维模式的身份形塑着时代思潮。

由是观之,修辞发展始终带有人文主义特质,源于古罗马的"人文主义修辞文化"又得以在现代修辞研究中回归。虽然我们并未像昆廷·斯金纳（Quentin Skinner）专事人文主义修辞的发展或像维科（Giambattista Vico）执着于"以修辞为核心的人文主义教育传统"（李瀚铭、刘亚猛,2019）,但这并不表示人文主义在修辞中的式微,反而更加坚定了我们对人文主义之铺垫性作用的肯定,该作用非流畅和显化的表述不能达,即需要使用适切的修辞诉诸来呈现。

反观修辞学数千年的发展历程,理性诉诸的概念未发生大的迁移,对理性诉诸的认知稳定在一定区间,然而情感诉诸与人格诉诸却历经坎坷,尤其情感诉诸数度徘徊在被贬甚至消弭的边缘,经过艰难的辩证与检验之后才得以回归正统地位。情感在修辞中的影响与效用实则不容小觑,尤其在修辞人文主义发展倾向日益凸显的当下,受众对情感需求的不断增进又将修辞中的情感诉诸或对恰当情感的调用推至新高度,可以认为对情感的关注是对当前修辞学中人文主义精神的延伸。

三、情感的凸显、隐蔽与回归

修辞传统中,"以理服人"的"服人"效果似乎不言自明,一旦"理"到位,人自然会"服"。但是越来越多的理论与实践表明,纯粹的"讲理"好像难以打动情感充盈的普通受众,没有情感的修辞行为未免容易落入学究式的、刻板的甚至带有强输性质的反作用修辞圈套。由是观之,只讲理不讲情是成功修辞者避之不及的修辞行为,实现情与理的适切交融符合修辞人文主义特性。情感在修辞学研究历史中历经了跌宕起伏的认可过程,大致可概括为凸显、隐蔽与回归三种状态,这一过程与修辞学整体的发展相似但不重叠。修辞学因外部环境的改变而做出的"自我收敛"是修辞全部要素而不仅是情感的隐蔽,因此情感的三种状态是在修辞较为平稳的发展态势之下做出的对比观察。

亚里士多德(Aristotle)最早强调,修辞虽然关乎受众如何做出判断,但是他们似乎在不同的情感状态下做出的判断也不同(亚里士多德,1991),用廷德尔(2018)的话来说就是:"受众都是以理性的方式被情感说动……情感可以被激发或减弱,相应地,判断也会受到影响。"卢波尔德(Luppold)甚至将对情感的激起视为亚里士多德经典定义中所承认的终极目标(Simon,2020)。此"情感"指受众的情感,修辞者使受众产生特定情感状态,目标是"情感引导"。随后"三诉诸"经西塞罗的再次阐发得以登上更广阔的研究舞台,证明古希腊修辞学发展繁荣之时情感已成为可独当一面的修辞研究领域。

但是情感真的已经成为人人可谈、人人在谈、人人会谈的修辞领域了吗?恐怕并非如此。当"'客观'地研究被认为完全独立于话语的那个'现实'并对它做出准确表述"(刘亚猛,2018:276)成为主流,修辞逐渐与传统修辞大异其趣,"屈从于提倡专门化研究的科学方法"(刘亚猛,2018:277),被"科学化"的修辞暗示出情感的销声匿迹。尽管笛卡尔、培根等逻辑学家都在践行着情感诉诸，却在言论表面对其大加鞭笞，笛卡尔甚至"要求从话语中剔除一切感官和感情因素"（刘亚猛，2018：281），以或然性为基础的修辞自然遭受前所未有的滑铁卢。但是已经存在并发展长达千年的学科不太可能就此没落，虽然科学的发展卓有成效地改变了社会运行与人际沟通模式，人类本性却并未被也不可能被颠覆，说服或获得认同仍然拥有广阔"市场"，即使这意味着以暂时牺牲情感为代价。

从表面暂时摒弃关注受众情感的修辞将注意力转移至逻辑推理和对朴实无华文体的锻造。逻辑推理符合科学主义的典型特征，也是传达证据具有启人心智之功用的适切表述。对朴实无华文体的热衷压抑了人的意志的"自由奔放、难以确定"（Bizell & Herzberg，1990：720，参见刘亚猛，2018：297），但是这种自我隐蔽若是顾全大局所不得不采取的割舍，则也可谓是"舍小家为大家"的目光长远的壮举。

随着研究者对修辞学研究的视角愈加客观与全面，对情感诉诸的认识逐渐转变，情感在沉寂之后终于再次浮出"自我韬晦"的水面而立于修辞研究大潮；这说明人文主义始终是修辞发展势不可当的倾向，对充斥着情感、情绪、主观态度等的人类行为进行研究，不可能摆脱情感而得出纯粹"理性"的结论。这一看法虽未成主流，却也产生了一些令人振聋发聩的观点，其中拉米（Lamy）对于情感的关注与研究，在理性时代即将到来之际显得既大胆又鲜明。他在对修辞者说服过程的研究中秉持"激情至上"原则，认为"修辞的成败得失在很大程度上取决于修辞者对激情的利用"（刘亚猛，2018：292）。修辞者面对意见相异的受众之时，必须潜移默化地影响受众情感，才能产生符合预设期待的修辞效果（Hartwood，1986）。这一观点凸显了拉米对传统情感诉诸的全面继承与拓展。维科对情感的重视更是达到前所未有的高度，将修辞的对象认定为人类的情感而非理性（刘亚猛，2018：299）。

在人文主义与个人主义等思潮的多重助推下，情感摆脱纯粹主观主义的错误外壳，逐渐被视为修辞中重要的甚至起决定作用的因素，把握受众情感状态并将其纳入采用何种修辞策略成为修辞学者首要关心的问题。当我们对修辞中的情感有了符合人文主义发展思潮的认知之后，应该做出何种改变？更具体地说，应该如何把握受众情感？如何将其与修辞行为融合？如何深化修辞的人文主义性质？前人的研究并未就这些问题给予我们充分启示，当转而以情感为起源点从心理学、哲学中找寻答案时，共情与修辞强有力的凝合性与发展的同向性足以让我们为之一振。

共情字面虽含"情"字,却并非只在情感层面达成"共",还对认知有"共"的要求。没有情感的"empathy"无法称之为"共情",不过其在认知维度的拓展让我们认识到要理性地"共"情,认知的前期准备是一种对后期情感与共的铺垫。当认知达到一定高度,什么情该"共"、什么情不该"共"就已明了,和谐而适当的共情氛围才有可能形成,该氛围中的修辞有效性也将随之提升。

四、"共情"——情感与理智的糅合

"共情"来源于德国哲学家费舍尔(Robert Vischer)1873年提出的德语词"Einfühlung",用来表达"人们把自己真实的心灵感受主动地投射到自己所看到的事物上的一种现象"(郑日昌、李占宏,2006)。随后共情演变为复杂的心理过程并被区分为情感共情和认知共情两种路径,前者指以相同的情感对他人的情感做出回应,感他人所感;后者指扮演他人的角色或采用他人的视角,看他人所看(Gladstein,1983)。不过认知视角的终点仍然落于"情",即知晓他人"所看"是为了廓清他人"为何感"以及自己"为何感"。情感共情作为自上而下受刺激驱动的自动化过程(黄翯青、苏彦捷,2012),建立于自我和他人的相似性基础之上,带有人类本能色彩并通过情绪或情感感染实现。认知共情则加入了后天学习与经验成分,以智力理解和理性区分为基础,通过推测他人处境进而产生特定趋向的心理机制。认知共情的产生使我们在沉浸于与他人相同或相似情感之时保持清醒的"客体化"或"第三者"视角(黄翯青、苏彦捷,2012),抑制"自我中心化偏差"(张慧、苏彦捷,2008),认识到自身情感来自外界并对对方情感做出判断与推理。

对共情的解读已经不再囿于纯粹情感或者纯粹理智的范畴,两者甚至更多元素的糅合才能将共情拼接为完整的心理机制。神经科学证据曾表明共情"不仅仅是被动观察情感线索的结果,而且还受到语境的评价和调节"(de Vignemont & Singer,2006:437)。不过,情感是共情毋庸置疑的核心,以起始点、路径、手段、结果等形式贯穿始终。认知,或曰以思维的形式调节共情的路径,自上而下地影响情感共情,将其控制在共情者的理智范围之内,避免共情产生者在呈现过程中因过度共情或缺乏共情而阻碍沟通。由是观之,共情并非"非情感即认知"的二元对立模型,而是情感与理智的一体,也是人类作为情感动物在进化过程中衍生出的高级思维模式,同时又因其对人际沟通的推动而催生出促进友好、缓解矛盾或解决冲突的社会意义。

在社会生活中,"通过理解自己与他人心理状态的差异来协调自己与他人的行为是社会交往成功的关键"(张慧、苏彦捷,2008),而当差异显著到难以调和之时,我们也要认识到"要想消弭经济利益的冲突是不可能的,要想消弭价值观的差异也是不可能的,一个家庭之所以能够不解体,最可能也是最需要的、最有价值的就是情感的沟通和共鸣"(胡范铸,2017:97)。不仅家庭,个人、民族和国家等团体之间的交流同样需要"情感的沟通和共鸣",因为"伦理的、共情的对话将促进更好地理解分歧并带来宽容与文明"(Teich,2008:20)。共情在交际中与人类情感本质契合,亦与理智思维相洽,其启示在人文主义学科中无远弗届,对人文主义特质显著的修辞学来说尤其深刻。

五、"修辞"与"共情"的学理渊源

亚里士多德在对情感诉诸做出概念界定时就指出其包含与"共情"(sympathy)类似的情感(Wisse,1989:75),鉴于现代所探讨的"sympathy"(同情)于1991年才正式被艾森伯格(Eisenberg·N)界定为与悲伤或关心等相关的情感,而在此之前对"empathy"及"sympathy"的研究并无清晰界限(Cuff et al.,2016),因此两种说法的混淆使用容易将我们引入迷雾。通过对两个概念的探索可知,"共情"关注的是共情者与被共情者之间的相似的情感及对该情感的认知,而"同情"则强调同情者对被同情者的悲悯,且不需要与被同情者达到"同形状态"(condition of isomorphism)(de Vignemont & Singer,2006)。此外亚里士多德在其修辞学论述中并未谈及与"怜悯受众"相关的修辞思想,因此我们可以推断出被亚里士多德囊括于情感范围内的"同情"实则是现代学者所划归为共情范畴的情感。

亚当·斯密观察到"同情"是人类的特殊而重要的情感类型,他认为"同情"就像"共鸣的琴弦","同情并非因情感本身的性质而得以界定,而是由'行为者'(agent)与'旁观者'(spectator)能否达成一致的情感共鸣所决定"(钱辰济,2015)。亚当·斯密在《道德情操论》中还指出,旁观者的情绪"总是同他通过设身处地的想象认为应该是受难者的情感的东西相一致的"(亚当·斯密,2020:7),同时又清醒地认识到自己局外人的身份而克制情感;这与罗杰斯(Rogers)在为共情划定界限时所着重提醒的共情过程中的"'as if'条件"不谋而合,因此其所阐述的"同情"其实同样是当下我们普遍认可的"共情"(Rogers,1959)。亚当·斯密笃信修辞性文本与"共情"之间具有同构性,修辞辅助"共情"的实现,"共情"只有通过修辞的路径才能被激活并转化为在交流中产生影响的要素，这也正是亚当·斯密思想中对"同情为'体'，修辞为'用'"的加权。

修辞与"共情"的联结并不限于一"内"一"外"的合作，"共情"作为独立的概念体系，在修辞中不仅存有与其深度对应的理念，而且两者在哲学原理及对人文主义的发扬上有诸多相通之处。不过对共情的相关提及在近年大有大众化倾向，"共情"概念早已从形而上的学术探讨，抑或形而下的心理咨询等专业范畴流入畅销书内容之列，并成为人际沟通交流"制胜法宝"之一。然而，零零散散的表面化应用除消耗共情的学理内蕴之外对概念的发展无甚功用，除非真正挖掘共情与关涉赢得他人认同的修辞之内核联结，并对两者的结合运用做出展望，才能在发挥共情影响的基础上，推动修辞步入"文化更新和学术创新"（刘亚猛，2004：253）的跨学科研究，彰显修辞"不拘一格、异类杂陈、兼容并蓄……的内部张力"（刘亚猛，2004：253）。纵览修辞要点并结合修辞发展，我们发现修辞的人文主义发展倾向、情感诉诸、受众观、认同观分别与共情彰显出深厚的学理渊源和人文主义同源性，修辞运作的心理机制在与共情的结合中尽显无遗。

（一）修辞人文主义与"共情"

人文与理性并非背道而驰，"物化与僵化"才是人文主义的反抗对象，科学与理智一元论是科技的发展，却也是人文的欠缺，因此"人文主义必然要提升上去，彻底透出，而成为指导文化生命前进之最高原则"（牟宗三，2003：236）。依此，重理性认知与情感指向的共情具有了填补人文主义发展之不足的优势，共情者萌生出与被共情者相似的情感并清醒认识到自身他者身份。这与完全沉浸于对方情绪或过于客观甚至冷漠对待他人事件形成对比，可被视为两者之间带有经优化后的人文主义色彩的修辞中庸之道。人文主义修辞所秉持的平等、尊重等理念无一不昭示出共情的深度参与，也可认为与修辞发展历程中的人文主义倾向相伴而来的是愈发突出的共情侧重。将共情显化于修辞是发展趋势的召唤，对共情的无意深藏或有意隐蔽都是修辞发展的损失及对人文主义倾向的背离。

（二）情感诉诸与共情

在修辞中绵延发展的情感诉诸究其本质就是对受众情感的侧重并将激起其特定情感状态作为实现修辞目的之前的必经之路（Aristotle，2007）。当受众的情感"处于最易于接受说服的状态"（刘亚猛，2018：69），修辞目的的实现即在咫尺之间。对受众情感的"知晓—掌握—（内化）—转变"过程暗示修辞者已对受众达到精准的认识并具有将认识化为修辞策略的能力。西塞罗的"共情的修辞人格"(秦亚勋、姚晓东,2019)就是通过率先实现共情进而构筑修辞人格来影响受众情感的诉诸。至此,情感诉诸对共情的依赖已然通透明晰。除却修辞转化阶段,情感诉诸始终都将"共情"作为其依托,共情能力低下的修辞者是无法精准认同受众情感的,自然也无法取得令人满意的修辞效果。值得注意的是,与情感诉诸相关联的共情偏向认知共情,因为修辞行为携带的修辞目的使修辞者必须具备第三者视角,但是情感共情的参与不论从机制还是路径上看都以其情绪感染性、主观性、即时情境性等特征对情感个体产生交际价值。

(三)受众观与"共情"

柏拉图(Plato)认为修辞者能够赢得受众"归根结底不是因为他们掌握了真理,而是他们能够了解听众的狭隘和偏见,从而迎合这种狭隘和偏见"(宋连胜、晋伟,2017),虽然我们如今对这种看法的一概而论性与其对受众的操纵倾向持保留立场,不过脱离对受众的了解,修辞则成为自说自话、没有交际意义的行为。只有同时诉诸受众的理智与情感,才有可能促使受众采取修辞者预期中的行动(刘亚猛,2018)。无独有偶,认知共情与情感共情贴合了修辞者对受众理智与情感的理解需求,前者以客观认识和逻辑分析为路径,在了解受众处境的基础上做出对其情感状态的研判,后者以情绪感染等充盈情感色彩的方式与受众达至"情感共同体",由此共情能力是全面认识受众并做出合理修辞行为的前提。坎贝尔(Campbell)认为修辞目的的实现关涉受众"期待的是一个什么样的修辞者"(刘亚猛,2018:311)以及修辞者能否塑造与此相符的形象。如果不诉诸共情而仅凭既往常规划定受众所期待的修辞者形象,修辞目的只会愈加难以实现。对受众的多维了解是修辞中不言自明的条件,但是从哲理层面论及作为修辞根基观念的受众似乎是紧迫的任务,因为只有对传统的受众操纵观做出有理有据的驳议,才能在新修辞情境下构拟修辞者与受众的恰当关系。如果没有共情的参与,这种关系的构拟难以实现。

(四)认同观与"共情"

认同观出现的背景为20世纪社会急剧发展之际,当个人自我封闭的状态被打破,原先对他人与世界的认知亟须转变甚至重塑。修辞作为"研究误解和消除误解的方法"(Richard,1936),将"认同"作为社会洪流中修辞者取得受众信任的途径,与主流思想同向,实现了学科的自我发展与服务社会的相洽。21世纪以来,全球一体化仍然以不可扭转的趋势深化,但是这种趋同将阻碍多元发展。对求同存异的呼声愈发高昂之际，认同观在修辞者与受众皆带有强烈个体特色的情境中显露出不易察觉的空白，而共情对参与者的绝对顾及则弥补了认同观貌似会消弭特色这一点瑕疵；如此恰当的借鉴与调和恰逢其时，为已具强大解释力和实践力的修辞开拓出新的张力空间并融入更鲜明的人文主义内蕴，也是对罗杰斯在界定共情一开始就强调的"如果在交流中没有共情中的他视角，说话者就与对方达成了完全认同"(Rogers，1959)这一观点的考虑。共情的介入有益于在"化解疏远"(dissolve alienation)(Rogers，1975:6)的前提下达成合理认同，从修辞角度来说，这是对传统认同观的批判性发展。

由是观之，"修辞"与"共情"这两棵貌似相距甚远的大树却在地下纵横交错，早已产生了不可分割的根系，从哲学或实践层面都流溢出强大的凝合力，两者在概念上的相通与实践中的糅合推动我们思索如何将它们以正式的、系统化的、有研究前景的方式结合起来；然而鲜见将这两大在人类社会中起重要作用的理念在哲学、伦理、理论或实践维度真正结合起来的研究，"共情修辞"的提出成为应情境召唤的因应之策和应有之义。

六、"共情修辞"概念探析

国外学者并未将"共情修辞"(rhetoric of empathy)作为正式概念提出或做出定义性和应用性的阐释，不过有的学者对它的研究可被视为徘徊于共情修辞研究边缘但始终没有激活概念核心的"预研究"。例如，库尔巴加(Kulbaga，2008)使用了 rhetoric of empathy 分析《在德黑兰读〈洛丽塔〉》(*Reading Lolita in Tehran: A Memoir in Books*)一书如何在修辞与教学路径中通过共情连接女性读者，这是对修辞之共情功能的验证。布兰肯希普(Blankenship，2013)在其博士论文中创建了"rhetorical empathy"的概念并将焦点落于"主体的改变"，其中的主体是以共情为背景的行为主体而非修辞的行为主体。我们在最新研究中发现李(Lee，2020)正视共情在修辞中的作用并将其与情感诉诸在同一语境下阐发，他所说的"rhetoric of empathy"是意图引起受众共情的带有理想主义色彩的修辞目标。修辞者关注受众情感、客观情境以及尽可能实现共情等都是有章可循、有路可达的阶段性目标，但是如何促使受众产生共情？多数修辞者的修辞目的是否真的能够在不违背伦理的前提下激发受众产生共情，这只能存于构想而很难在修辞者—受众这一根深蒂固的修辞关系中经受住人文主义的考验。赵(Zhao，2014)具有前瞻性地将"rhetoric of empathy"置于跨文化交流的背景中探讨，挑战了传统修辞中"施事—受事"这一被视为颠扑不破的修辞者—受众关系,提出使用"施事—施事"或曰"主体—主体"的理念来进行跨文化的主体间性交流,显示出人文主义影响下受众地位的提升。双向的共情参与的确是理想状态,不过因其难以掌握反而增加了修辞的不确定性,因此修辞者的共情仍需被视为修辞行为原点。

(一) 共情修辞机制

基于"修辞"与"共情"作为两大学科概念所涵盖的内容、两者之间的渊源与联结以及国外学者对"共情修辞"的研究脉络,我们在坚持修辞者之修辞行为主体性的前提下,认为"共情修辞"应是包含修辞目的、受众、修辞者、共情、修辞策略等主要元素的运作机制。我们强调"共情修辞"是一种修辞运作机制,原因在于共情不只流于修辞文本表面,而是根植于修辞者思维层面的始源性修辞元素,从修辞发端就影响修辞者的决断并影响整个修辞过程的走向。李克、朱虹宇(2020)曾就"共情修辞"的概念及其对当今社会交流方式可能带来的改变做出阐释。此处我们在原有概念基础上对其加以完善与细化,并再次将其界定为:在修辞目的的驱动下,修辞者有意识地使自己进入对受众的共情状态,在能力范围之内达成与受众情感的时间同步和类别同向,并能够清楚判断受众和自身情感类型及来源,区分受众和自我表征,随后设定并施行修辞策略,这一修辞运作机制可被称为"共情修辞"。"共情修辞"机制可大致如图1所示:

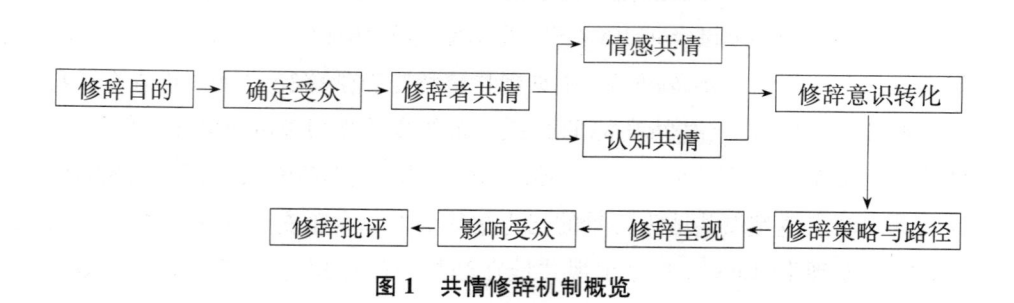

图 1 共情修辞机制概览

修辞目的是修辞行为的起始点和驱动力,若无法在修辞过程中找到驱使修辞者做出特定修辞行为的目的,则该修辞行为应归属于带有随意性或偶然性的自然言语行为而非修辞行为。胡范铸(2016)认为:"当行为主体明确地意识到自己是在努力追求言语行为'有效性'的时候,他是在修辞;当他没有明确认识到自己在努力'追求有效性'的时候,只要是在'使用语言实现自己意图',其实也是在修辞。""有效性"所依附的对象正是修辞目的,修辞目的的达成表明修辞行为"有效"。说服或认同是整体视角下的修辞目的,具体修辞目的依具体修辞情境而定。修辞目的是修辞区别于自然无序语言的关键,共情修辞过程中,确定修辞目的这一行为发生于修辞者有意识进入对受众的共情状态之前,不过若修辞者而后决定调整或颠覆原本修辞目的,转而在共情的推动下确定新的修辞目的,这种情况也可谓合情合理,凸显出共情修辞对于修辞效果抑或结果的影响。

共情过程指修辞者有意识达成与受众的共情,此时共情是一种认识、情感及实践模式,是包含行动在内的过程而非最终状态(Rogers,1975:4)。我们强调"有意识",首先因为修辞目的的存在表明修辞行为是修辞者"有意为之",共情修辞也是我们试图提倡在适宜修辞情境中使用的修辞模式,因而修辞者自然有必要也必将在有意识的共情状态下做出修辞行为;其次因为情感共情中包含情绪感染等人类本能反应,但是修辞行为的目标性使我们需要摒弃无意识的情绪或情感感染,即使涉及情绪感染,也是有意识状态下受修辞目驱使的情绪感染。共情修辞中的"有意识"能够使修辞者始终保持共情研究者在研究初始阶段就提倡的他视角,如此才能使共情者以客观的视角产生"旁观者清"的效果,也才能将共情修辞控制在修辞目的可影响且修辞研究可及的范围内。

受众的选择和限定直接关系到后续修辞策略的设定。当受众的范围和类型有了明晰界限,修辞者的共情才有落脚点,此时受众可被视为"被共情者"。修辞者以自身共情能力为极限值,与受众达成情感上的时间同步,避免因时间的提前或滞后而脱离受众的即时情感范围,使情感表征无法在修辞情境中发挥有效性。此外,情感类别是否同向也左右着共情修辞行为的结果。若将情感视为连续统,极端积极与极端消极情感分属连续统两端,修辞者对受众的情感虽难以实现程度完全相等,却至少要在方向上具有同向性,因为共情之"共"正是强调共情者与被共情者共享情感氛围,此氛围的范围越小,两者情感距离越小,显然相反情绪类别的双方对情感范围的无限拓展已然越出共情范畴,因此我们强调类别同向。共情修辞对情感程度不做要求,因为修辞者的共情能力因人而异,共情程度亦不尽相同,而且完全的程度一致几乎无法达成,只能无限接近最高值。此外,同向范围内共情程度的高低与共情修辞效果并不成正比,修辞者面对极度悲痛的受众时无需产生同等程度的悲痛情感,但是一定程度的低落、伤感等同向情感却必不可少。

情感同步仅通过情绪感染等具有情感传染性质的途径即可实现,无法在情感共情之后通过有效的修辞手段发挥共情的积极作用。因此,我们还需强调修辞者对认知共情的调用,当其能够把握整体修辞情境,才能了解受众的客观及主观处境,进而判断受众的情感类型及来源。仅认识受众情感、被受众情感感染还远不能达到认知共情标准,修辞者需知晓自身与受众相似的情感直接来自受众,间接来自修辞目的及修辞行为,自我和受众的意图表征及随后的修辞表征都有本质区别。只有当修辞者客观认识到自身的旁观者视角,但又对受众的状态感同身受时,才可达至认知共情。

"共情准备"之后,修辞者已有意识理性认识受众主观情感及客观状态,此时设定和施行修辞手段已水到渠成,虽然修辞呈现过程仍与个人修辞能力有关,不过共情的实现有裨于修辞者与受众成为"情感共同体",而修辞者在与受众情感趋向一致的情况下,有更小概率做出违背对方情感的修辞行为。认知共情与情感共情两种模式要求修辞者有必要在保持清醒的"他视角"的同时激活"理性的情感",共情氛围一旦形成,不仅能够激发修辞者随机应变的修辞创意,也能在受众身上产生超出情感调控而有可能扩展至世界观、价值观和行动等范围。共情修辞作为理念指引,并非必须拥有专属于该领域的或带有共情色彩的修辞策略和手段,因此实践中修辞策略的选择源自普通意义上的修辞策略范围并依修辞情境而定。

整体而言,"共情修辞"不再将修辞视为"雄辩艺术",而是沿袭了经斯金纳扭转之后的修辞趋向——"修辞发明",即修辞文本生产的原理机制与过程(李瀚铭、刘亚猛,2019),并与修辞学研究追求言语交际的有效性合流,形成较强的理论衍生力和现象阐释力。

(二)"共情修辞"定位

"共情修辞"是我们秉持符合修辞情境、取得更佳修辞效果的基础上提出的新型修辞模式,其本质偏向于向修辞者提供始源修辞思维模式,然而这不是对传统以说服或认同为前提的修辞行为的否定和替代,更非提倡其成为唯一修辞模式。经过形而上的学理延伸和形而下的实践验证,共情被视为促进修辞顺利进行的要素之一,因此我们充分利用共情的现实意义,将其从一直被忽视或遮蔽的幕后转至台前,因此共情修辞的出现基于共情本身对修辞发展的借鉴意义而非纯粹以推陈出新为目的而强行衍推的概念。

(三)概念纠偏

修辞的产生奠基于或然性,对情感诉诸的剖析又因关涉人的情感而带有主观评判性,因此共情修辞作为融合两种不确定性的概念,不免存在需着重限定和解释之处。本文中的纠偏重点聚焦于:带有强烈人文主义色彩的共情修辞是否追求修辞关系的绝对平等?共情修辞是否将情感置于首位而对理性置之不理?共情修辞与传统情感诉诸的区别及其发展体现在何处?共情修辞与同样强调人文主义的"邀请修辞"(Foss & Griffin, 2020)有何关联?针对这些原则性问题,我们将做出简要阐释并以此廓清共情修辞概念的边界。

1. "共情修辞"与"绝对平等"。从说服到认同,修辞之核心概念的人文主义流变彰显出受众地位的提升以及修辞者对待受众态度的转变,邀请修辞的出现亦佐证了该变化趋势。但是主客体地位真的能够发展为绝对平等,修辞者与受众的关系可以脱离话语实践中历来重视的权力关系吗?答案显然是否定的。权力关系浸透于所有话语实践,修辞活动中因修辞目的的显然存在更无法摆脱权力关系框架的制约。修辞者在修辞情境中由主观能动性驱使萌生修辞目的,即使受众的地位得到重视与提升,修辞目的的产生已注定修辞者处于修辞权力关系上游。权力关系使得修辞者对情感的处理需格外小心,一旦陷入操纵论陷阱,受众的情感便容易转为与修辞者对立的状态,修辞过程的顺利进行就会失去保障,遑论实现修辞目的。

并非没有学者注意到情感维度的修辞权力关系,赵(2014)所提倡的"主体间性的情感关系"(intersubjective emotional relationships)就是对传统施"情"—受"情"关系的颠覆,将受众视为与修辞者处于同一情感层面的主体。双主体的修辞情感关系的确能够解决一直以来饱受争议的修辞权力问题,但是其完美主义色彩未免让人怀疑其是否具有实现的可能。一言以蔽之,修辞者—受众关系在修辞过程中必然存在,人文主义的参与只是消弭其中过于明显的足以对修辞效果产生消极影响的部分,却无法撼动本质性的权力关系,因为一旦修辞中的权力关系消失,修辞是否还是修辞就得另议了。因此,共情修辞虽然给予受众足够的"掌控权"以夯实修辞的人文主义特征,不过修辞者与受众在权力关系中的位置或许可以朝向中间位置挪移,却谈不上"僭越"。共情修辞试图助推修辞者自身达至对受众的共情,带给受众被共情的关怀与尊重,绝对平等并非共情修辞的追求,也并非单凭共情修辞概念与实践可至。

2. "共情修辞"与"理性"。"共情修辞"构拟于情感诉诸之上并将情感诉诸拓展至带有更强烈人文主义色彩的高度,但这并不表示情感处于科学与理性主义的对立面或者后者存在的前提即是抹杀前者。虽然情感与理性确实长期以来分属两种思维状态,但是在修辞行为中同时运用情感与理性才可彰显对受众的洞察,于此有两点值得注意:第一,情感是所有人类的基本特性之一,抛却情感谈问题似乎不仅非理性,而且不可想象,即使是科学主义中提倡的用科学说话或用证据说话,同样都发生于预设的话语大环境,其中受众率先产生对修辞者的信任情感并决定进行下一步的正式倾听与信息筛选;第二,共情所涵盖的认知共情是对现实的影射,与理性之内涵同源且在修辞情境中同向发展,因此共情修辞并非违背现实、理性或逻辑的纯粹情感煽动,而是在结合情感与认知的双向修辞思维导向之下的行为模式,其对情感的侧重不是湮没认知与理性的借口。

3. "共情修辞"与"情感诉诸"。共情不等于情感,共情修辞不等于情感诉诸。情感诉诸的应用首先体现于对受众情感的侧重,继而采取修辞手段调整受众情感至易于接受修辞者影响的状态,对情感的涉及分设于源头与结果。共情修辞是糅合理念、手段与行为的综合概念,贯穿修辞活动始终,修辞行为由共情激活,对共情的使用虽然同样强调源头与结果,但是过程中修辞者始终将对受众的共情纳入考量,在显化的修辞输出中可以选择以共情性表述将思维状态传达给受众并使其意识到自身在认知上的理解与情感上的共通。情感诉诸意图通过传递信息对受众产生影响,而共情修辞则不仅强调关注受众的情感状态与信息中情感的传递,还对修辞者的情感提出要求,具有过低共情能力的修辞者无法产生共情修辞行为或最终的行为效果不尽如人意。简言之,共情修辞中的"共情"是修辞者的共情,情感诉诸中的"情感"是受众的情感,然而修辞者对情感诉诸的使用及研究者对其必要性与有效性的肯定,是验证共情修辞合理性的首要条件。

4. "共情修辞"与"邀请修辞"。"邀请修辞"强调平等与尊重,致力于打造充满理解的修辞氛围,其中受众有权依据修辞者的修辞呈现做出任何选择,因为修辞者只"提供"观点并邀请受众参与讨论。我们肯定邀请修辞所强调的对受众的尊重,但也不免怀疑绝对的尊重甚至"让位"是否抹杀了修辞的说服或认同内核,成为对传统修辞观的矫枉过正。"共情"虽然同样强调尊重与理解,却并非为了尊重和理解而摒弃修辞目的,其一切行为表现致力于修辞目的的达成,说服受众或使其认同。然而修辞目的作为客观的驱动修辞活动进行的必要条件,却并不表示抹杀共情修辞行为的人文关怀特征。在修辞者正式与受众做出互动之前,前期的共情准备有可能使修辞者因更深刻与全面地理解受众而调整甚至颠覆修辞目的。"邀请修辞"与"共情修辞"是两个视域下的修辞概念,前者是对传统修辞的"补充和修正"(enrich and amend)(Bone et al., 2020:36),而后者是与传统修辞平行,是在新时代修辞情境之下以情感为趋向的修辞模式。

七、余论

我们从哲理层面剖析了"共情"和"修辞"难解难分的渊源,并在此基础上尝试构建了"共情"概念以及运作机制。修辞的发展历经跌宕,和修辞渊源颇深的共情在定义和研究重点上虽时有变动甚至依人不同(Decety & Jackson, 2004),但是其在发展历程中却无甚扰攘,始终扮演人类情感与现实生活中的积极角色。至此,当我们将共情视作修辞的仰赖或将良好的修辞效果视作共情的归宿,共情修辞开两者显化结合之先河,对今后的多维度发展带来启发。

任何新概念、新理论的产生和发展都建立于继承与创新之上,共情修辞亦是如此,其合理性、有效性及研究价值非一文能尽述,需经不断检验和修正。我们希冀通过本研究廓清修辞摇摆于逃避与正视之间的对待情感的态度,摆正情感在修辞中不可替代的重要地位;以共情修辞为引擎,将"共情"正式融入修辞研究并探寻其促进人文主义修辞发展的路径。共情修辞是修辞系统中连接古今与学科内外的概念综括与发展,我们之所以多着重墨于"共情"与"修辞"的学理联结与历史研究渊源,正是要突破概念的机械叠加而将真正将"共情"融于修辞范畴,发挥其对促进达成修辞目的和平衡修辞机制内权力关系不可湮没的作用。

参考文献

陈小慰:《"认同":新修辞学重要术语 identification 中译名辩》,《当代修辞学》2017 年第 5 期。

[荷兰]弗朗斯·H.凡·埃默伦著,秦亚勋译:《从"语用—辩证学派"看现代论辩理论与亚里士多德的渊源》,《当代修辞学》2020 年第 4 期。

胡范铸:《理论与现象:当代修辞学研究的五十个问题(上)》,《当代修辞学》2016 年第 2 期。

胡范铸:《理论与现象:当代修辞学研究的五十个问题(下)》,《当代修辞学》2016 年第 3 期。

胡范铸:《国家和机构形象修辞学:理论、方法、案例》,学林出版社 2017 年版。

黄海容:《作为西方思想重塑力的修辞》,《中山大学学报(社会科学版)》2014 年第 1 期。

黄翯青、苏彦捷:《共情的毕生发展:一个双过程的视角》,《心理发展与教育》2012 年第

4 期。

李瀚铭、刘亚猛:《修辞与昆廷·斯金纳的学术身份》,《当代修辞学》2019 年第 2 期。

李克、朱虹宇:《共情修辞研究助推民心沟通》,《中国社会科学报》2020 年第 A03 版。

刘亚猛:《关联与修辞》,《外语教学与研究》2004 年第 4 期。

刘亚猛:《西方修辞学史》,外语教学与研究出版社 2018 年版。

牟宗三:《牟宗三先生全集》(第九卷),联经出版事业有限公司 2003 年版。

钱辰济:《亚当·斯密的同情与修辞——共和主义传统美德的现代转型》,《政治思想史》2015 年第 1 期。

秦亚勋、姚晓东:《语用身份与修辞人格的理论渊源及伦理之维》,《当代修辞学》2019 年第 6 期。

宋连胜、晋伟:《柏拉图的修辞哲学思想》,《学术交流》2017 年第 5 期。

[加]廷德尔著,汪建峰译:《修辞论辩与受众的本质——关于论辩中受众问题的理解》,《当代修辞学》2018 年第 1 期。

[英]亚当·斯密,蒋自强等译:《道德情操论》,商务印书馆 2020 年版。

[古希腊]亚里士多德著,罗念生译:《修辞学》,生活·读书·新知三联书店 1991 年版。

张慧、苏彦捷:《自我和他人的协调与心理理论的神经机制》,《心理科学进展》2008 年第 3 期。

张晶、许子琪:《修辞的核心:不是说服而是认同——从"认同"理论看奥巴马的演说》,《修辞学习》2009 年第 6 期。

Aristotle, *Rhetotik*, Krapinger, G.(Trans), Stuttgart: Reclam, 2007.

Bone, J., Griggin, C. & Scholz, T. M., "Beyond Traditional Conceptualizations of Rhetoric: Invitational Rhetoric and a Move toward Civility", in Foss, S. K. & Griffin, C.L. (eds.) *Inviting Undersanding: A Portrait of Invitational Rhetoric*, 2020.

Cuff, B., Brown, S. J., Taylor, L. & Howat, D., "Empathy: A Review of the concept", *Emotion Review*, 2016, 8(2).

Decety, J. & Jackson, P.L., "The functional architecture of human empathy", *Behavioural and Cognitive Neuroscience Reviews*, 2004, 3(2).

Foss, S.K. & Griffin, C.L.(eds.), *Inviting Understanding: A Portrait of Invitational Rhetoric*, London: Rowman & Littlefield, 2020.

Gladstein, A., "Understanding Empathy: Integrating Counseling, Developmental, and Social Psychology Perspectives", *Journal of Counseling Psychology*, 1983, 30(4).

Hartwood, J.T.(ed.), *The Rhetorics of Thomas Hobbes and Bernard Lamy*, Carbondale: Southern Illinois University Press, 1986.

Kulbaga, T.A., "Pleasurable pedagogies: Reading Lolita in Tehran and the rhetoric of empathy", *College English*, 2008, 70(5).

Lee, C., "The Rhetoric of Empathy in Hebrews", *Novum Testamentum*, 2020, 62(2).

Richards, I.A., *The Philosophy of Rhetoric*, New York: Oxford University Press,

1936.

Rogers, C.R., "A theory of therapy, personality and interpersonal relationships as developed in the client-centered framework", in Koch, S.(ed.) *Psychology: a study of a science, vol. III. Formulations of the person and the social context*, New York: McGraw Hill, 1959.

Rogers, C.R., "Empathic: An unappreciated way of being", *The Counselling Psychologist*, 1975, 5(2).

Simon, N., "Investigating Ethos and Pathos in Scientific Truth in Public Discourse", *Media and Communication*, 2020, 8(1).

Teich, N., "The Rhetoric of Empathy: Ethical Foundations of Dialogical Communication", *The Journal of the Assembly for Expanded Perspectives on Learning*, 2008, 14(1).

de Vignemont, F. & Singer, T., "The empathic brain: how, when and why?" *Trends in Cognitive Sciences*, 2006, 10(10).

Wisse, J., *Ethos and Pathos: From Aristotle to Cicero*, Amsterdam: Adolf M. Hakkert, 1989.

翻译修辞批评的几个维度*

陈小慰

摘要：翻译修辞批评指从当代修辞视阈对翻译现象、产品、行为及与其相关联的主体及制约因素进行的研究、评价与解释，以诱导和促进理解与合作为其基本理念和最终目标。文章从翻译修辞批评与翻译研究大趋势深度契合这一基本点出发，在梳理翻译修辞批评的内涵、准则和基本要素的基础上，围绕翻译认知、翻译主体、译文话语、翻译语境、语篇类型、策略运作等，对翻译修辞批评的几个主要维度展开探讨，提出翻译修辞批评应被视为翻译批评领域的一个重要范式，以深化对翻译行为本质和特性的认识，促进翻译理论研究与实践，更好地助力中国对外话语传播。

关键词：翻译修辞批评；内涵；准则；基本要素；主要维度

一、引言

由于历史的原因，长期以来翻译批评的对象多为文学和典籍翻译，主要聚焦翻译产品。这一点从中外翻译批评论著中（如周仪、罗平，1999；马红军，2000；杨晓荣，2005；Boase-Beier，2011；Hewson，2011；Gu，2014 等）可管窥一斑，由此导致批评空间相对拘窄。当今时代，翻译对象已经发生了很大改变，翻译与社会的联系越来越紧密，有许多现实翻译问题需要面对、需要解决。因此，翻译批评研究有必要拓展批评视角，做出更加客观和贴近现实的回应，以丰富翻译理论和实践研究，提高翻译理论对实践问题的解释力和指导性。翻译修辞批评即是针对这一缺失展开的探索。

---

* 文章原载《上海翻译》2021 年第 1 期。本文系国家社科基金项目"服务国家对外话语传播的'翻译修辞学'学科构建与应用拓展研究"（17BYY201）的阶段性成果。陈小慰，福州大学外国语学院教授，福州大学"嘉锡学者"特聘教授，研究方向：翻译理论与实践、修辞与翻译。

二、翻译修辞批评的内涵、准则与基本要素

（一）翻译修辞批评的内涵

所谓翻译修辞批评，指从当代修辞视阈对翻译现象、产品、行为及与其相关联的主体及制约因素进行的观察、研究与评价。它不仅关乎反思、回顾、对现有译本进行分析，更包含阐释和揭示如何积极作为，关注译者如何根据特定翻译目的和特定场景，运用译文话语影响特定受众，诱导预期态度和行为的发生。任何通过运用语言开展的翻译行为，只要是带有明确的现实意图和目的，并且以潜在译语受众是否可能产生预期回应和影响为主要关注的，都可以成为翻译修辞批评的对象。在这个意义上，可以说它涵盖了当今所有"通过口笔译进行的跨语言、跨文化社会互动行为"（陈小慰，2019a:46），适用于带有现实目的的文学和非文学应用翻译话语。

（二）翻译修辞批评的准则

这里不选择使用"标准"，而用"准则"（言论、行动等所依据的原则），是为了避免"规定性"歧义。因为"标准"可能有违"使用语言作为象征手段，诱导从本质上会对象征做出反应的他人予以合作"（Burke，1969:43）、"关注促成共识，并进而实现诱导预期行为产生的目标"（Hauser，2002:63）等当代修辞精神。使用"准则"是为了努力体现批评的客观性。但作为学科批评，客观并不意味着无所约束、放任自流。至少必须遵循以下两个准则。

一是有效性准则。现实社会中的翻译，是为了有效实现某个特定目的而进行的。因此，翻译修辞批评必须考虑以下问题：翻译行为的目的是什么？翻译行为采用的话语是否具备"能够对译语受众产生预期影响的特质和潜在之力"（陈小慰，2019b:26），亦即"能够对特定受众产生预期影响力的潜能"（陈小慰，2019c:104），有利于实现翻译目的？尽管由于诸多因素的存在，理想的有效性最终并不一定总能够完美实现，翻译行为对现实译语受众的影响结果也难以量化操作，但一旦"有效性"成为译者孜孜追求的目标，必然产生正态结果。事实上，不论是"在任何特定情况下寻求可能的说服方式的能力"（Aristotle，2008:10），还是"使用语言，诱导他人形成态度或采取行动"（Burke，1969:43），修辞的重点都在强调争取有效性的努力过程，而不在说服诱导成功的结果。翻译修辞观也不例外。相比"实现目标"的规定性要求，"努力争取"更符合实际，也提供了更大的可为空间。

二是伦理性准则。翻译和修辞一样，本身是中性的，并无道德偏向。但

翻译或修辞行为却可以体现伦理倾向。"翻译交际行为从来就不是顺畅无碍的。译者总是需要与源语语言和文化协商平衡，努力减少分歧，需要代之以译语语境的另一套不同系统，使译文能够在译语中传播。"(Venuti，2013：11)在这一过程中，翻译修辞批评必须体现维护本国利益以及尊重他国文化和人民的伦理，努力在调整翻译中要表达的思想和内容以适应受众，与诱导受众适应翻译欲加以影响的思想和内容之间取得平衡。鼓励营造共识、有益交流的"求同修辞"(Rhetorology)，摒除可能造成更多误解和分离感的翻译"诡辞"(Rhetrickery)(Cf. Booth，2004：11)，以实现促进理解与合作这一翻译修辞批评的基本理念和最终目标。

（三）翻译修辞批评的基本要素

现实中的翻译可视作一种特殊的修辞实践，旨在运用语言艺术促进翻译行为主体之间的有效互动，达到更好的理解与合作。因此，对翻译行为的分析与评价必然涉及对翻译行为、翻译行为主体、翻译话语、翻译语境、语篇类型、策略运作等的认识。它们与当代修辞研究关注的动机、认知、价值、论辩、受众、意义、语境、互动等议题密切相关，后者的许多概念资源和具体路径可以给翻译修辞批评以有益借鉴和启发。

三、翻译修辞批评的几个维度

（一）翻译认知维度

认知维度是开展翻译修辞批评的基础。"修辞不仅仅是分析交际行为在其社会和政治环境中发挥的作用，……同时还是一个在特定语境中广泛利用各种资源针对特定受众量身定做、精心设计信息的过程。"(Andrews，2014：xii)"事关使用象征资源诱导社会行为。"(Hauser，2002：3)。换言之，修辞不仅将语言文本与社会文化相联系，更关注如何设计文本信息以促进社会良性互动。作为一个对我们国家而言日益重要的人文学科和社会实践活动，翻译，尤其是带有明确现实目的的翻译，是一种根据预期意图、特定语境和特定受众，审时度势，充分调动语言资源，促进预期效果产生的修辞行为，与人类互动和跨文化语言应用紧密关联。它旨在通过译文话语，有效影响译语受众的态度行为，诱导和促进对话、理解与合作。这是当代西方修辞学对我国翻译学科的可借鉴资源，也是翻译修辞学作为翻译研究分支学科助力国家对外翻译的重要价值所在。将"诱导和促进对话、理解与合作"视为翻译的目的和意义，显然比将翻译仅视为跨语言、跨文化的活动体现出更高的追求目标。诚然，"社会性是语言的本质,语言学本身就是社会语言学"(顾曰国,2010:213)已经成为共识,翻译修辞观可以视为语言研究和应用面向现实社会中的人类及其互动深度拓展的一个重要且名副其实的体现。

翻译与知识的创造,是当今翻译研究的热题之一。著名翻译理论家莫娜·贝克(Mona Baker)近年来承担的英国艺术与人文研究委员会(AHRC)国家级课题就是"不同知识谱系——跨越时空的概念进化与对抗"(Genealogies of Knowledge—The Evolution and Contestation of Concepts Across Time and Space)。其间她主办了多次相关学术会议,并作为比较诗学杂志 *Alif* 的特约编辑,主编了以"翻译与知识创造"[*Translation and the Production of Knowledge(s)*]为题的学术专辑。这一代表国际翻译研究前沿动向的课题认为,"知识是'产生'而不是'发现'的,翻译是所有形式的知识产生和流通的核心机制"[1],聚焦翻译在跨时空产生和传播的政治、科技及其他社会生活重要概念中发挥的作用[2]。这一研究热题可以说与认知修辞学相契合,并能从中获得可资借鉴的启发。例如,认知修辞学强调修辞是知识产生的重要手段,基于修辞者与受众/读者的共识,"在对话或讨论中检验、质疑并创造思想"(Zappen,2004:13)。不存在一种先前就已经存在的、授权与人的真理,真理只有通过人们的合作性探讨才能产生(转引自邓志勇,2015:22)。因此,有必要重视翻译在与"他者"和"异"的有效互动中,化解对抗、消除疑虑、增进共识,合作推动人类知识生成过程中发挥的重要作用。

(二)翻译主体维度

翻译行为具有多方参与、相互作用的特性,涉及翻译发起人、委托者、作者、译者、读者、审查者、制作者及所有相关机构,本身就体现协作精神。其中,最主要的翻译行为主体由译者(修辞者)和译文读者(修辞受众)构成。

译者作为修辞者,在当今时代通常不是以个人身份从事翻译,而是代表某个社会或官方机构(如企业、出版机构等),与主流意识形态联系紧密,机构性特点突出。如学者们所言:"随着译者的专业化,他们与机构的关系会变得越来越紧密,变得越来越组织化和制度化,根据主流群体的意识形态行事。"(Baker,2006:23—24;Zhong,2016:52)与此同时,译者又是能够积极作为的

---

[1] https://monabaker.org/tags/alif/[2019-9-8]。

[2] https://genealogiesofknowledge.net/2019/02/19/genealogies-of-knowledge-ii/[2019-9-8]。

行为主体,以专业性、理性和善意为其预期职业人格特征,旨在创造基于原文、具有自身独立特性、能够充分实现机构目的且体现翻译价值的新文本和新知识。

译文读者作为修辞受众,是翻译行为的另一个主要行为主体。英语中 audience(受众)一词来自拉丁语 audire,即"听"(hear),传统上指演讲或表演的听众或观众,或文本的预期读者①。但现实中的受众绝不只是"听"或"读"那么简单,而是具有主观能动性,能够对外界信息进行思考、评判、抉择,具有"思维性、阐释性、意义建构性的人"(邓志勇,2015:109)。这一点在面对处于另一个语言文化系统的受众所进行的翻译活动中体现得尤为突出。都说知识是通向真理的途径,但也可能成为抵达真理的最大阻碍。起阻碍作用的不一定只有自以为是的知识幻象或知识错觉,还有存在于价值、信念、需求等方面的已有知识和先期经验,它们往往会对通过翻译,在另一个语言文化系统中与新的受众共同创造新知识形成阻力。

译者和译文读者/受众两者之间不是主动被动的关系,而是互为行为主体,相互作用,"动态交换象征资源"(Hauser,2002:10)。虽然在翻译中,这种交换更多是隐性的,更多体现在译者围绕翻译目的,对读者语言、文化、心理、价值观、修辞惯例等方面预期和局限以及其他各种制约因素的了解、体会和因势而动。西方修辞研究中常见用 Transaction(交易行为)一词,将这种修辞双方的相互影响和相互作用称为"修辞交易行为"(Rhetorical Transaction)。这一比喻始于亚里士多德。他认为,所谓"修辞交易行为",包括三个基本要素:理性——代表作者在文本中揭示道理和逻辑的能力;人品——代表作者在文本中展现其可信度的能力;情感——代表作者对读者的吸引力。②但亚里士多德时代侧重的是修辞者单方面进行说服的努力;而在当代修辞研究话语中,这一概念已经推陈出新,更多指修辞双方基于平等地位的相互影响和相互作用,互利共赢。这一点还突出体现在肯尼斯·伯克(Kenneth Burke)的"认同修辞"(Identification)(Burke,1969)、韦恩·布斯(Wayne Booth)的"倾听修辞"(Listening Rhetoric)(Booth,2004)、索尼娅·福斯及辛迪·格里芬(Sonja K. Foss & Cindy L. Griffin)的"邀请式修辞"(Invitational Rhetoric)(Foss &

---

① https://www.thoughtco.com/audience-rhetoric-and-composition-1689147[2019-8-10].

② https://sites.google.com/a/carrolltoncityschools.net/advanced-composition/rhetoric/the-rhotrical-triangle/[2019-8-3].

Griffin，1995)等修辞互动新观念中，强调话语发出一方基于认同、倾听和讨论，努力与其受众达成共识，促进理解、对话与合作。

译者之于读者，不是高高在上、强制说服的关系，而是平等对话，了解、尊重和设身处地，积极运用语言资源，努力诱导其理解合作的关系。英语中"推绳子"(pushing on a string)的比喻可以很好地说明这一问题。该词来自经济领域，原指以货币政策刺激经济活动，就好比推绳子一样徒劳无功。后外延扩大，比喻为"在特定场合下，朝无用之处施加努力"或"要想施加影响，将事物朝某个方向拉比往反方向推会更加有效"①之意。绳子永远不能靠硬推而被推动，用多大的气力也是枉然，因为绳子是柔软的，只能拉动而不能推动。只有在拉动绳子的时候，才会产生张力，才可能产生力的转移。"走出去"翻译强加于人的硬译、硬推就像"推绳子"，结果必然是劳而无功或事倍功半。从这一点出发，我们的对外翻译有必要进一步加强对"为什么要翻译某个文本""预期阅读对象是谁"以及"如何让阅读对象看到和感知的能够与我们的出发点不相偏离"等问题的关注和思考，增加对受众端的多元考量，研究有针对性的因应途径，以有效争取其对我们立场观点和国情文化等的理解和认同，诱发其合作意愿。

(三) 译文话语维度

翻译修辞批评的译文话语维度与译本的产出过程和译作评论有关，重在考察和预测译者如何围绕翻译目的，调动修辞资源构筑译文话语，以及对翻译产品进行修辞解读。它有助于摒弃译作产生和评价仅限于一种预设(如"忠实原文"或"意识形态主导一切")的思维模式，代之以对翻译过程和译本各方因素和关系的充分考量，并在其基础上做出合理有效的选择和评估。

译文话语涉及特定意图、特定语境和特定受众，可以视为一种特殊的修辞论辩话语。在修辞理论话语中，"论辩"不是争吵，而是一种通过讲道理导致变化产生的"交流"，以一方试图使另一方确信某个立场、观点、看法具有可接受性为主要标志，致力于在"追求有效性和保持合理性之间维持平衡"(van Eemeren，2010:40;2015:349;2018:111)。所谓"合理性"指"用适合特定场景的理性方式"展开论辩，而"有效性"指论辩在受众端的可接受性，因为论辩者不仅希望自己的观点"被理解，还希望其被接受并采取相应行动"(ibid.，2010:

---

① https://www.investopedia.com/terms/p/push_on_a_string.asp[2019-8-7].

29，36）。"合理"不仅事关逻辑严密、可信，遵守规范，还需要情感、雄辩和其他诸因素的支持以达到"有效"。为此，范·埃默伦专门提出"机变"（strategic maneuvering）的概念，特指为取得上述平衡所做的努力（ibid.，2010：41；刘亚猛，2019：15）。由于译文话语跨语言、跨文化及其他诸多复杂特性，上述要点在翻译过程和译本评价中需要引起特别关注。因为一种文化中合情入理的论点对另一种文化中的受众而言可能有悖情理。译者（论辩者）不仅要考虑话语在译语中的"合理性"，还要考虑其对译语受众是否具有说服力、是否具备"有效性"。

意义是修辞研究的核心问题之一，也是围绕译文话语维度展开的翻译修辞批评重要议题之一。其首要关注在于译文话语对受众产生的象征意义符合翻译行为的动机要求，能够有效促成翻译动机的实现。在捍卫原文核心要素的同时，充分体现对受众的尊重和善意。我们都希望与谈话的对方说话真诚，体现善意。翻译修辞话语正是诉诸人类的这一共性，努力在说理论辩、情感诉诸、组篇布局等方面，将其建立在促成"相互理解和认同"（mutual understanding and commitment）（Hauser，2002：61）的基础之上。受众的变化意味着论辩形式的变化（Perelman and Olbrechts-Tyteca，1969）。这不仅指普遍意义上的译文话语形式要随与原语受众不同的译语受众的变化而变化，也指特定文本的话语形式与其特定预期受众的关系。例如，面对大众读者的文本，翻译时需注重译文语言使用策略的亲和与平民化，以利于其被大众读者理解与接受，有效实现翻译目的。

（四）翻译语境维度

翻译修辞批评对语境的研究主要围绕翻译的"修辞形势"（The Rhetorical Situation）展开，或者我们也可称之为翻译的"修辞语境"。"修辞形势"这一概念是罗埃德·比彻（Lloyd Bitzer）就修辞话语产生的形势及其对修辞话语的预期提出的思想，是当代修辞经典理论概念之一。比彻（1968：1—14；1998：217—225）认为，"修辞是改变现实的一种方式……修辞话语之所以产生，是因为受到某个状况或形势所触动引发"。根据其观点，"修辞形势"由三个基本成分构成：一是"缺失"（exigence），也就是通过修辞话语有望得到改善和解决的问题和缺憾，与修辞话语的"目的"有关；二是"受众"（audience），指能够被修辞话语影响、又能够对改变现实的进程进行干预的人；三是修辞局限（rhetorical constraints），由特定形势中的各种人、事、物、关系组成。由于这些因素能够制约改变缺失所需的决定和行为,因而成为修辞形势的一部分。后来的研究者进一步深入阐发了比彻的"修辞形势"思想,如基斯·格兰-戴维(Keith Grant-Davie)就提出,修辞者也应明确纳入"修辞形势"的组成部分(Grant-Davie,1997:269)。"修辞形势"事关"做出反应"(response-making)和"诱导反应"(response-inviting)(Herrick,2001:11)。修辞形势促使修辞话语产生,修辞话语则是对某个修辞形势做出的反应。比彻的这一分析和解说,如刘亚猛(2008:318)所言,超越了对"背景"或"语境"的传统理解,深化了我们对修辞过程的认识。

从"修辞形势"分析的角度开展翻译语境研究,可以使我们超越仅限于语言语境、情景语境或文化语境的传统语境观,而将翻译的特定目的、特定受众、语言因素、社会文化因素、场景因素,以及其他所有可能制约特定翻译选择的人、事、物、关系等,共同视作翻译的"修辞语境"加以关注,从而提高批评的现实性、客观性、多元性和有效性。

(五)语篇类型维度

语篇类型维度的翻译修辞批评主要通过对源语和译语在各自相似交际环境下形成的语篇特点进行对比、分析、评论,考察其在影响、诱导各自受众中发挥的作用,引发对不同语言中特定语篇类型所具有的不同组篇方式和特点的关注,在翻译过程中灵活调适,提升译文的合理性与有效性。

所谓语篇类型,指依赖于某种交际实践的制度/机构基本原理,能够在各主体之间识别出来的常规化惯例表现(van Eemeren,2015:844),亦即修辞双方都能识别和理解、具有某种交际目的并在内容及形式上显现出高度结构化和规约化的修辞话语(邓志勇,2015:271)。交际目的越是社会化和大众化,结构化和规约化的特点就越突出,反之则反。相比之下,文学话语是高度个人化的语篇类型,除了具有一般文学语篇的共性外(如多用富有情感的形容词),结构化和规约化特点并不明显;而非文学话语具有大众和公共性质,结构化和规约化的特点较为突出。语篇类型的形成是一个历史过程,一种交际主体适应修辞形势的产物,对其受众具有可识别性和影响力。具体到翻译,其形成更是一个地域和传统的过程,是交际主体适应本国特定社会文化环境和具体交际场合的产物。从翻译修辞旨在诱导理解合作的根本目的出发,批评需要充分考虑语篇类型特点与其发挥的社会功能和社会价值的关系。如,围绕公示语、校训或专利申请等规约化和结构化程度较高的语篇类型展开的翻译修辞批评,需要充分考虑其社会功能和社会价值,以及它们在源语和译语中的不同语篇特点和习惯组篇方式,不可仅囿于对语言本身翻译问题的探讨。

（六）策略运作维度

策略运作维度的翻译修辞批评与翻译修辞实践密切相关,重在审视、分析、考察、评论和预测现有译本和翻译实践过程中为实现某一特定目的所采用和适用的翻译修辞策略。揭示译者如何针对情势变化,采用包括直接表达、增补/凸显、释译/现代阐释、删译/遮蔽、以旧出新、套译、改译、重组等"机变"策略,灵活因应,积极作为。方梦之(2018:4)就提出,"翻译策略随宏观翻译理论的发展和微观技巧的积累而发展,具有开放性"。围绕策略运作维度展开的翻译修辞批评,能够为扩大和深化翻译策略研究带来积极意义。

即便是辞格运用,也不能认为它仅发挥了美化语言或提高语言效果的作用。早在20世纪二三十年代,著名修辞学家理查兹(I.A. Richards)就曾指出,"从根本上而言,隐喻是一种思想的互借与交流,是词意在不同语境中不同缺失部分的相互作用"(Richards, 1965:93—94)。它不仅是文体修辞手段,更是意义和思想的基石(Hauser, 2002:236—237)。一方面,辞格是社会文化的反映和表征方式;另一方面,它也是理解事物、建构现实的重要手段。通过翻译的修辞重构,可以在新的语境中面对新的受众建构和塑造现实社会文化。许多时候,辞格是策略选择的结果,可以起到推动修辞意图得以实现的增效作用。刘亚猛(2004:210)曾经指出,"修辞效果从来都只能通过修辞参与者和修辞文本在一定的'修辞形势'下的互动而产生,即便是辞格的应用,也只是促成、推动和支撑发生于这些基本成分之间的那个互动过程的众多手段之一"。围绕辞格运用策略展开的翻译修辞批评,重在对比、分析其在源语和译语中的修辞功能、价值以及对促成实现特定翻译目的的关联性,慎重选择其在译文中的呈现方式。换言之,辞格所具有的策略性增效作用,对人的态度、行为生成的影响力,一旦需要通过翻译,面对新的受众,在另一种语言、文化环境中发挥其符合翻译行为动机要求的作用,则需要译者考虑各种相关复杂因素,思考如何理解、选择、处理源语中的辞格手段以实现其诱导译文读者理解与合作的目的。因为辞格表达的策略性必然涉及社会文化、价值观、意识形态和语言使用习惯问题,这些都是翻译修辞批评需要纳入考虑的。

四、结语

以上探讨了翻译修辞批评的几个维度。它们之间并非互不相关的独立存在,而是基于一个共性,即都是以争取共识、诱导和促进理解、团结与合作为基本理念和最终目标开展翻译批评。换言之,翻译修辞批评并不以成功诱导说服的结果为主要关注对象,相反,它更侧重和关注在翻译过程中孜孜以求受众的认同,进而促进翻译预期目的的实现,促进理解与合作。在这一点上,翻译修辞批评不仅丰富了翻译批评的可为空间,在当今时代和当今中国更有其不容置疑的意义和作用。

参考文献

陈小慰:《"翻译修辞学"之辨与辩》,《中国翻译》,2019年第3期。

陈小慰:《"亲和翻译":提升公共翻译"有效性"的一个策略》,《上海翻译》2019年第4期。

陈小慰:《中国文学翻译"走出去":修辞形势及因应之策》,《解放军外国语学院学报》2019年第5期。

邓志勇:《当代美国修辞批评的理论与范式研究》,中国社会科学出版社2015年版。

方梦之:《中外翻译策略类聚——直译、意译、零翻译三元策略框架图》,《上海翻译》2018年第1期。

顾曰国:《当代语言学的波形发展主题——语言、符号与社会》,《当代语言学》2010年第3期。

刘亚猛:《追求象征的力量:关于西方修辞思想的思考》,生活·读书·新知三联书店2004年版。

刘亚猛:《西方修辞学史》,外语教学与研究出版社2008年版。

刘亚猛:《修辞与论辩栏目主持人语》,《当代修辞学》2019年第1期。

马红军:《翻译批评散论》,中国对外翻译出版公司2000年版。

杨晓荣:《翻译批评导论》,中国对外翻译出版公司2005年版。

周仪、罗平:《翻译与批评》,湖北教育出版社1999年版。

Andrews, Richards, *A Theory of Contemporary Rhetoric*, New York: Routledge, 2014.

Aristotle, *The Art of Rhetoric*, Translation and index by Roberts, W. Rhys Megaphone eBooks, www.wendelberger.com. 2008.[2018-5-2]

Baker, Mona, *Translation and Conflict: A Narrative Account*, London: Routledge. 2006.

Bitzer, Lloyd F., "The Rhetorical Situation", *Philosophy & Rhetoric*, Winter 1968, 1(1), in J. L. Lucaites, C. M. Condit & S. Caudill(eds.) *Contemporary rhetorical theory. A reader*, New York: Guilford Press, 1998.

Boase-Beier, Jean, *Critical Introduction to Translation Studies*, London: Continuum,

2011.

Booth, Wayne C., *The Rhetoric of RHETORIC—The Quest for Effective Communication*, Cambridge: Blackwell Publishing, 2004.

Burke, Kenneth, *A Rhetoric of Motives*, Berkeley and Los Angeles, California: University of California Press, 1969.

Foss, S. K., & Griffin, C. L., "Beyond Persuasion: A Proposal for an Invitational Rhetoric", *Communication Monographs*, 1995, 62(1).

Grant-Davie, Keith. "Rhetorical Situations and Their Constituents", *Rhetoric Review*, 1997, 15(2).

Gu, Ming Dong & Rainer Schulte, *Translating China for Western Readers: Reflective, Critical, and Practical Essays*, Albany: State University of New York, 2014.

Hauser, Gerard A., *Introduction to Rhetorical Theory*, Long Grove, Illinois: Waveland Press Inc., 2002.

Herrick, James A., *The History and Theory of Rhetoric: An Introduction*, Boston: Allyn and Bacon, 2001.

Hewson, Lance, *An Approach to Translation Criticism: Emma and Madame Bovary in Translation*, Amsterdam/Philadelphia: John Benjamins B.V., 2011.

Perelman, Chaim & Olbrechts-Tyteca, Lucie, *The New Rhetoric: A Treatise on Argumentation*, Notre Dame & London: University of Notre Dame Press, 1969.

Richards, I. A., *The Philosophy of Rhetoric*, New York: Oxford University Press, 1965.

van Eemeren, Frans H., *Argumentation Theory: A Pragma-Dialectic Perspective*, New York & Dordrecht & London: Springer, 2018.

van Eemeren, Frans H., *Reasonableness and Effectiveness in Argumentative Discourse*, New York & Dordrecht & London: Springer, 2015.

van Eemeren, Frans H., *Strategic Maneuvering in Argumentative Discourse: Extending the Pragma-Dialectical Theory of Argumentation*, Amsterdam/Philadelphia: John Benjamins, 2010.

Venuti, Lawrence, *Translation Changes Everything: Theory and Practice*, London & New York: Routledge, 2013.

Zappen, James P., *The Rebirth of Dialogue: Bakhtin, Socrates, and the Rhetorical Tradition*, Albany: State University of New York Press, 2004.

Zhong, Yong. Translate Live to Generate New Knowledge: A Case Study of an Activist Translation Project, *Translation Spaces*, 2016, 5(1).

修辞学教育:关于中西修辞互鉴的思考

邓志勇*

所谓修辞学教育,是指对修辞学的历史、修辞学理念及理论体系、修辞学理论的运用,以及与修辞学相关知识的系统化教育。一般而言,有什么样的修辞观就有什么样的修辞学教育;在不同的修辞观下,修辞教育的内容、方式都可能不一样。在广义修辞观(或大修辞观)下,修辞学教育涉及面甚广,不仅涉及言语符号,还涉及非言语的符号;在狭义的修辞观下,修辞学教育涉及面小,主要局限于语言的使用,基本不涉及非语言的符号。在当下,我国实施"中华文化走出去"战略及"一带一路"倡议背景下,修辞学教育显得尤为重要,而这个方面国外的修辞学教育值得我们学习与借鉴。

西方修辞学教育历史悠久,有两千多年的历史,最早可以追溯到古希腊。当时所谓的Sophists("智者"或"诡辩师")就是游走于各地以教授修辞学(主要是言说技巧)而谋生的教师,只不过他们的修辞学教育主要以蛊惑人心的修辞技巧为主要内容。那时修辞学集大成者亚里士多德与修辞学教育家苏格拉底分别开办修辞学学校,并形成了激烈的竞争态势。到古罗马时期,西方修辞学教育更是达到了一个历史高峰,成为公民教育的一个重要方面。之所以这样,一个重要原因是修辞学与伦理价值密切相关。如亚里士多德(1954)所说,要劝说人,最好要让听众认为你是一个理性睿智、道德高尚、待人友善的人。修辞学教育家昆体良主张社会要培养能说会道的好人或擅长言说的好人(其修辞教育理念又被称为"好人理论")(Corbbet & Connors,1971)。在公民教育中,这种理念显然是十分重要的,也正是这种伦理价值的方面,使修辞学教育成为公民教育的一种手段和重要内容。公民教育是培养具有公民意识、道

---

* 邓志勇,上海大学外国语学院教授、博士生导师,研究方向:西方修辞学、中西修辞比较、语言学、语体学等。

德意识、社会责任、法制精神并具有良好的语言沟通能力的人；修辞学聚焦公众生活中的社会问题及其解决方案，促进社会和谐，这是修辞教育与公民教育的契合点。个体的人之所以能够成为社会公民，成为社会化的、具有道德价值的人，是通过修辞的运作而达到的，修辞是个体的自然人通往社会公民的途径和桥梁。在中世纪的英国，修辞学成为与逻辑、文法并驾齐驱的文科三门主课之一，可见修辞学教育与公民教育的紧密结合，凸显了修辞学的社会功能。

国外修辞学教育受重视的程度，从美国20世纪初开始到现在的修辞学人才培养情况中可见一斑（Chapman & Tate, 1987; Brown, Meyer & Enos, 1994）。1903年密歇根大学的修辞学从英语系中独立出来，成立单独的修辞学系；1967年爱荷华大学英语系设立修辞学博士点，1970年授予修辞学博士学位；1987年美国37所大学设了修辞（与写作）博士点。现在修辞（与写作）学位点在美国大学中很普遍，有的大学专门设修辞学系或修辞学与写作系，如美国加州大学伯克利分校专设了修辞学系，雪城大学设立了传播与修辞学研究系。一般而言，美国大学中教授修辞学的部门包括修辞学系、修辞学与写作系、传播与修辞学研究系、演讲系、传播系、英语系等。与修辞学人才培养遥相呼应的是，美国以刊登修辞学研究成果为主要特色的学术刊物众多，如《言语季刊》《修辞评论》《哲学与修辞学》《美国修辞学会》（会刊）和《论辩与主张》《西部演讲传播杂志》《演讲专刊》《传播专刊》《南方演讲传播》《中部州演讲杂志》《南方州演讲杂志》《南方传播杂志》《西部演讲》《传播研究》《传播杂志》《传播理论》《传播季刊》《大众传播批评研究》《大学写作与传播》等。

在我国实施"中华文化走出去"战略及"一带一路"倡议的背景下，国外的修辞学教育对我国具有重要借鉴意义。首先，从理念上，要树立大修辞观。在西方修辞学教育两千多年的长河中，尤其是自20世纪60年代以来，修辞学的疆域已经拓展至一切人类行为（Burke, 1950）。国内大修辞观尚未占据主导地位，要让其成为普通民众的共识，还有很长一段路要走。没有大修辞观作为理念支撑，修辞学的社会功能得不到足够的重视，修辞学教育难免会沦落到无足轻重的地位。大修辞观与当前我国学科分类中修辞学的学科定位不相适应，修辞学在国内通常被视为下属于现代语言学的一个学科，与语音学、词汇学、句法学、语义学、语用学并列，其背后逻辑理据是"修辞学是关于语言运用的学科"，但是语言使用难以涵盖其他非语言的符号的修辞行为，如图画、影视、音乐、建筑、手势等（Bruke, 1966）。从历史上看，这种定位也不妥，因为现代语言学只有200多年的历史,而(西方)修辞学历史长达两千多年。鉴于此,有必要重新审视并定位修辞学学科。

其次,重视修辞学教育在高等教育中的作用和地位。在我国高校中鲜有专门的修辞学的学位点(硕士或博士),从事修辞学研究的学生拿的学位是属于其他学科的,如中国语言文学或外国语言学及应用语言学等(我国的初等教育中虽然提及修辞学知识的传授,但所谓的修辞学知识一般只局限于辞格之类的美词运用或美句建构)。当下高等教育强调新文科理念,就是要克服传统文科的局限性,服务国家战略,迎合学科之间交叉与融合的发展态势,包括文科之间、文理之间、文工之间、文医之间的交叉与融合,促进跨学科研究,提高人才培养质量,达到"人"与"专业人"的统一。在这个方面,修辞学教育的意义更加凸显:(1)修辞学触角已经延伸到所有学科,涉及所有人类行为,而不仅是人们所说的诸如辞格之类的语言技巧,开展修辞学教育有助于学生综合素质的培养。(2)修辞学基于或然性,其典型特征是对问题的正反两方面进行论辩(Murphy,1983)。修辞学强调对特定情景进行分析,审时度势,发现问题、解决问题。修辞学关注可利用的劝说或影响人的资源,如言语的、动作的、图像的、多模态的、数码的。所以,修辞学教育对批评性思维能力、修辞敏感性和洞察力的培养十分有益。(3)修辞运作的一个基本原理是"锚机制"(邓志勇,2017),与外交领域常说的求同存异不谋而合,因此修辞学教育与跨文化沟通能力、对外传播能力的培养十分契合。

在20世纪30年代,陈望道(1997)汲取西方修辞学的思想建立了现代汉语修辞学,为中华文明发展做出了巨大贡献。如今,站在新的历史起点上,在世界经济全球化的时代,在"中华文化走出去"战略及"一带一路"倡议的背景下,中国修辞学界者肩负新的光荣历史使命,任重而道远。

参考文献

Aristotle, *Rhetoric*, New York: Random House, 1954.

Brown, S., P. Meyer & T. Enos, "Doctoral Programs in Rhetoric and Composition: A Catalog of the Profession", *Rhetoric Review*, 1994(2).

Burke, K., *A Rhetoric of Motives*, Berkeley: University of California Press, 1950.

Burke, K., *Language as Symbolic Action: Essays on Life, Literature and Method*, Berkeley: University of California Press, 1966.

Chapman, D. & G. Tate, "A Survey of Doctoral Programs in Rhetoric and Composition", *Rhetoric Review*, 1987(2).

Corbett, E. & R. Connors, *Classical Rhetoric for the Modern Student*, New York: Oxford University Press, 1971.

Murphy, J., *A Synoptic History of Classical Rhetoric*, Davis: Hermagoras Press, 1983.

陈望道:《修辞学发凡》,上海教育出版社1997年版。

邓志勇:《修辞运作的"锚现象"与修辞学的重要特征》,《当代修辞学》2017年第2期。

年会论文选

强化、认定与反预期:当代新兴构式"真·X"

蔺 伟*

摘要:当代新兴构式"真·X"通过强化"X"的概念内涵来表达对某一范畴典型的强主观认定。X 多由名词性成分和谓词性成分充当,具有指人、指物、指事、指性和指状等语义类型以及直感性、焦点性、语境依赖性等语用特征,在新闻标题中多与背景事件构成"事件—评价"和"评价—事件"两种语篇模式,也可单独用作标题。"真·X"的生成动因是精确化效应,固化机制主要是构式压制,其功能扩展则与主观化密切相关。构式所具有的反预期、多功能以及双突显与陌生化的语用效果,较好地推动了它的传播与流行。

关键词:强化;精确化;压制;主观化;反预期

一、引言

近几年,网络新闻标题常使用新兴构式"真·X",这一构式由常项"真"和变项 X 组成,针对特定事件或现象,通过"真"对 X 的概念内涵进行强化来表达对某一范畴典型的强主观认定,以此实现对新闻事件中人、物、事的评价。跟"真(的)X"这种常规结构不同,构式"真·X"通过"·"符号将"真"和"X"隔开和并置,对两者予以认知上的同时突显,例如:

(1) 真·大型吃播现场!"大宝贝"连续 4 天打卡深圳,看到别"鲸讶"!(腾讯网,2021-7-3)①

---

* 蔺伟,浙江大学汉语史研究中心博士生。
① 本文的语料皆来自百度资讯搜索,时间截至 2021 年 8 月 3 日。

例(1)"真·大型吃播现场"大意为"(相比平常人们所见到或了解的大型吃播现场)这(才)是真正的、最典型的大型吃播现场",它将"真"和"大型吃播现场"并置并予以同时突显,"真"传达说话人的态度与情感,"大型吃播现场"则是一个负载或激发相应态度或情感的概念命名,两者共同处于说话人的聚焦范围。这种整体意义或功能不能从其组成部分得到完全预测的形义配对体,符合格林伯格(Goldberg, Adele E., 1995:4)对构式的基本定义。鉴于目前学界还未见对这一构式的细致研究,本文拟采用自下而上和自上而下相结合的方法对其进行全面描写和分析,具体思路为:(一)分析"真·X"的构式成分,在此基础上总结构式整体的语用特征与构式义;(二)从生成动因、固化机制、扩展动因等3个方面来揭示"真·X"的生成与演化规律;(三)在与常规结构"真(的)X"进行比较的基础上,分析"真·X"的语用效果与流行动因。

二、"真·X"的构式成分、语用特征与构式义

(一)构式成分

对"真·X"构式成分的解析,我们主要从两个方面着手:一是通过追根溯源与横向比较,对常项"真"作合理定性;二是围绕句法性质、语义类型和信息属性对变项X进行描写分析。

1. "真"的定性

"真"是日语中常用的一个接头词,即附加于单词的前面,起强调典型性的作用,比如用在动植物名词前面有"最标准的、纯种的"之意,如真鲤(通常指黑鲤鱼)、真竹(通常指斑竹)等。"真·X"结构最早出现于日本游戏领域,如《真·三国无双》《真·女神转生》等,通过"真"对原初概念的强化来表现认识上的深化并以此实现再范畴化(re-categorization)。比如《真·三国无双》是在初代格斗类游戏《三国无双》基础上改组产生的,虽沿用了"三国无双"的名称,但与原《三国无双》有着较大不同,因此,开发商在原先的名称上加了一个词头"真",并通过"·"符号将"真"与该游戏名称并置凸显,形成一种特有的命名模式,意为"真正的、最典型的《三国无双》"。正是这种游戏命名模式使得"真·X"结构得以在日语中成型,随后在ACG爱好者的传播下,快速从用于游戏命名发展到用于游戏以外的其他商品命名。①传入汉语后,"真·X"在语义类型和语用功能上又得到了进一步发展。例如:

---

① ACG是动画(Animation)、漫画(Comics)、游戏(Games)的总称。

(2) 真·旷世奇才！语言大师赵元任60年前录音曝光,网友慕了:果然天才都是天生的(新浪网,2021-7-3)

(3) 惠普发布不足1kg的笔记本电脑,真·便携(网易,2021-7-3)

上面两个例子中,"真·旷世奇才"是说话人主观认定赵元任是真正的、最典型的旷世奇才,"真·便携"是说话人主观认定惠普新款电脑的特征是真正的、最典型的便携。其中的"真"有较大的特殊性,它在某种程度上类似现代汉语区别词,但又比典型的区别词更具主观性,这里将这种独特的功能性成分定性为"强化标记"(intensifying marker)。①

2. "X"的句法性质、语义类型及信息属性

(1) 句法性质与语义类型

构式"真·X"的变项"X"具有多种句法性质,相应的语义类型也较为丰富,可以是词和词组或固定结构。其中,词和词组有名词性的、动词性的和形容词性的,且以名词性成分为常。从语义类型上看,名词性的X主要有指人类[如例(4)]、指物类[如例(5)],动词性的一般是指事类[如例(6)],形容词性的主要是指性类[如例(7)],也有一部分是指状类[如例(8)]。

(4) 真·甜妹！刘浩存罕见高中毕业照曝光头戴皇冠露甜笑(北青网,2021-7-3)

(5) "恐龙"出没！佛山新晋自然科学馆,真·快乐星球！(佛山发布,2021-7-13)

(6) 真·炸裂！近距离感受实弹射击满屏烈焰(中国军网,2021-7-17)

(7) 真·优秀！女报专访四位罗德奖学金获得者(新浪网,2020-1-6)

(8) 真·门当户对！新婚夫妻是门对门邻居,回娘家只用2秒(北青网,2020-10-27)

除了词和词组,一些固定结构也常出现在构式"真·X"中,例如:

---

① Quirk(1985:438)、Labov(1984:43)等将英语中 really、absolutely 等有量级强化作用的成分称作"强化词"(intensifier),本文之所以不采用"强化词"的说法,主要是因为从"真·X"的类推性、能产性和位置上的固定性来看,"真"有一定的词缀化趋势。

(9) 云南小象新睡姿上热搜，真·蹬鼻子上脸！何时能"回家"？专家：大约在冬季(《都市快报》,2021-6-14)

(10) 浙江一家中积水没过脚,大叔仍淡定坐水里吃饭：真·民以食为天(腾讯网,2021-7-27)

以上"蹬鼻子上脸""民以食为天"都是熟语性质的固定结构,表示一种性质或状态。

(2) 信息属性

由于"真·X"的使用是以X为前提,人们对"真·X"的理解也是基于X的相关背景知识,因此X属于已知信息,具有较高的认知上的可及性(accessibility),在交际中能被迅速激活。根据我们的考察,X一般为日常生活用语[如例(11)]或传播度较高的大众流行用语[如例(12)],又或是家喻户晓的熟语[如例(13)],其可及性特征符合关联理论的"交际最佳相关假设"。①

(11) 真·明星！大衣哥父子现身无保镖护驾,直接蹲坐地上超接地气(腾讯网,2019-12-10)

(12) 白德牧和边牧领结婚证冲上热搜,网友：真·撒狗粮！酸了……(腾讯网,2021-7-17)

(13) 走失萌娃在派出所被"疯狂投喂",真·"有困难找警察"(新京报,2021-7-1)

(二) 语用特征

"真·X"在语用特征上突出体现在直感性、焦点性和语境依赖性三个方面。

1. 直感性

"真·X"作为以强化为手段的评述构式,具有较强的直感性。"真·X"的使用多是说话人受具体情景触发内心情感而产生评价动力,也就是说,这种构式表达是与说话人的认知体验同步的,表征一种即时的言语行为。例如：

---

① 据熊学亮(2000),"交际最佳相关假设"包含两个方面：一是语言显现相关的刺激性,足以使受话人所作出的话语信息处理努力产生效果；二是语言显现的相关刺激如果与受话人的能力和爱好一致,即可视为最相关的。

(14) 景甜出席活动的生图也太能打了吧！大甜甜真·人间富贵花！（新浪网,2021-7-13）

例(14)是说话人对景甜出席活动的生图所表现出来的优越气质做出的即时评价,呈现了说话人的直接感知(direct perception)。①在网络新闻标题中,"真·X"通常都是以光杆形式使用,其中隐含了一个主语性质的指示词"这",如例(15)"真·野性消费"便是主语隐含,可看作独词句(independent clause),其正常表述应该是"这是真·野性消费"。有时说话人也会明确以"这"作为索引(index)使言谈对象跟目标范畴直接关联起来,从而出现例(16)这种模式。例(16)若去掉"这"和判断词"是"并不影响构式"真·X"的表意,"这"在这里的主要作用是明确"真·X"的主体指向,并突显说话人的现场体验。如：

(15) 真·野性消费！800多万人冲进鸿星尔克和贵人鸟直播间（人民资讯,2021-7-25）

(16) 中国姑娘划太快直播画面只剩一艇,网友:这是真·断层第一（观察者网,2021-7-28）

另外,在网络新闻报道中,"真·X"不论以光杆形式还是以句子成分的形式出现,多半带有强烈的感叹语气,如例(4)—(9)"真·X"都是作为感叹句使用。

2. 焦点性

受直感性特征的影响,"真·X"在语篇中体现出较强的焦点性。焦点在本质上是一个话语功能的概念,它是说话人最想让听话人注意的部分（徐烈炯、刘丹青,2018:81）。"真·X"作为说话人想要重点传达给听者/读者的信息,其所在句子一般是做语篇中的前景句。例如：

(17) 河南村民自建野外迪厅蹦迪,既锻炼又娱乐,网友调侃:真·蹦

---

① 这种直接感知与汉语副词"真"的隐含特征有些接近,王芸华(2020)指出"真程度"具有[+现实性][+亲历性][+惊诧性]等特征,我们认为这些也是"直感性"的表现。

野迪(北晚新视觉网,2021-2-19)

例(17)是先叙述背景事件,再引出网友对该事件的评价,这种"事件—评价"语篇安排,符合"背景—前景"的常规信息推进模式。"真·蹦野迪"作为对前述事件的总结性评价,是整个语篇的焦点信息。

不过值得注意的是,在实际新闻语料中,我们发现,构式"真·X"更多的是出现在新闻标题的前半部分,相关背景事件则放在了"真·X"的后面,呈现"评价—事件"这样的特殊语篇模式,如:

(18)真·民间高手!宁波农民酒缸上雕出"十二生肖"(新浪,2021-7-29)

(19)真·国货之光,鸿星尔克濒临破产仍捐款5 000万,引来网友爆赞(腾讯网,2021-7-27)

(20)真·神秘力量!石智勇不断刷新奥运纪录强势拿下第12金(网易,2021-7-28)

(21)真·悲欢不相通!苏格兰球迷庆祝英格兰队丢冠(新浪,2021-7-12)

以上几个使用构式"真·X"的新闻标题都是采用的"评价—事件"模式,"真·X"位于标题开头作为评价语,背景事件位于标题后半部分作为对"真·X"做具体的解释说明。它跟"事件—评价"语篇模式所传达的命题内容是一样的,从这个角度上说,两者可以互换。网络新闻标题更倾向于采用"评价—事件"模式,主要是为了方便迅速调动读者的知识经验,引发情感共鸣,并吸引读者关注后续信息内容。由于其本身就包含了主体视角和言者立场,在具体语境中依然会凸显成为焦点(姚双云,2021)。

另外,网络新闻中也存在"真·X"单独用作标题的情况,如:

(22)真·铠甲勇士!(腾讯网,2020-12-31)

例(22)讲述的是河北张家口消防员冒着−20 ℃的严寒在室外做高强度灭火任务导致衣服冻成冰甲的事情,"真·铠甲勇士"作为作者针对该事件对消防员作出的评价而被单独用作标题,新闻事件的本体信息却被压制。

3. 语境依赖性

构式"真·X"是针对特定事物或事件的概括性评价,语境依赖较大。作为一个表示强化、认定并突显强烈情感的构式,受标题信息容量的制约,"真·X"指向的客体或事件常是不明确的,有时还出现反常规使用,这便需要读者根据文本或视频等延伸渠道获得信息补偿。如例(23)"真·躲猫猫"是一个生活视频的标题,如果不看视频内容,读者很难准确识解该标题的具体含义。

(23) 真·躲猫猫(B 站,2020-5-30)

(三) 构式义

在对构式成分和构式的语用特征充分描写的基础上,我们将"真·X"的构式义概括为:说话人在现实情境触发下,通过强化概念内涵来表达对某一范畴典型的强主观认定。这一构式义决定了构式的使用限制:(1)不能用于推断、假设、将来等非现实情境。如"真·神仙打架"只能用于例(24)a 这种现实情境,而例 b、c、d 说法则不成立。

(24) a. 真·神仙打架!中国男子体操遗憾获得铜牌,只差金牌 0.606 分(上游新闻,2021-7-26)
　　*b. 这届比赛可能是真·神仙打架,你一定要去看。
　　*c. 如果这届比赛是真·神仙打架,你去不去看?
　　*d. 明天的比赛将会是真·神仙打架,你一定要去看。

(2) 不能用于二手信息。信息在来源上有直接来源、间接来源的分别。构式"真·X"在传信上只能是一手信息,不能是二手信息。同样以"真·神仙打架"为例,例(24)e 这种形式是不允准的。

　　*(24) e. 我听说这届比赛是真·神仙打架。

(3) 不能用于否定。构式"真·X"是通过强化概念内涵来表达主观认定,这自然就意味着它不能用于否定,因此例(24)f"并+否定词+真·X"这种回应用法通常是不被接受的。

(甲和乙一起在现场观看比赛,甲受现场情境触发而发出评价和感叹)
*(24) f. 甲:真·神仙打架!
乙:并不是真·神仙打架!

三、"真·X"的生成、固化与功能扩展

作为一个颇具个性特征的新兴构式,"真·X"的生成和演化,除了受语言接触的直接影响之外,还具有一定的生成动因、固化机制和扩展动因,下面我们分别从精确化效应、构式压制和主观化来分析。

（一）精确化效应与"真·X"的生成

从最初用于游戏领域到后来向其他领域的扩张,构式"真·X"的使用从根本上来说都是因为"精确化效应"(precision effects)的促动。

在日常生活中,人们的语言多是不精确的,常会说一些自我认为并不完全准确但又足够接近事实的话语,但在多数情况下,这种非精确的表达并不会影响交际。莱塞森(Peter Lasersohn,1999)将这种现象称为语用松弛(pragmatic slack)。例如:

(25) Mary arrived at three o'clock.

例(25)这种句子在交际中并不必然表达"玛丽正好在三点钟到达"这样的意义,它通常允许一定的松弛性,比如玛丽在三点四十秒才到达。而如果非要严格表达"玛丽正好在三点钟到达",一般需要使用例(26)这样的句子:

(26) Mary arrived at exactly three o'clock.

显然,例(25)和例(26)的差别就在于强化词"exactly"的使用。在英语中,像exactly、perfectly这些词,通常会起到一个"松弛调节器"(slack regulator)的作用,通过调整"语用晕圈"(pragmatic halo)来获得特定情境下的精确化效应。①

---

① 所谓"语用晕圈"是指,一个表达式 α 在语境 c 下会关联一组与 α 的指称相一致的对象,这些在语用上可忽略差别的对象按照离 α 的距离远近围绕 α 形成有序的晕圈[详细参见 Lasersohn(1999)],而"精确化效应"的获得则是通过收紧语用晕圈,排除那些距离 α 所指较远的对象。

"真"在"真·X"中也起到一个松弛调节器的作用。在特定情境下,说话人如果认为"X"的表达不够准确,便会使用强化标记"真"来强化"X"的概念内涵、缩小其所指范围,以表明言谈对象对"X"内涵的无限接近,这种对"精确性效应"的强烈追求衍生出了坚定不移的主观评价立场。如例(27)"真·女排精神"是说话人受朱迅在奥运现场某句话的触发而生发的感叹和评价,认为这一幕是真正的、最典型的女排精神;例(28)"真·隐秘而伟大"是说话人因为看到军人的一张罕见照片而生发的感叹和评价,认为这是真正的、最典型的隐秘而伟大。

(27) 朱迅这句"咬牙挺住啊",真·女排精神!!!(腾讯网,2021-7-31)
(28) 真·隐秘而伟大!这张没有露脸的照片,全网刷屏致敬(央视频,2021-4-18)

(二) 构式压制与"真·X"的固化

随着"真·X"在一些领域的逐步流行,它慢慢不再局限于常规的命名用法,即"真"所强化的符号形式不再局限于名词性成分,而是对一些谓词性成分也产生兼容性。在这一过程中,起着重要作用的是构式压制。

图式构式的固化离不开一定的例频率(token frequency),而例频率又通常取决于构式在交际中功能价值的显现。当构式的交际价值受到人们关注,在功能与需求不能完全适配的情况下,便会通过压制来突破使用上的限制,以使表意功能得到更充分的发挥。

在日语的"真·X"结构中,"X"只能是表示游戏、作品、商品等事物名称的名词,传入中国之后,在网友们强烈的表达需要和创新追求下,出现功能限制和无限需求之间的冲突。当"真·X"在固化过程中新填充进入的"X"偏离原结构式中"X"的语法性质时,构式的原始形义关系会从整体上对新进入的"X"进行一定程度的调整。这种调整具体体现为指称化(referentialization),即当谓词性成分进入构式之后,会弱化陈述性,获得指称性。例如:

(29) 真·武装到脚!这双鞋可以和自行车脚踏板合体?(腾讯网,2021-8-2)
(30) 真·远程办公!英国接线员把自己"挂"悬崖上办公(看看新

闻,2021-5-3)

"武装到脚"是一个谓词性成分,但在例(29)"真·武装到脚"中,它不再表示一个具体的动作行为或状态,而是指称一种情况,是说话人对特制鞋子跟自行车脚踏板合体给出的一种认定式评价。类似地,例(30)"远程办公"也不再表示一个具体的动作行为,而是说话人对英国接线员在悬崖上办公这一事件给出的一种认定式评价。这种指称化压制,源于日语原型构式的命名功能,如施春宏(2015)所言,构式的原型性是导致构式形成和拓展过程中出现压制现象的根本动因。

(三)主观化与"真·X"的功能扩展

作为广受网友和网络媒体欢迎的网络流行用语,构式"真·X"在形成和固化之后,并没有停止演化,而是继续发生功能扩展,进一步满足大众的表达需求,这种功能扩展在X的形式和意义上均有体现。

1. X由名词性成分、谓词性成分到小句和复句

当下"真·X"的变项X除了是名词性成分和谓词性成分之外,还可以是小句和复句,例如:

(31)真·文体不分家,TA们竟然是一家人?(腾讯网,2021-7-29)
(32)数学女博士奥运会摘金!用数学知识自己训练,网友:真·学好数理化,走遍天下都不怕(网易,2021-7-27)

例(31)"文体不分家"是一个小句,表示一个直陈命题,但"真·文体不分家"不再是常规的断言,而是说话人对奥运冠军跟演员黄晓明是亲戚这一情况给出的一种认定式评价。例(32)"学好数理化,走遍天下都不怕"是一个条件复句,但进入"真·X"之后,便不再表示一种单纯的事理关系,而是说话人对奥运冠军用数学知识帮助自己训练这一情况给出的一种认定式评价。这种扩展类型属于句法属性上的扩展。

2. X由常规的语义识解到反常规的语义识解

受原日语命名表达式"真·X"的影响,当代汉语新兴构式"真·X"起初只作常规的语义识解,如例(2)、例(3)、例(4)、例(7)等。但随着大众语用需求的升级,其语义识解开始出现反常规的情况。当规约性很高的X(如惯用语、成

语等)进入构式时,人们倾向于对"X"作反常规的认知处理,强制消解其常规义、内涵义,凸显其字面义、表层义,例如:

(33) 真·口水仗,因争抢客源起争执,2男子当街摘口罩互吐口水(掌上微社评,2021-6-24)

(34) 真·对牛弹琴!丹麦一位校长找到了不同寻常的观众(中国新闻网,2021-7-2)

(35) 真·大跌眼镜!美国选手入水瞬间泳镜被冲掉,挂在嘴里完赛(果壳网,2021-8-1)

(36) 漫话欧洲杯丨真·死亡之组!法国、德国、葡萄牙轮番"阵亡"(网易,2021-7-2)

上面几个"真·X"中,X都是用的字面义、表层义,而非常规义、内涵义。如"口水仗"现指用言语进行攻击或进行激烈的论辩,但在例(33)中仅指用吐口水的方式互相攻击;"对牛弹琴"现指对不能理解的人白费口舌,但在例(34)中仅指对着一群牛弹琴。同样,"大跌眼镜"本是指对于出乎意料的结果或不可思议的事物感到惊讶,但在例(35)中仅指眼镜掉落;"死亡之组"本是指比赛中成员实力都很强的那种组合或队伍,但在例(36)中仅指成员全部阵亡的那种组合或队伍。这种扩展类型属于语义识解方式上的扩展。

3. X由非谐音成分到谐音成分

当在特定情境下找不到适合的概念时,说话人会在构式"真·X"中临时构建一个与既有概念语音形式相同或相近的新概念,这一做法虽牺牲了部分语义上的理据性,但能从听觉上使X的可及性得到提升,使构式和相应概念前提的关联得以维系。徐默凡(2015)称这种现象为"谐音命名"。例如:

(37) 狂揽奥运会3金1银,江浙沪真·包游(《时代周报》,2021-8-3)

(38) 内娱第一人!吴亦凡被刑拘后遭中国全网封杀!真·查吴此人了(网易新闻,2021-8-3)

以上两例"真·X"中的"X"都是说话人为提高可及性而采用的谐音符号,例(37)通过与"包邮"谐音来有效提高临时构建的概念"包游"的可及性,从而使其可以顺利进入"真·X"构式,表达"包揽游泳奖项"的意思;例(38)同样是通过与"查无此人"谐音来有效提高说话人临时构建的概念"查吴此人"的可及性,从而使其可以顺利进入"真·X"构式,表达"吴亦凡被全网封杀"的意思。当然,为了增强与背景事件的关联性,说话人在构建新概念时,有意选取了背景事件中的核心要素,如"包游"的"游"提示了跟奥运游泳比赛的关联,"查吴此人"的"吴"提示了跟事件主要人物吴亦凡的关联。这种扩展类型属于音义关系上的扩展。

4. X 由表示本体概念到表示比喻概念

在构式"真·X"功能扩展过程中,"真"强化的概念除了是本体概念,还可以是一个比喻概念。如:

(39)抬头看,真·棉花糖!(半岛新闻,2021-7-23)

例(39)"棉花糖"是由云朵衍生出来的一个比喻概念,编码的是一种"不可能特征"(刘大为,2016),说话人通过"真"来对棉花糖的概念内涵进行强化,在此基础上主观地认定语境中的云朵是真正的、最典型的棉花糖。这种扩展类型属于概念域上的扩展。

那么构式功能扩展的机制是什么呢?我们认为是主观化(subjectification)。[①]邵敬敏(2017)指出,共时层面的主观化,通常是通过词汇、句法这两条常规途径。我们认为,这两条途径在构式"真·X"功能扩展过程中都有较好的体现。其中,词汇途径主要是 X 在词汇上的主观选择和灵活巧妙的语义识解,如上述第2、第3类和第4类;句法途径主要是 X 在句法属性上的扩展,如上述第1类。这些扩展类型都是在说话人的主观性驱动下,不同层面、不同程度地构成对"真·X"构式原型的个性化偏离。

四、"真·X"的语用效果

(一)反预期

"真·X"在形成初期,主要是服务于游戏或其他商品的概念命名。在形式上,"真·X"一方面显示了与 X 的范畴关联;另一方面又通过"真"的使用将言

[①] 根据沈家煊(2001),"主观化"既可作共时上的理解,也可作历时上的理解。共时主观化关注一个时期的说话人采用什么样的结构或形式来表现主观性,历时主观化关注表现主观性的结构或形式是如何经历不同的时期通过其他结构或形式演变而来的。本文采用的是共时层面的"主观化"概念。

谈对象与固有认识经验中的"X"进行区分。也就是说,说话人在采用这种命名模式时,将 X 作为默认的概念前提,且主观认为言谈对象比人们认识经验中的"X"所指更接近 X 的本原,这种对"本原"的接近在商业领域直接体现在"真·X"相较 X 在特定维度上的量级提升,如《真·三国无双》便在某种程度上意味着是相对《三国无双》的飞跃式升级。随着这种表达从商业性质的命名使用向日常生活扩展,构式"真·X"在更多元的角度体现出言谈对象对人们固有认识经验中的"X"的偏离,这种偏离义大致相当于温锁林、行玉华(2013)所说的排除式范畴化构式"不是所有(的)X 都叫 Y"和温锁林、胡乘玲(2015)所说的指认式范畴化构式"那/这才叫(个)X"的整合(blending),因此负载了一定的排异性和反预期性。①需要说明的是,"真·X"关涉的预期通常是隐含状态,当"X"出现在构式中时,人们关于 X 的固有认识会自动激活,而说出"真·X"就意味着对这种固有认识的超越或否定。②我们将构式"真·X"的反预期运作模式呈现如下:

背景 S: X ---▶ XP
现实情境 F: 真·X ──▶ 肯定 YP(否定 XP)

图 1　构式"真·X"的反预期运作模式

如图 1 所示,构式"真·X"的反预期运作模式是:存在一个元概念 X,负载了人们关于 X 的常规认识(即隐含预期)XP,而说话人在情境触发下说出"真·X"表达对典型 X 的主观认定就是确立了与 XP 相对立的另一种认识 YP:相比以往人们所认为的 X,当前情境 F 中的事物或现象 Y 才是真正的、最典型的 X。③

在主观化的推动下,"真·X"在语义关系类型不断丰富的同时,其反预期性也不断增强,这种反预期性与变项 X 在形式、意义上跟常规 X 的偏离度成正比,因而不同类型的"真·X"便因偏离方式和程度的不同具有不同程度的反预期性。具体地说,基本模式的"真·X"由于"真"对"X"是一种简单直接的强化,并没有改变或偏离 X 规约的形式特征或惯常语义,因而反预期性最

---

① 在这一整合性构式语义中,"排除式范畴化"是背景,"指认式范畴化"是前景,因此,排异性是构式"真·X"隐含的语义属性,而反预期性则是其凸显的语义属性。
② 这种否定不是语义上的否定,而是沈家煊(1994)所说的"语用否定",即说话人因为特定情境或事件改变了自己的认知状态,主观认为用"X"来直接对应既有经验中的某一客体是不恰当的。
③ 此时 YP 与 XP 构成李宇凤(2020)所说的言外对比关系。

弱,如例(7);反常规语义识解模式的"真·X"由于只凭书写形式来建立跟常规 X 的关联,而在语义识解上大反常规,因而反预期性稍强于基本模式,如例(33)—(36);谐音模式的"真·X"由于主要凭语音来建立跟常规 X 的关联,在书写形式和语义内涵上跟 X 都有较大偏离,因而反预期性很强,如例(37)、例(38);而比喻模式的"真·X"由于出现跨域认知,带有"指鹿为马"式的非合作会话行为(non-cooperative conversational behavior)性质,因而反预期性是最强的,如例(39)。由此,构式"真·X"内部各种类型的反预期等级可大致呈现如下:

基本模式＜反常规识解模式＜谐音模式＜比喻模式

(二) 多功能

相比常规结构"真(的)X",构式"真·X"受网络媒体和大众欢迎的一个突出原因是它的多功能性,这种多功能性主要体现在它兼具指称功能和断言功能。上文说过,"真·X"在形成之初主要用来命名,在这一目的制约下,其指称功能较为凸显,断言功能呈隐含状态。随着构式化程度的上升,"真·X"的变项逐渐扩展至谓词性成分、小句甚至复句命题,在评价语境和新闻标题信息组配模式的双重作用下,构式在保持内在指称性的同时,也在标题中被临时赋予了断言功能。例如:

(40) 真·梁山好汉！西湖游玩突遇劫持事件,山东好汉挺身而出救下人质！(海报新闻,2020-10-11)

例(40)"真·梁山好汉"是一个独词句,这一独词句可以说既是对后文"来自山东梁山的一名游客在西湖边斗劫匪救人质"这一背景事件的一种概括和指称,也是对该事件的总结和评价,因此既是一种指称,也是一种断言。如果换成常规结构"真(的)X",单独使用时,多是凸显指称功能。需要强调的是,在新闻标题中,这两种功能并不是在同一个层面实现,构式的指称功能主要是由强化标记"真"和"·"符号合力实现,而断言功能是由听说双方在完形心理的作用下在认知层面实现。也就是说,标题中虽只出现了反映说话人知觉体验的一个指称形式,但在完形心理作用下,读者也会自动对其他信息如主语、谓语和等信息要素予以补足,从而使该指称形式带上一定的语力,整体相当于一个直陈命题。

（三）双凸显与陌生化

与一般的强化表达式明显不同的是，构式"真·X"在视觉和认知上都具有双凸显（dual-prominence）效果。这种双凸显效果较大得益于"·"符号的使用。"·"符号的常见用法有多种，其中一种用法是用于文章标题、书名中并列项的分界，如钱锺书有一部短篇小说集便是取名为《人·鬼·兽》。"·"符号在构式"真·X"中具有并置作用和停顿作用，并置是在视觉上对两个联结项给予同时性的凸显，使其同时处在说话人的注意视窗；而停顿则让两个成分拉开一定距离，使得两者在概念上的独立性各自增强，由此均获得前景化的认知识解（胡承佼，2016）。"X"是一个概念名称，"真"表示对该概念名称的强化和认定，两者形成"情态＋载体"的复合认知结构，这种独特的组合方式较大程度上体现出了形式—功能的相似。也正因为如此，相比汉语常规结构"真（的）X"，构式"真·X"在形式上既有一定的视觉冲击感，又能带来"陌生化"效果，迎合了大众求新求异的语言使用心理，在新闻标题这种特殊"语境"中，更容易引发读者的好奇心和阅读兴趣，从而推动新闻事件的传播。

五、结语

当代新兴构式"真·X"通过"真"的强化作用来表达说话人对X典型性的强主观认定，"真"在其中充当一个强化标记，X有指人、指物、指事、指性和指状等多种语义类型，可以是名词性成分、谓词性成分，也可以是小句甚至复句。"真·X"表达一种直感体验，在语篇中一般作为前景项，具有焦点性，因多以光杆形式使用且表意灵活而对语境有较大依赖。"真·X"的构式义决定了它的使用限制，如不能用于推断、假设、将来等非现实情境，不能用于二手信息，不能用于否定，等等。作为新兴的网络流行构式，"真·X"在生成和演化上既有特殊性，也体现出普遍性，除了语言接触的影响之外，构式的生成动因是"精确化效应"，其固化机制主要是构式压制，而其功能扩展的核心推力则源于主观化。

作为网络新闻标题的常用表达式，"真·X"具有多种语用效果：首先，由于说话人在特定情境下主观认定的X与人们固有认识经验中的"X"有所偏离，因此构式具有一定的反预期性，且不同类型的"真·X"具有不同的反预期程度，具体则呈现"基本模式＜反常规识解模式＜谐音模式＜比喻模式"的等级差异；其次，"真·X"兼有指称功能和断言功能，指称是其基础功能，断言则是其在评价语境和标题信息模式下的浮现功能；此外，"真·X"还具有双凸显和陌生化效果，"·"符号的并置作用和停顿作用，使得"真·X"可以在视觉和认知上对表情态的强化标记"真"与其所强化的目标范畴 X 给予同时凸显，这种独特的形义匹配会给读者带来"陌生化"体验，从而能较好地推动新闻事件的传播。

参考文献

胡承佼：《"倒好"的话语标记倾向及其具体表现》，《语言教学与研究》2016 年第 1 期。

刘大为：《比喻、近喻与自喻——辞格的认知性研究》，学林出版社 2016 年版。

李宇凤：《"挺"的情态确认与对比预期否定》，《语言教学与研究》2020 年第 1 期。

沈家煊：《"语用否定"考察》，《中国语文》1994 年第 5 期。

沈家煊：《语言的"主观性"和"主观化"》，《外语教学与研究》2001 年第 4 期。

施春宏：《构式压制现象分析的语言学价值》，《当代修辞学》2015 年第 2 期。

邵敬敏：《主观性的类型与主观化的途径》，《汉语学报》2017 年第 4 期。

温锁林、行玉华：《当代汉语排除式范畴化现象的认知与修辞动因》，《当代修辞学》2013 年第 1 期。

温锁林、胡乘玲：《指认式范畴聚焦构式研究》，《当代修辞学》2015 年第 4 期。

王芸华：《多重范畴寄生的个案分析——以程度副词"真"为例》，《语言教学与研究》2020 年第 5 期。

熊学亮：《认知相关、交际相关和逻辑相关》，《现代外语》2000 年第 1 期。

徐默凡：《网络语言无关谐音现象的构造原则和理解机制》，《当代修辞学》2015 年第 6 期。

徐烈炯、刘丹青：《话题的结构与功能》（增订本），上海教育出版社 2018 年版。

姚双云：《信息量调控：标题语言创新的内在机制》，《汉语学报》2021 年第 3 期。

Goldberg, Adele E., *Constructions: A Construction Grammar Approach to Argument Structure*, Chicago: The University of Chicago Press, 1995.

Labov, W., "Intensity", in Schiffrin, D. (ed.) *Meaning, Form and Use in Context: Linguistic Applications*, Washionton: Georgetown University Press, 1984.

Lasersohn, P., "Pragmatic Halos", *Language*, 1999, 75(3).

Quirk, R. et al., *A Comprehensive Grammar of the English Language*, London: Longman, 1985.

汉语对立类话语标记的类别、功能及形成研究

杨万成[*]

摘要：对立类话语标记使用频繁、功能多样，是汉语话语标记中值得关注的一个小类。从话语分布上看，通常出现在所辖语段之前或前后语段之间；从语义类别上看，分为互为因果式对立、前后件全反式对立、后件相反式对立三类；从语用功能上看，具有语篇组织和人际互动功能，语篇组织功能表现在形式连贯和内容连贯两个方面，人际互动包括标示交际进程、凸显言者态度等；从历史来源上看，形成于清末至民国初年，其最终成型受到认知隐喻心理、高频率使用以及主观化等多种因素的共同影响。

关键词：对立；话语标记；语用功能

一、引言

所谓对立类话语标记[①]，指语言中的这样一种话语成分，它所连接的前后两部分话语往往讨论相同或不同事件的对立面。如"相反"用作话语标记时，正是起这样的作用。例如[②]：

(1) 办公署里面都在这儿喷云吐雾呢，你要想在公共场所，餐馆里面杜绝，那几乎是不太可能的。**相反**，你如果上面整肃得非常守法，公共场所绝对不抽烟，办公室绝对不抽烟，中层、下层要想乌烟瘴气都难。（深圳电视台：《22度观察》，2009-5-27）

---

[*] 杨万成，上海师范大学对外汉语学院博士生。

[①] 学界对"话语标记"类语言成分有多种称呼方式。本文采用广义理解上的"话语标记"，故统称为"话语标记"。

[②] 本文所使用的语料主要来自中国传媒大学媒体语料库(MLC)、北京大学CCL语料库，部分语料有改动。

本文拟考察汉语对立类话语标记的话语分布、语义类别及语用功能,探讨其历史来源和形成动因。

二、对立类话语标记的话语分布和语义类别

廖秋忠(1992)对现代汉语中的篇章连接成分作了全面考察和分类,他认为对立连接成分具体包括"(与此/和这)相反、相反地/的、反过来(说)、反之、反而、(反)倒、倒是"等。李秀明(2006)从元话语角度认为对立类元话语标记包括"相反、反过来说、反之"。本文在已有研究的基础上,通过对大量语料的统计分析,最终确定对立类话语标记的有,"相反""反过来""反过来说""反之"。

(一)对立类话语标记的话语分布

Fraser(1996)将话语标记的分布归纳为句首、句际和句尾三种。为了充分反映对立类话语标记的分布情况,我们穷尽地考察封闭型汉语语料库——中国传媒大学媒体语料库(以下简称MLC)中对立类话语标记的用例,统计结果见表1(括号内为出现次数):

表1 MLC中对立类话语标记用例

话语标记＼位置	相反(517)	反过来(281)	反过来说(106)	反之(102)
语段前	45.6%(236)	35%(99)	73%(77)	40%(41)
语段间	54.2%(280)	65%(182)	27%(29)	60%(61)
语段后	0.2%(1)	—	—	—

下面分别举例说明。

(2)你去追求这个真正的爱情,如果有了真正的爱情做基础,婚姻就是自然而然的事情,**反过来**,你如果把婚姻摆在爱情之上是不可以的。(深圳电视台:《22度观察》,2010-7-16)

(3)你生在一个高种姓的家庭,那好,这说明你这是上辈子修来的福分,这辈子,该着扛着你享福,你就是高人一等。**反过来说**,如果你生一个低种姓的家庭或者干脆,你就是一个贱民,那你也怨不得别人,认命吧,这辈子你就是这个命。(天津人民广播电台:《话说天下事》,2008-6-3)

(4)对法国而言,如果利比亚政府稳住了地位,那么,法国将付出巨

大的政治和经济代价,**反之**,如果帮助反政府武装上台,法国无疑将是最大的受益者。(中央电视台:《中国新闻》,2011-3-20)

例(1)(3)中对立类话语标记"相反""反过来说"位于所辖语段之前,例(2)(4)中,"反过来""反之"分布在前后语段之间。需要指出的是,在 MLC 语料库中还出现一例"相反"位于语段末尾。例如:

(5)华人怕他当选,少数族裔最怕他当选是有一个原因的,因为少数族裔到了美国生活以后,他们觉得美国统治的整个社会是比较稳定的,你突然冒出个少数裔来,大家有一种不安全感、有一种不信任感、有一种失落感,有这么一个味道。并没有从他当选有一种自豪感,**相反**。(凤凰卫视:《锵锵三人行》,2008-11-5)

从以上对四个对立话语标记分布的统计结果,我们认为,从整体上看对立类话语标记分布位置比较灵活,都可以用在所辖语段之前或者前后语段之间,其中"相反"甚至还可以出现在语段末尾。不过各个位置出现的频率并不均衡,"相反"和"反之"分布在所辖语段之前和前后语段之间的频率相当,"反过来"多位于在前后语段之间,而"反过来说"则多出现在所辖语段之前。

(二)对立类话语标记的语义类型

对立类话语标记都可以处于前后语段之间,从关联的话语数目来看,基本都为两项,形成二项对立。它的主要功能是标示前后话语之间的相反关系,是语义对立在篇章层面实现的重要手段。通常来说,这种相反关系存在于两个蕴涵推理之中。为了便于认识前后话语之间的语义关系,依据蕴涵推理形成方式的不同,可以将其分为互为因果式对立、前后件全反式对立、后件相反式对立等三种对立类型。其中后件相反式对立内部又可以细分出两个小类。

我们把对立类话语标记连接的前后两个蕴涵推理分别记作 S1 和 S2,将话语标记缩写为 M,那么,一般情况下对立类话语标记的基本模式为:S1,M,S2。每个蕴涵推理都由前件和后件两部分组成,分别记作 A 和 B,用来描述不同的对立类型。

1. 互为因果式对立

两个蕴涵推理的推理方向相反,即推理一的前件作推理二的后件,推理一

的后件做推理二的前件。互为因果式对立是语义对立中比较特殊的一类,也是几种对立类型中最容易识别的。例如:

(6)本届上海世博会的主题是"城市让生活更美好",其实好的城市和好的生活是互为因果的,城市生命馆的建立就是给观众传递一种信息,好的生活方式造就城市,**反过来**,城市又让生活更美好。(中央电视台:《中国新闻》,2010-5-10)

上例中,推理一的前件"好的生活方式"为推理二的后件,推理一的后件"城市"为推理二的前件。两个蕴涵推理的推理方向相反,前后因果倒置,正好印证了"好的城市和好的生活是互为因果的"。按照前面设定的描述方式,可以将互为因果式对立记为:

A—B, M, B—A

2. 前后件全反式对立

前后件全反式对立是指两个蕴涵推理的前件和后件都相反的一种对立类型。例如:

(7)从这个意义上说,当下的房价,只要有微利,不如干脆"一竿子插到底",你敬消费者一尺,消费者会敬你一丈。**反之**,你玩"挤牙膏",消费者就不买账。(中央电视台:《第一时间》,2009-2-13)

例(7)中,"反之"连接的前后两个蕴涵推理的前件"一竿子插到底"和"挤牙膏",是两种相反的营销手段;后件"消费者会敬你一丈"和"消费者就不买账",这两种结果也相反。按照前面设定的描述方式,可以将前后件全反式对立记为(-A/-B 表示与前面 A/B 情况相反):

A—B, M, -A—-B

3. 后件相反式对立

两个蕴涵推理的前件微异甚至相同,但后件截然相反。按照蕴涵推理前件的特点,后件相反式对立又可以进一步细分为两类,一类前件完全相同;另一类前件性质相同。

(1) 前件完全相同

这种对立所包含的两个蕴涵推理的前件完全相同,后件则截然相反,且后一推理的前件常作省略。例如:

(8) 本来老家来人应该高兴,多年不见的乡亲,见了叙叙旧也没什么不可,但老家经常来人,就高兴叙旧不起来,**反过来**,倒成了一种负担。(刘震云:《一地鸡毛》)

例(8)中,两个蕴涵推理的前件相同,都为"老家经常来人",而后件"高兴"和"负担"截然相反,其中后一推理的前件省略。按照前面设定的描述方式,我们可以将这种对立记为(-B 表示与前面 B 相情况完全相反):

$$A—B, M, -B$$

(2) 前件性质相同

两个蕴涵推理的前件性质相同,而后件截然相反。例如:

(9) 另外英语可以疯狂的,"疯狂英语",**反过来**,汉语是寂寞的。(中央电视台:《新闻1+1》,2010-1-27)

在上面例句中,"反过来"连接的两个蕴涵命题的前件"英语"和"汉语"都为语言,性质相同,而推理的后件"疯狂的"和"寂寞的"完全相反。按照前面设定的描述方式,可以将这种对立记为(其中 A1、A2 为同一性质的语义单位):

$$A1—B, M, A2—-B$$

以上三种主要的对立类型,在话语中比较常见。对立类话语标记联系前后语段,表明言者认定前后语段构成对立关系。

三、对立类话语标记的语用功能

以韩礼德为代表的功能语言学派认为语言具有概念功能、语篇功能和人际功能三大功能。话语标记在使用过程中逐步虚化,丧失了概念意义,仅具有语篇和人际功能,而语言的概念功能则由其他话语成分来承载。

(一)对立类话语标记的语篇组织功能

在日常交际中,受到交际场景、时间等客观因素限制,以及说话人表达能力和思维能力等主观因素的影响,说话人经常会出现表达混乱甚至"前言不搭后语"的现象,给听话人造成理解障碍,制约交际效果。在这种情况下,说话人需要借助于一些语言手段对前言后语加以组织,增加话语之间的连贯,话语标记正是起这样的作用。

1. 形式连贯功能

(1) 话轮转接

在多人现场会话中,往往存在说话先后次序的问题。临时交际中不可能事先安排好说话的次序,为了避免同时发话或者无人接话等情况发生,促使交际顺利进行,在上一说话人结束话语之后,说话人就需要借用话语标记等手段标明话语权,实现话轮转接。例如:

(10) 许子东:中国的制度下是什么,你在这个企业可能做得非常好,可能做得不怎么样,明天突然一下子,你就到某一个市去做副市长,你就到政协去做副主席了,你的上下升迁跟你赚的钱不一定有关系。

叶檀:**反过来说**,也就是说意味着我们副市长,或者我们的副部长跟石油老总是等价的,他是有一个等价的关系存在的。(凤凰卫视:《锵锵三人行》,2010-6-4)

在例(10)中,现场共有三人参与对话,在确定上一说话人"许子东"结束话语之后,为了避免与另一潜在接话人出现抢话,说话人"叶檀"用"反过来说"转接话轮,顺利实现话语权过渡。

(2) 话轮延续

会话中,在几个人交替发话的情况下,同一说话人在后续的话轮中继续前面话轮中的话语,这就是话轮延续。这时,说话双方的地位是不对等的,其中一方说话人占据主动地位,掌握交际进程,另一说话人则是以"嗯、好、对"等附和应答语为主。例如:

(11) 窦文涛:所以我就感觉这就像我有时候去外国,我总会有一个感慨,就是说人家这个城市中心有一个教堂,那真是一个安静心灵的地方。

梁文道:对。

窦文涛：有的人买菜回来愿意在那儿坐一坐，这样静一下，它确实有那种安静、祥和的那么一种气氛。

梁文道：对。

窦文涛：**反过来**，我们有一些成了旅游点，那家伙乌烟瘴气啊。

梁文道：乌烟瘴气。（凤凰卫视：《锵锵三人行》，2009-2-13）

在例(11)中，说话人"窦文涛"占据主动地位，其中"反过来"很自然地承接了前面的话语，实现了话轮的延续，另一说话人"梁文道"地位被动，全程都以"对"附和应答。

2. 内容连贯功能

在言语交际中，话题处理与内容连贯有着紧密关系。为了适应交际进程的推进，说话人需要借助于一些语言手段对话题内容进行调整，以保证前后内容连贯，话语标记就是其中的手段之一。对立类话语标记的语篇连贯作用主要体现在对话题的延续、拉回。

（1）延续话题

延续话题即说话人对所讨论话题的继续扩展、延伸。由于话题与话轮之间不存在一一对应关系，因此延续话题可以在同一话轮内，也可以在不同话轮之间。例如：

(12) 许子东：你的意思就是说"被"的普遍流行就是说个人主权的缺乏，就是自己对自己的？

梁文道：自律的意志被人扭曲。

许子东：自己的意志得不到实现，普遍的反映自己的意志的不能实现，**反过来**也说明自主意识的提高，以前被了还不知道，现在知道被了。（凤凰卫视：《锵锵三人行》，2011-1-6）

在例(12)中，讨论"被"普遍流行相关的话题，说话人"许子东"先提出一种看法，后面又通过"反过来"做了补充，使前面的话题进一步延续。

（2）拉回话题

拉回话题即重新提及之前已经讨论过的某个话题，使之成为当前交谈的话题。在实际会话中，可能是当前会话偏离之前的话题，也可能是突然间

对之前的话题有了新的认识等,说话人借助于话语标记等手段拉回话题。例如:

  (13)许子东:……总之他是很理性的,但是他缺了一个我们通常在中国人领袖身上见到的那种霸气。
  ……(23个话轮)……
  窦文涛:没错,要是我是马英九,别拦着我,我跟他们一块儿死。
  许子东:找你做顾问,请你做顾问吧。
  邱震海:**反过来**,刚才子东兄说的,就是在东方文化当中,好像是需要这种霸气,其实在西方文化当中也是这样。我们想想2005年也是在好像8、9月份,美国的"卡特里娜"大风,台风,当时新奥尔良,当时也是出动很晚。(凤凰卫视:《锵锵三人行》,2009-8-19)

  在例(13)中,说话人"窦文涛"和"许子东"在讨论有关马英九的话题,另一说话人"邱震海"用"反过来"将话题重新拉回到"领袖是不是需要霸气"的话题上。从最初谈论到重新回到该话题,前后之间相隔20多个话轮。

(二)对立类话语标记的人际互动功能

1.标示交际活动继续

  除事先安排的访谈活动等以外,交际活动基本都是临时发生的,因此对于交际参与者来说,交际过程中话语的开始和结束以及话轮流转等都是"无章可循"的,需要他们从交谈的话语中寻找相应信息,并做出反应。为了推动话语有序流转,通常而言,交际中掌握话语权的一方(即说话人)会采用一些语言或者非语言手段明示交际进程。话语标记就是标示交际进程常用的手段之一。交际进程包括交际开始、继续和结束。对立类话语标记通常用来标示交际活动继续,也就是说,通常只要听到"反过来""反过来说""相反""反之"等这几个话语标记,就意味着说话人要继续掌握话语权,同时也是在提示听话人不要打断。例如:

  (14)王蒙:……实际上我们也只能够互相尊重,你很难设想用中国的这套办法去发展印度。
  窦文涛:对。

王蒙:老百姓也不干。**反过来**,您设想一下,如果在中国,咱们用印度的这套办法,中国会出现什么情况,那个也是上帝知道。(凤凰卫视:《锵锵三人行》,2009-1-13)

在例(14)中,交际行为发生在三人面谈场景。前一说话人"窦文涛"使用应答语"对"作出回应,并交出话语权,听话人之一的"王蒙"接过话语权,"老百姓也不干"已经完整地回应了前面的问题,由于存在其他听话人夺取话语权的可能,这时,说话人"王蒙"使用话语标记"反过来"明示交际进程尚未结束,继续占有话语权。

2. 标示言者的态度

Lyons(1977)指出,"主观性"(subjectivity)是指语言的这样一种特性,即在语篇中多多少少总是含有说话人"自我"的表现成分。也就是说,言者在进行言语交际的同时往往会表明自己对所说内容的立场、态度和感情等主观性倾向,从而在话语中留下自我的印记。话语标记正是这样一种表现"自我"的成分,它的主观性体现在标示说话人对命题的观点和看法上,同时这也是话语标记最基本的功能之一。对立类话语标记前面的话语陈述一种看法,后面的部分则是说话人对该命题的主观看法,且前后两种观点也是对立的。这体现说话人对命题内容主观的态度和评价。例如:

(15) 窦文涛:也许是不是同时还有误解和误会?也这么翻译过来了?

梁文道:没错,所以翻译很重要,翻译是会彻底改变一个文化,它的整个世界观,它的框架。所以我觉得,从这个角度去看,**反过来**我觉得有时候,准确这个东西就变得很模糊了。什么叫准确?比如说……(凤凰卫视:《锵锵三人行》,2010-3-23)

在例(15)中,说话人"梁文道"使用话语标记"反过来"标示了对前面命题内容的主观看法,并且在他看来,他的观点与前一说话人"窦文涛"的看法是相对立的。

四、对立类话语标记的历史来源及形成动因

陈家隽(2018)指出,将话语标记的多重功能看成其历时演变的结果,这已经成为国外语言学界的共识。历时研究有利于加深对话语标记的认识。

（一）对立类话语标记的历史来源

1. "相反"的形成过程

"相反"的连用形式最早见于春秋时期的文献中。刘怡（2010）通过对《墨经》中"相反"用例的考察，认为"相反"最初表示实词义的"行为相反"。这是符合词义发展规律的。只是同一时期"相反"的用例不多，缺乏其他语料佐证。到了战国时期，"相反"的语义已经有了一些变化，从相关语料来看，其意义和当今所用"相反"基本相同。例如：

（16）寒暑燥湿**相反**，其于利民一也。（[战国]《吕氏春秋》卷二十一）

（17）见有凶恶之人，不敢与语言，恐相反也。**相反**之后，更失善入恶，天复憎之。（[东汉]《太平经》卷一百一十四）

在例（16）中，寒暑燥湿都是人类对于气候环境的感知，相对于"行为"来说，更加抽象。例（17）中的"相反"是动词，即彼此之间造成冲突。从这两例可以看出，这一时期的"相反"所指已经泛化。

到了唐宋以后，"相反"的用法有了新的发展，产生了固定的结构，即"与……相反"，中间引入比较对象。例如：

（18）曾点见得甚高，却于工夫上有疏略处。漆雕开见处不如曾点，然有向进之意。曾点与曾参正**相反**。（[宋]《朱子语类》卷二十八）

（19）尝致书于济法师，以佛无上大慧演出教理，安有徇机高下，应病不同，与平等一味之说**相反**。（[宋]《五灯会元》卷四）

（20）前此景帝朝，侍郎俞山、俞纲等，俱加东宫三少，则又三品上兼二品，与此正**相反**，皆异典也。（[明]沈德符：《万历野获编》卷九）

上面各个例句引入比较的对象分别是"曾参""平等一味之说"和指示代词"此"。我们认为"与……相反"结构的形成"相反"演变过程中重要的一环，经历了这样的变化后，"相反"所在分句通常单独分布，可以较为自由地前移，这为其发展成为话语标记奠定了基础。

到了清末之际，已经能见到起连接作用的"相反"了，它位于前后话语之

间,使原本各自独立的话语,发生了语义关联。例如:

(21) 月在黄道北,取用时白经高弧交角;**相反**,月在黄道南,取用时白经高弧交角之外角。(《清史稿》卷五十一)

(22) 哎呀!看来这位师傅跟自己的门路接近,**相反**,人家功底惊人呐,比我可强多了。(常杰淼:《雍正剑侠图》第二十六回)

在例(21)中,"相反"用在科技语体中,用来说明"月"在黄道南北时,所形成的对立情形。例(22)中,"相反"连接前后语段,说话人用"相反"标示前后话语之间的对立关系。这里的"相反"已经发展成了话语标记。到民国时期,这类用法的例句大量出现,基本可以确定,"相反"的话语标记用法正式形成于这一时期。

2. "反过来"的形成过程

根据我们检索到的语料,连用形式的"反过来"出现得比较晚,其中最早的用例见于元代文献中。例如:

(23) 街上人道的是,如今是墙版世界,反上反下。只怕**反过来**,也不见得。([元]《朴通事》中卷)

在上例中,"反过来"并不是一个词,其中"反"是动词,表示"(将物体)翻转过来",这也是"反"的本义,在句子中充当谓语成分,整个结构为动词性,意义具体、实在。即便到了清代,"反过来"的动作意义仍然很常见,用例比较多。例如:

(24) 上楼一看,谁知他那些杌子都**反过来**,放在桌子上。([清]吴趼人:《二十年目睹之怪现状》第二十八回)

(25) 那一张请客条子,是用红纸**反过来**写的。([清]吴趼人:《二十年目睹之怪现状》第三十二回)

上面两个例句中,"反过来"意义都很具体,翻转动作施加的对象也很明确。例(24)中,是将"杌子"翻转过来,使其倒扣在桌子上;例(25)中是将"红纸"翻转过来,用其反面来书写。可以说,上面"反过来"所造成的结果是人类的感觉器官可以直接感知到的。

同样是在清代,我们也发现了已经虚化的"反过来",它已经不再表示动作意义"(将物体)翻转过来",而是强调前后命题在认知上的对立。同时,它可以用于话语之间,起连接前后话语的作用,此时,"反过来"已经具备话语标记的各项特征,变成了话语标记。

(26)他如把阵图画出来,大人把木羊阵破了,不但大人不治罪于他,**反过来**还要保举他。([清]贪梦道人:《彭公案》第三百二十九回)

在上例中,"反过来"处于前后语段之间,起连接作用。这里的"反过来"与前后分句不存在句法上的联系,同时最初的动作意义已经消失,主要标明前后命题之间的对立关系。从以上的例句可知,在清代"反过来"的动词用法和话语标记用法同时存在。我们对陕西师范大学"汉籍全文检索系统(第4版)"按照时代序进行调查统计①,"反过来"的话语标记用例在清代及以前出现频率为1次,即例(26),在民国时期出现频率为4次。可见,到了民国时期,在话语中起连接作用的"反过来"继续发展,其话语标记用法也更加成熟。例如:

(27)海川奔客厅,心里琢磨着,王爷一定要问,如果不说实话,有所不妥;要说出实话,王爷身为皇子,他具有唯我独尊的优越感,自己受王爷的赏识,王爷是袒护自己的,**反过来**,王爷有个多想:你姓侯的何等人……(常杰淼:《雍正剑侠图》第三回)

在这个例句中,"反过来"单独使用,它前后的话语都是站在言者立场上的主观看法,作者使用"反过来"标示了前后内容之间的矛盾对立。

3."反过来说"的形成过程

"反过来说"产生的时间晚于"反过来"。我们检索语料发现,连用的"反过

---

① 陕西师范大学历史文化学院研发的"汉籍全文检索系统(第4版)"收录文献极为丰富,使用便捷,只是对少量文献的时代归属处理不当,我们对统计过程中涉及的文献的时代归属做了调整。

来说"最早见于清代。例如:

(28) 刘香妙可算一世吃尽了济公和尚的亏了,他偏偏反过来摆胜,说在某处怎样摆布济公,某处怎样收拾济公,连那次被济公和尚用这眼法跌在地粪坑里,他也**反过来说**把济公用遮眼法跌在地粪坑里,吃了半夜的屎。([清]坑余生:《续济公传》第一百零二回)

在这个例子中,"反过来说"是由"反过来"和言说动词"说"构成的短语形式,整个结构意义实在,表示言说行为,后面所接的话语通常为具体的言说内容。此处的"反过来说"是句子的必要成分,删除之后会影响语义表达。即使在现代汉语中,也仍然保留了这种用法。"反过来说"最初表示言语行为义,这就决定了它多用于口语交际中,而在书面文献材料里比较少见。通过检索文献,也证实了这一点,清代文献中仅有上面这一例。到了民国时期,"反过来说"有了新的发展,具体表现在它的言说意义有所减弱,而且具备了一定的连接功能。例如:

(29) 假便婚姻和谐,夫妇的意见相同,没有丝毫芥蒂,那才是夫妇的幸福,便可得一良好家庭;假使**反过来说**,婚姻出于强迫,夫妇的感情当然不能亲密,夫妇间当然也毫无幸福可言,更何从得家庭良好的结果?(陈莲痕:《同治嫖院》)

上面例句中的"反过来说"分布在前后分句之间,已经具备了演变成连接成分的语法条件。从语义上看,这里的"反过来说"原本的言语行为意义基本消失,意义虚化,前后命题内容上也正好具有对立关系。这里的"假使"值得注意,从与前面命题的关系而言,后面命题的条件"婚姻出于强迫"的确是假设的,但就前后整体命题关系而言是对立的,这里"假使反过来说"连用,正是"反过来说"话语标记功能处于形成阶段的有力证据。同样也是在民国时期,出现了"反过来说"话语标记用法的最早用例,例如:

(30) 如果我这一掌下去把您给打死了,把您打出了血了,我二弟也不能说我不对呀。**反过来说**我要打不了您,二弟会原谅不是做哥哥的不

给他报仇,是因我没有那么大的本事。(常杰淼:《雍正剑侠图》第四十八回)

在例(30)中,"反过来说"处于所辖语段之前,连接前后话语。此处的"反过来说"语义虚化,最初的言语行为意义已经完全消失,彻底变成了话语标记。从语用上看,"反过来说"主要用来标明前后话语之间的对立关系。可以看出,"反过来说"的对立性话语标记用法真正形成于民国时期。

通过以上对"反过来说"历时演变过程的梳理,我们认为"反过来说"出现于清代,在经历了高频使用之后,其话语标记功能最终形成于民国时期。

4. "反之"的形成过程

"反之"连用形式出现得很早,在春秋战国时期的文献中就有大量的用例。尽管形式相同,但其意义用法等都和今天的"相反"完全不同。例如:

(31)惠伯成之,使仲舍之,公孙敖**反之**,复为兄弟如初。([春秋]《左传·文公七年》)

(32)子与人歌而善,必使**反之**,而后和之。([战国]《论语·述而》)

例(31)中,"反之"指送回去。在例(32)中,"反之"指重复、再来一遍。可以看出,最初的"反之"并不是词,而是由"反"和"之"构成的动词性短语,本身意义实在。

到了汉代以后,"反之"的词义有了变化,这一时期的"反之"表示与此相反之意。在下面两个例句中,"反之"都用来说明与前面相反的一种情况,不过,此时的"反之"意义比较实在,是句法的必要成分。

(33)修务者,所以为人之于道未淹,味论未深,见其文辞,**反之**以清静为常,恬淡为本,则懈堕分学。([西汉]《淮南子·修务训》)

(34)夫皇天署职,不夺其心,各从其类,不误也;**反之**,为大害也。([东汉]《太平经》卷四十二)

到了民国时期,已经出现了作为连接成分的"反之"。例如:

(35) 凡卖国殃民,多行不义者,悉不期而附于曹、吴诸贼。**反之**抱持正义,以澄清天下自任者,亦必不期而趋集于义师旗帜之下。(《民国演义》第一百五十九回)

例(35)中,"反之"处于所辖语段之前,前后话语形成对立关系。

(二)对立类话语标记的形成动因

对立类话语标记是在多种因素共同作用下形成的,包括认知心理上隐喻、高频使用以及主观化等因素。下面分别予以说明。

1. 认知隐喻

隐喻是人类认知外部世界的一种基本思维方式。认知语言学认为,隐喻是从一个认知域向另一个认知域的投射,源域通常都是具体的、容易感知的,而目标域是抽象的、较难感知的。也就是说,隐喻的本质是在具体概念的基础上帮助理解抽象概念,实现人的认知能力的提升。根据上文梳理的演变历程,我们认为对立类话语标记的形成经历了从运动域到思维域的投射。

所谓运动域,即从人体或者物体位移角度划分出来的认知域。生活在世界上,人类免不了会四处走动,周围的物体等在外力作用下也会发生位移,这种真实的生活经验是较容易感知的,依据这种经验,就构成了人类认知上的一个基本的源域——运动域。四个对立类话语标记中共同的语素"反"的本义即(将物体等)翻转过来,"翻转"带来的结果就是发生了位移,因此"反"属于基本源域之一的"运动域"。与"反"相结合形成的四个词语也有同样的特点。从最初的意义上看,"相反"指"行为相反","反过来"表示"(将物体)翻转过来","反过来说"最初表示言语行为义,"反之"指"送回去",这些都包含位移特征,或者与位移特征相关。因此,我们认为,这四个话语成分最初的意义都包含位移这一特征,属于源域中的运动域。

思维域,是从人的心理活动的角度划分出来的认知域。思维以人的心理认知为载体,概括反映客观事物的本质和规律。与具体的运动行为相比,思维活动是比较抽象的,它是不能通过感觉器官直接感知的,属于目标域中的思维域。"相反""反之""反过来""反过来说"最终都变成表示对立的话语标记。对立是逻辑关系中的一种,是人类思维的结果,所以它们都属于"思维域"。

从运动域到思维域的转变,反映了人类认知能力有了更高的发展,实现了从具体的位移到抽象思维的认知转变。

2. 高频使用

高频使用是语言结构语法化必备的条件之一。通常来说,使用频率高的词语,由于经常出现在多种语境中,而且可以多次使用,这就造成它的概念意义很容易发生虚化,进而形成其他语用功能。因此,学界普遍认为高频使用对语言演变起着重要作用。对话语标记的形成而言,高频使用带来的影响同样值得重视。董秀芳(2007)指出"话语标记是反复使用话语成分的规约化"。通过对对立类话语标记形成过程的考察,我们认为高频使用是对立类话语标记形成的重要动因。

在我们对中国传媒大学媒体语料库(MLC)所作的穷尽性统计中,四个对立类话语标记"相反""反过来""反过来说""反之"出现的频率分别为22%、19%、46%、65%。在这四个表对立性词语的各种用法中,话语标记用法已经占相当大的比重,其中"反过来说"和"反之"的话语标记用法已经成为最主要的用法。

在交际中,较高的出现频率就使得它们的话语标记用法不断得到强化,并最终作为对立性话语标记固定下来。

3. 主观化

主观化是指语言为了表现主观性而采用相应的结构形式或经历相应的演变过程。主观化的过程必然伴随着语言中表现说话人主观态度、情感以及评价的逐步增加,说话人的"自我"得到凸显。在对立类话语标记形成过程中,当概念意义发生虚化的同时,语言的主观性得到了明显增强。下面以"反过来说"的形成过程为例,说明对立类话语标记的主观化过程。我们将使用例句(28),并做了重新编码。请看:

(36)刘香妙可算一世吃尽了济公和尚的亏了,他偏偏反过来摆胜,说在某处怎样摆布济公,某处怎样收拾济公,连那次被济公和尚用这眼法跌在地粪坑里,他也**反过来说**把济公用遮眼法跌在地粪坑里,吃了半夜的屎。([清]坑余生:《续济公传》第一百零二回)

(37)人性的一方面有追求快乐的欲望,说苦中有乐,不是一种空洞的似是而非的议论,**反过来说**,在娱乐中有缺憾,也有实在的,不难理解为什么应该是这样。(冰心:《冰心全集》)

例(36)是"反过来说"的早期用例,在例句中"反过来说"和前面的"说"照应,表示言说行为,说话行为的发出主体是"他",后面话语为具体的言说内容,其中"反过来说"是句子的必要成分,删除之后会影响语义表达。这一时期的"反过来说"通常都是转述别人的话语,主观性很低。例(37)是现代汉语中的用例,"反过来说"和句中的语言成分不存在语法上的关联,删除之后不会影响句子的表达,它连接前后话语,是典型的话语标记用法。这里的"反过来说"已经不再表示言说行为,不存在说话主体。从视角上看,这里隐含说话人"冰心"的视角,后面的话语实际上是说话人主观上得出的认识,反映了言者的主观态度,带有明显的"自我"印记。从最初表言说行为到如今的对立类话语标记,"反过来说"的演变历程充分表明了主观化在对立类话语标记形成过程中所起的作用。尽管从共时维度上看,对立类话语标记各个成员在主观性程度上存在强弱之分,但是从历时维度上看,它们的主观性都明显增强。

五、结语

话语标记在言谈互动中扮演着重要角色。它传递的并非实在的话语意义,而是对话语理解起引导作用的程序性意义。本文以现代汉语中的对立类话语标记为研究对象,分析了其话语分布和语义类别,探讨其语用功能,并揭示了演变过程和形成动因。通过考察发现,汉语对立类话语标记主要出现在前后语段之间和所辖语段之前;以形成方式为依据,可以将其分为互为因果式对立、前后件全反式对立、后件相反式对立三种类型;在言语交际中,对立类话语标记不仅可以帮助实现话语内容和形式的连贯,同时还可以表示言语进程,凸显言者的态度;对立类话语标记大体形成于清末至民国初年,认知隐喻、高频使用和主观化因素在其形成过程中起了重要作用。

参考文献

蔡文杰:《对立类连接成分的话语功能分析》,《北方文学》2014年第1期。
陈家隽:《国内外话语标记研究:回顾与前瞻》,《汉语学习》2018年第5期。
董秀芳:《词汇化与话语标记的形成》,《世界汉语教学》2007年第1期。
方梅:《自然口语中弱化连词的话语标记功能》,《中国语文》2000年第5期。
李秀明:《汉语元话语标记研究》,复旦大学博士学位论文,2006年。
廖秋忠:《廖秋忠文集》,北京语言学院出版社1992年版。
刘丽艳:《口语交际中的话语标记》,浙江大学博士学位论文,2005年。
刘怡:《现代汉语"相反"类词语分析》,延边大学硕士学位论文,2010年。

刘伟:《作为篇章连接成分的"相反"》,《语言教学与研究》1999年第1期。

吕叔湘主编:《现代汉语八百词(增订本)》,商务印书馆2004年版。

沈家煊:《语言的"主观性"与"主观化"》,《外语教学与研究》2001年第4期。

王元祥:《反之·相反·否则》,《遵义师范学院学报》2009年第10期。

肖天赏:《说"相反、反之、反过来"》,《福建师范大学学报(哲学社会科学版)》1982年第2期。

邢福义:《词类辩难》,甘肃人民出版社1981年版。

Fraser, B., "Pragmatic Markers", *Pragmatics*, 1996(6).

现代汉语状中式"V1＋V2"的篇章信息功能透视

朱 磊[*]

摘要：本文描写现代汉语状中式"V1＋V2"在篇章结构中的句法语义表现，分析动词直接充当状语成分的语用功能和状中式的整合动因。状中式"V1＋V2"在篇章视域下的使用性质表现在管界范围灵活、状位动词V1体现话题性和状中结构整体具有指称性三个方面，在具体语境中通过与前项后项小句联系，进而在语义上形成信息互动，实现篇章整体的连贯与完整。出于篇章组合经济性原则的需求，两个句法和语义关联但分散独立的小句在篇章背景化、宏事件框架等因素驱动下逐渐整合，最终能够形成独立的复杂谓语句。

关键词：动词；状中结构；篇章；前景/背景；小句整合

一、引言

关于类似"跑步前进、爆破拆除、垄断经营"等动词直接连用组成状中结构的研究，学界以往的成果主要可以概括如下两个方面：一是建立了若干形式鉴定标记，尝试与动词直接连用构成的主谓、述宾、述补、连动、联合结构相互区别，并根据状中结构的表达性质和语义特点进行分类概括，试图明确现代汉语具有"部分动词具备能够直接充当状语"的语法特点，如孙德金(1997)、段业辉、刘树晟(2012)、赖慧玲(2017)等；二是注意到了动词做状语的古今比较，基于历时角度考察从联合结构到主从结构的演化过程及归纳若干影响因素，如张谊生(2000)、高增霞(2005)、苏颖(2015)等。结合上述介绍，本文发现，当前的成果较少关注动词直接连用组合的状中结构在具体句子中的使用情况，即

---

[*] 朱磊，上海师范大学对外汉语学院博士生。

从篇章语言学的角度，在具体语境下观察该类结构在组句和谋篇的特点。例如：

（1）目前，合安铁路竹溪牵引站220千伏电源线工程进入<u>紧张的大规模</u>组塔、架线施工阶段，安徽送变电工程有限公司数百名施工人员<u>加紧奋战</u>，确保合（肥）安（庆）铁路按时通车。（《中国能源报》，2020-10-19）

（2）3日，工信部对外公布1月—10月我国软件业经济运行情况。我国软件和信息技术服务业<u>持续恢复</u>，逐步摆脱新冠肺炎疫情影响。软件业务收入、利润同比增速双双<u>持续回升</u>。

从总体运行情况来看，1月—10月，我国软件业完成<u>软件业务收入</u> 65 542亿元，同比增长11.7%，增速较1月—9月提高0.4个百分点。与此同时，<u>利润增速稳步上升</u>，1月—10月，全行业实现利润总额8 026亿元，同比增长7.3%，增速较1月—9月提高0.3个百分点。（《人民日报》，2020-12-4）

以上两例小句的波浪线成分或为状中结构的使用提供了原因、目的等背景信息，或出现了相关照应成分。如例（1）中的前句"紧张的大规模"是状中式"加紧奋战"的原因，目的是后句"确保按时通车"，又如例（2）段落间运用不同类型的指同表达式实现衔接，其中，第二段"总体运行情况"的相关说明是第一段状中式"持续恢复"和"持续回升"的具体陈述，以此形成了篇章段落间的完整与连贯。徐赳赳（1993）从句内和篇章两个方面探讨了多动词小句中使用零形式的制约因素，本文首先从分析状中式进入篇章结构的性质出发，进一步讨论该类结构在表达过程中的信息功能和语用价值，从而深入研究其在篇章视角下的功能地位和句法属性。为明确考察范围，笔者选取孙德金（1997）总结的78个双音节可状动词和相关格式鉴定标准，在报刊新闻中对"V1＋V2"状中结构进行考察和分析。

二、篇章结构性质

通过观察"V1＋V2"状中结构在篇章系统内的出现情况和使用特点，我们可以发现，该类结构具有灵活的控制能力，在表达上体现出话题性和指称性，在具体语境中能够起到统摄、引领和说明的作用，主要表现在以下三个方面。

（一）管界的灵活性

管界指的是某个管领词语如动词、各种修饰语等所支配、修饰或统领的范围。当管界跨越句子边界时，这里称它为篇章管界。确定管界的策略有两个，一个是依靠表示篇章局部连贯的语义和形式手段来确定某个管领词语可以延伸到某一点；另一个策略是依靠表达篇章连贯局部中断的语义形式手段来确定某个管领词语不可能越过某一点（廖秋忠，1992：101）。状中"V1＋V2"结构处在述语位置时，一般对宾语具有管控能力。例如：

（3）记者25日从国家林业和草原局获悉："十三五"期间，国土绿化行动在各地广泛开展、深入推进，全国<u>累计完成</u>[造林5.29亿亩，义务植树（含折算株数）116亿株。]（《人民日报》，2020-11-26）

（4）全面推行"一门受理、协同办理"。乡镇（街道）经办机构<u>统一受理</u>[社会救助申请]，根据申请人困难情况、致贫原因，<u>统筹考虑</u>[家庭人口结构、健康状况、劳动能力和劳动条件、刚性支出等因素]，<u>综合评估</u>[救助需求]，提出综合实施[社会救助措施]的意见，并按照职责分工及时办理或转请县级相关职能部门办理。鼓励有条件的地方异地受理基本生活救助申请。（《光明日报》，2020-8-26）

以上两例中状中结构（下划线部分）的管界范围均限定在宾语成分（方括号内），如例（3）完成的数量是累计达到的，例（4）中各核心动词V2对宾语均具有较强的控制能力，状位动词V1修饰执行措施的具体方法。作为句子的核心成分，篇章中的状中式"V1＋V2"也能够延长管界范围，不再局限于宾语，还可以扩大到支配整段或整个篇章。例如：

（5）发言人<u>强调指出</u>，[中央对港的方针政策始终是为了确保"一国两制"正确实施，确保香港长期繁荣稳定。(s1)只有国家安全根基牢固，社会大局稳定，才能够解决经济民生等深层次矛盾问题，才能充分发挥"一国两制"的制度优势，才能为香港赢得更大发展空间。(s2)]展望未来，我们相信香港在国家安全立法的保障下，能够逐步健全和完善特别行政区制度，谱写出经济繁荣发展、市民幸福生活的新篇章，继续为中华民族的伟大复兴作出独特而重要贡献。（《人民日报》，2020-5-23）

(6)榆林市将全面检查以协议方式出让煤炭资源并配套转化项目的建设情况,根据转化情况区别对待。[对配置资源时约定的转化项目进展符合预期的,鼓励其延伸产业链、进入下游产业;对转化项目未达到预期的,督促其加快进度;(s1)对确实因政策、技术工艺等客观原因导致转化未落地的项目,各级政府要创造良好的营商环境,抓紧项目的优化论证,确保在预定期限内开工;(s2)对项目业主投资意向发生变化、转化项目难以落地的,由榆林市政府提出收回资源的建议。(s3)](《中国能源报》,2020-9-7)

(7)50岁以后,有些人的膝关节会感觉到明显疼痛,这是因为髌骨软骨的"使用寿命"已到,软骨全层磨损,关节炎已经产生。这时候的"预警信号"就是在提醒人们应该节约使用关节。[减少剧烈运动,尤其是上下楼梯和爬山,必要时可以使用拐杖来减轻膝关节承受的压力。(s1)](《光明日报》,2019-7-14)

(8)此次推进剂在轨补加持续约5天,先后进行了补加管路检漏、天宫二号贮箱气体回收、推进剂输送、推进剂吹除等关键步骤。在地面操作人员精确控制下,整个在轨补加过程由天舟一号与天宫二号共同配合完成。[其中,天舟一号负责贮箱增压、补加管路检漏,并向天宫二号输送推进剂;(s1)天宫二号负责贮箱气体回收,并接收货运飞船输送推进剂。(s2)](《光明日报》,2017-4-28)

以上例句中状中结构的管界范围超过宾语成分,延伸到下一小句,构成跨句管界。例(5)管界内的两个小句是"强调指出"内容,后句的"我们"阻隔了管界范围。例(6)管界的三个小句分类说明"区别对待"的三项具体措施,例(7)的管界内容是如何"节约使用关节",具体到介绍保护措施,例(8)统领的是补充两者如何"配合完成在轨补加过程"。

由上文分析可以得出,状中式"V1+V2"作核心谓语的管领短语使用时,其管界范围能够从宾语覆盖到整个篇章,在不同的篇章位置使用,能够表现出不同的管界能力,具有灵活性。

(二)"框—棂"的话题性

廖秋忠(1992:30)指出,汉语篇章结构中存在"框—棂"关系,将"框(A)—棂(B)"关系定义如下,"汉语语流中两个名词性成分,特别是相邻的,A和B有时存在着这样的语义关系:B 或为 A 的一个部件/部分、一个方面/属性,或为与 A 经常共现的实体、状态或事件,A 为 B 提供了进一步分解 A 或联想到 B 的认知框架。A 就是这儿说的框,B 即是棂,"并提到"框提供了一个大范围,棂是其中的一部分或相关的实体或状态"。完权(2010)将"框—棂"关系进一步纳入认知语言学中"参照体—目标"概念范畴。张伯江(2018)将"框—棂"关系引申到句法中,证明汉语存在"话题—说明"关系的基本性,并描写与话题相关的系列句法成分的语法表现。本文认为,不仅在名词性成分搭配中存在,主语 N1 与状中式"V1＋V2"结构中的状位动词 V1 同样能够组成"框—棂"关系,即状位动词 V1 非常规位置上出现时,发生势能转化,具备其他性质和特点,表现在描述化、状态化、关涉化等方面①。正如廖秋忠(1992:24)提到:"当非谓动词(即动词不处于谓语位置)指的是一类状态、动作、过程或事件时,它的性质和普通名词并没有多少区别。"本文进而可以将"框—棂"关系归为"话题—次话题"大范围中讨论,在具体句子中,表现为句子的大话题(框)与不同子话题性质(棂)之间构成了话题层级关系,核心动词 V2 作为动作事件的说明成分。"框—棂"话题关系的确定,一方面可以用"怎么"等提问确定 V1 的性质;另一方面也可以通过补充相关形式标记,说明 V1 作为棂(次话题)在该句中的语义特点。例如:

(9a) 话剧《跑吧,儿子》,以一对父子为主人公,儿子学习成绩不好却在运动上极有天赋,儿子为了减轻家里的负担逃课去和人(A)<u>比赛(B)跑步</u>赚取零花钱和补课费,结果学业一落千丈,只能退学报考体校。(光明网,2019-10-17)

(9b) 对于沃兹(A)<u>选择以比赛的方式(B)告别</u>,老对手莎拉波娃也不禁感到钦佩。(澎湃新闻,2020-1-22)

(10a) 据悉,广州南站站内首层南通道(A)于 12 月 22 日零时起开始<u>封闭(B)进行</u>施工改造,旅客来往车站与南站南路、P1 停车场、P4 停车场、P3 快速接客区、南面地下停车场的路线会受影响,部分地铁口临时封闭。(《广州日报》,2020-12-23)

(10b) 在这样的形势下,任何国家和地区(A)都不可能在封闭的状态

---

① 关于动词在状语位置的势能转化,笔者另文论述。

中(B)进行现代化建设,而应改变狭隘民族主义、霸权主义的立场,在广泛对话协商的基础上以共识方式确立新的秩序和规范。(《人民日报》,2016-1-17)

(11a) 对于备受关注的体育课如何开展的问题,华山鹰表示,学校(A)要尽量不交换(B)使用体育器材,器材使用前后必须消毒。在户外运动时,在相互间保持 2 米间隔情况下,可以不戴口罩。(《广州日报》,2020-5-9)

(11b) 据嫌疑人交代,从 2018 年以来,两人(A)通过购买或交换的方式(B)获取了大量公民个人信息,之后在网上多次出售给他人,非法获利 5 万余元。(新华网,2019-10-17)

(12a) 根据省民政厅统一部署,全省各大养老机构开始有序恢复开放,家属(A)可预约(B)探视。自 1 月下旬以来,全省 2 400 多家养老机构已封闭管理 70 多天,截至目前,15 万多名入住老人中未出现一例确诊或疑似感染病例。(《新华日报》,2020-4-10)

(12b) 按疫情防控要求,今年春节期间江苏省 2 300 多家养老机构统一实行管理,大多数老人也选择了留下过年,家人(A)则可以通过预约的方式(B1)凭 7 日内核酸检测阴性证明(B2)前来探视。(新华网,2021-2-13)

比较发现,以上四组中(b)例的 V1 前后均出现了补充成分作为显性标记,进一步说明状语成分 V1 的性质和特点,从整体上描述为核心事件行为 V2 的发生以次级话题 V1 为参照体进行。状位动词的词汇意义作为棂参与到事件进程中,提供了非并立性类型指称的参与内容(刘街生,2020),两个事件间平行或包含,形成"参照体—说明"关系,V1 提供了参考的坐标点,使核心 V2 得以进行。与此相比,两个动词直接连用的典型连动式 V1 前后不能插入话题标记成分,不能说明 V2 构成背景与前景的关系,不能够体现出话题功能,而是表现出认知上的"先后"顺序原则或事件语义中的毗邻范式(李可胜,2020)。

(三)组块的指称性

四个音步作为最大停延段,达到了组块临界敏感点,四字不管是名字、动字还是形容字在语法上都是等价的指称字,每个字都是"用字"。(陆丙甫、蔡振光,2009;沈家煊,2019:214)那么,本文的研究对象是否也可以看作构成了一个四字组块单位,在具体使用中成为固定单位表达? 基于该假设,笔者选取以下五个典型状中短语,在 2017 年《人民日报》全文中对其充当的句法成分进行频率统计,见表 1：

表 1　2017 年《人民日报》相关短语充当句法成分统计表

类　　型	主语	述语	宾语	定语	总计
提前完成	0	73	6	2	81
联合主办	0	112	0	98	210
抓紧制定	0	39	2	0	41
辐射带动	2	56	0	65	123
统一管理	0	112	19	33	164
总　计	2	392	27	198	619

统计发现,状中结构作为述语成分的使用频率最高,值得注意的是,充当定语成分也占有一定比例,即处于非谓语位置,具备一定指称功能。该类结构成为固定组块使用时,可以优先被识解成一个具有分类性的具体单位来概括下位概念,与上位层级的统称词构成修饰关系。例如：

(13) 无独有偶,12 月 20 日下午,武汉市江夏区法院法官通过全程网络直播,以强制执行方式为 12 名民工讨薪 27 万元。(《安徽日报》,2016-12-27)

(14) 东下庄山多、坡多、草多,发展养殖业得天独厚,张建国就挨家挨户上门做工作,鼓励村民搞养殖,他采取统一购买、分散养殖的办法,购买了很多鸡苗送给村民喂养,他告诉他们："这些鸡苗,你们无偿拿回去喂,等赚钱后只需还我本钱。"(《光明日报》,2020-7-10)

(15) 指挥链条顺畅衔接,加强统筹谋划、分层实施,探索推行各兵种混合编组、联合筹划、自主作战的模式机制,促使作战指挥与战役行动同频共振。(《解放军报》,2021-1-26)

以上三例的状中结构作为定语成分存在,修饰上位抽象概念(波浪线部分),说明其具体特征,形成"具体概念＋抽象概念"的组配模式(李晋霞,2008：60),起到丰富内涵的作用。

通过上述分析,我们从管界范围、"框—棂"关系和指称组块三个角度考察了状中式"V双＋V双"结构在篇章中的性质,同时发现,动词性成分之间的组合与聚合关系对状中式的出现和使用产生了不同的句法表现,即状中结构作述语成分使用时最广泛,当该类结构出现在非核心谓语位置时,状位动词V1的相关功能会发生系列转化;当组块单位作为指称用法出现时,搭配后体现分类性和具体性,这不仅与动词内部的词汇概念义有关,也与句位压制的整合效应有关。

三、信息互动功能

修辞结构理论(Rhetorical Structure Theory,RST)认为,篇章中的各小句,不是杂乱无章堆在一起的,而是存在各种各样的语义关系,在各个层面相互联系在一起,共形成20多种类型(徐赳赳、Jonathan J.Webster,1999)。那么,在没有关联词语作为连接标志的情况下,本文的研究对象作为小句的核心成分,在篇章中与相关指涉、参照词语和上下小句形成怎样的交互关系,篇章信息才可以在关联中实现连贯表达。从上述问题出发,笔者借鉴RST相关术语,归纳发现主要有以下三类互动关系:

（一）阐释关系

状中结构作为一个固定单位出现,与上下小句构成说明关系(elaboration)。篇章中或出现相关阐述标记,或存在相关照应成分,形成"详—略"关系。例如:

(16) 协同监管主要指监管体制。相对于早期的"各自为战",现在更要强调部门协同,形成监管合力。协同是以合理分工为前提的,既要防止多头执法,又要防止推诿扯皮。对共性问题要充分发挥市场监管部门的作用;对各领域、各环节的个性问题,要充分发挥行业主管部门的作用,切实打好"组合拳"。(《光明日报》,2021-1-31)

(17) "买药、用药和付费各环节由分散管理变为集中管理。简单来说,就是由卫健部门和医院'点菜',医保部门负责采购和'下单',共同替百姓管好医保基金的'钱袋子'。"三明市医保局局长徐志銮说。(《光明日报》,2020-12-17)

(18) 销量下降,进货后卖不出,时间一长蟹会死掉,于是老板们纷纷降价销售,为"后长假"销售最后一搏。据记者今天了解,宁波路、宁海东路、台湾路、人民路等菜场一两公蟹最便宜4元一只,二两公蟹6～8元一只,三两公蟹9~12一只。二两母蟹16~22元一只,二两半母蟹零售25~30元一只。售价较"中秋国庆价"下跌3成及以上。(上海黄浦,2020-10-8)

(19) 以后,申报电视剧拍摄须对思想内涵作出<u>概括说明</u>,制作备案1500字到2000字的剧情梗概;另外,电视剧在拍摄制作备案公示阶段不再受理剧名变更申请。(《光明日报》,2016-5-15)

例(16)的状中结构作为主语出现,后文是对如何运行"协同监管"机制的具体说明,强调"协同"中的"部分协同、合理分工"以及监管主体('市场监管部门'与'行业主管部门')组合监管。例(17)以换言标记"简单来说"作为连接成分,说明"集中管理"具体包括从选择药品到订购药品全部流程。例(18)、例(19)中出现的若干数字分别是对状语动词"降价"和"概括"的细化描写,从整体上看,使状中结构概括性的表述更为精确和具体,能够形成一类具有概括说明性质的文本结构格局。

(二) 共存关系

在同一段落中,状中结构与上下文中意义相近或与同指成分并存,形成前后成分相互照应、上下句内容关联的表达格局。具有共存关系的成分搭配组合,既能承接上句,形成回指,也能开启后文,共同推进篇章结构发展,从而在语义上实现段落的完整与自足。例如:

(20) 资本、技术、数据等要素和资源的<u>跨境流动</u>更加频繁,亟须不断提升<u>监管</u>能力,在加强<u>监管</u>中提高开放水平。比如,随着我国金融业开放步伐加快,我们采取合理的宏观审慎<u>监管</u>政策,提升跨境资本<u>流动管理</u>的有效性,既有效防范化解了金融风险,又为经济高质量发展提供了支撑。这表明,只有在<u>监管</u>到位的情况下,金融业对外开放才能起到促改革、促发展的作用。(《人民日报》,2020-11-3)

(21) 事实上,中美科技交流之路不会被阻断。今天,难以计数的中美科研人员正在<u>开展</u>务实合作,共同研究新冠病毒,共享疫苗和治疗工具的研发成果,为全球抗疫提供解决方案。美国权威期刊《科学公共图书馆·综合》发表的论文显示,与新冠大流行前相比,中美科学家<u>合作完成</u>的涉冠状病毒的相关论文数量显著增加,这表明中美之间牢固的科学合

作关系是人类应对共同挑战的必然需求。(《光明日报》,2021-2-8)

(22) 长城地带的大部分地段,位于由半湿润向干旱气候区过渡的半干旱气候区,那里农区与牧区交错分布,你中有我,我中有你。(《光明日报》,2021-3-4)

(23) 北京时间3月24日,国际奥委会与东京奥组委发表联合声明,正式确认东京奥运会推迟至2021年举行。东京奥运会也成为现代奥运史上首次延期举行的奥运会。(《人民日报》,2020-12-26)

以上例句中的波浪线部分是与状中式对应出现的共存单位,各个共存系统内的词语、小句连贯配合,促进上下句衔接与连贯。例(20)中"流动"与"监管"的文中多次出现,为其状中式"流动监管"的组合提供可能。同理,可以认为例(21)"合作完成"是在"交流、务实合作、共同研究、共享、合作关系"等呼应关系下产生的,例(22)、例(23)的上下句同样是前后呼应,彼此照应,"推迟"与"延期"搭配后形成相对完整的篇章单位。前后单位形成互相指涉、映射,以适应篇章内容的语义和谐与互动共存。

(三)条件关系

在没有关联词语说明小句之间关系的篇章段落中,状中式所在小句与其前后小句在语义上也可以构成条件关系(condition),即在不同使用环境中,补充交代状中式指称或构成事件的发生背景、原因、进程阶段等条件成分,组成完整的段落框架内容。主要分为两类:

1. 背景类

(24) 我们要清醒地看到反中乱港分子、"港独"等激进分离势力通过选举进入香港特别行政区治理架构的现实风险,抓紧完善香港特别行政区相关制度,特别是选举制度,从而把"爱国者治港"落到实处。(《光明日报》,2021-2-23)

(25) 长期以来,在"防"与"治"的关系上,一些人存在模糊认识,存在轻预防、重治疗的问题。要加快建立科学系统的疾病防控体系,增强主动性,将预防关口前移,努力把问题解决在萌芽之时、成灾之前,为人民群众生命健康构筑一道坚固屏障。(《人民日报》,2020-3-17)

(26) 查看电子卷宗本身就给审查案件带来诸多不便,尤其是复杂的案件,制作审查报告的程序比平时烦琐了很多。张慧慧<u>加班办理</u>案件,仔细审查每一份证据,与侦查人员电话沟通案情,引导侦查机关取证,用最短时间完成了40余页的审查报告,作出严谨缜密的继续侦查提纲。(光明网,2020-3-19)

以上三例的状中式所在小句作为叙事主线的前景信息(foregrounding),与波浪线小句的背景信息(backgrounding)组合。如例(24)(25)分别以"现实风险"和"问题"作为原因条件,说明"抓紧完善"与"加快建立"的必要性,又如例(26)的第一句详细提供了事件主线"加班工作"的背景原因和具体环境参照。

2. 序列类

(27) 会议期间,与会代表审议了工作报告《正本清源　守正出新——奋力开创新时代中国书法事业新局面》,修订了《中国书法家协会章程》,<u>选举产生</u>了中国书法家协会第八届主席团和理事会,<u>全面总结</u>了中国书协过去五年的工作成绩,<u>客观分析</u>了当前存在的问题和不足,<u>明确提出</u>了今后一个时期的指导思想和主要任务。(《光明日报》,2021-1-28)

(28) <u>驱车</u>从县城出发,沿山路<u>颠簸行进</u>两个多小时,记者来到白扎林场腹地。坐落在绝壁上的尕尔寺俯瞰着巴麦村和遍布山谷的原始森林,这里是三江源国家级自然保护区的核心地带。(《光明日报》,2018-10-24)

(29) 王志刚表示,面向"十四五",要紧紧围绕推动高质量发展、构建新发展格局,充分发挥科技创新的战略支撑作用。一是要围绕推动产业链高端化的问题,<u>加快突破</u>一批关键核心技术,在人工智能、量子信息、生物育种等领域<u>实施</u>一批科技重大项目。(《光明日报》,2021-2-27)

以上例句中构成了序列事件句(sequence event),各小句成分组成事件背景关系,按照排列顺序先后发生,前后动作承接着进行,不能前后调换顺序,组成了合成事件句。如,例(27)(28)的各个动作事件接续发生体现[＋完结]和[＋有界]特点,例(29)是先"围绕问题"确定研究目标,再针对问题实施科技攻关项目。框架内的各序列事件按照时间和阶段的先后顺序依次进行,在语篇发展中实现动态生成和理解。

由以上分析可知,状中式的使用符合语篇表达习惯和新闻语体风格,能够与前后小句及其内部成分实现相互联系,形成信息互动,促成篇章的语义自足与连贯。需要说明的是,本文研究的状中结构"V1+V2"及其所在小句在篇章前景、背景信息中皆可出现,我们认为,在识解过程中,只有在具体语境下,需要根据小句之间的逻辑关系,才能发掘出其使用特点和条件内涵,以上三类概括仅是在信息互动关系中归纳出的较为显著的表达方式,更多语义关系类型仍需进一步讨论。

四、事件融合因素

两个小句如果在语义上存在关联,出于篇章组合的经济性原则,原本两个分离的事件小句可以整合为用一个句子表征的复杂事件,形成从双小句到单句的小句整合连续统。状语动词所在的独立小句在去句化(desententialization)中逐渐降级(deranking),过程中表现出一系列功能特征,在经历[±依附][±内嵌]的等级演化序列后,最终与核心小句合并。Givón(1984)、Lehmann(1988)、高增霞(2005)、宋文辉(2010)、曹秀玲(2018)、朱庆祥(2019)、刘人宁(2019)等的研究提出了若干判定标准,并从小句整合进程分析结构式的形成及压制方式,在此基础上总结出多项影响小句依附与整合的因素。接下来主要从篇章和外部语境因素概述状中结构能够合并的动因。从篇际因素考察该类结构的表现特点。以"协商解决"的使用情况为例:

(30a)通过企业工会与企业行政方协商,在岗职工实行3批次轮流上班制,企业不仅减轻了成本压力,还解决了分店缺少人手的问题,而职工则保证了工资收入。(《工人日报》,2020-12-17)

(30b)约旦非常支持构建更完善的多边主义机制帮助冲突各方和平、公正地协商解决各类冲突、分歧和危机。(《光明日报》,2021-2-7)

例(30a)的动词"协商、解决"均处在述语位置,各小句之间的成分交错结合后,可以形成状中结构使用,如例(30b)中"协商"在经历去句化过程后,充当状语成分,"解决"仍然处在核心述语位置。从篇章关系看,关于推动小句整合与去句化进程的因素,笔者尝试从以下两个角度概括分析:

(一)背景化触动

Reinhart(1984)指出,背景信息的重要特征之一是具备从属性。从属小句信息的背景化使反指零形主语小句和非反指零形主语小句都对主句产生依赖（方梅 2008；陈满华 2010），两个小句的核心动词组合，背景小句修饰或说明核心事件进程的外部因素，主事论元一般同指，小句整合序列构成了"等立＞主次＞从属"的小句系联斜坡（cline of clause combining），流水句进而整合为包含核心复杂动词的小句出现。例如：

(31a) 云南散打队ᵢ 这支在过去创造了多个全国冠军的队伍，0ᵢ 正在<u>抓紧一分一秒</u>，0ᵢ <u>全力完成</u>冬训期间的每一堂训练课。（《云南日报》，2021-1-22）

(31b) 美联社记者采访了武汉一家口罩生产商，该生产商表示他们正在抓紧完成来自海外的订单，需求目前主要来自疫情严重的欧洲国家和美国，这些国家的需求现在已经增加到以前的 10 倍。（《光明日报》，2020-4-15）

(32a) 发自 2010 年以来，中国关工委ᵢ 积极<u>配合</u>有关部门，0ᵢ <u>参与制定</u>并认真落实《全国家庭教育指导大纲》《关于指导推进家庭教育的五年规划（2011—2015 年）》《关于指导推进家庭教育的五年规划（2016—2020 年）》等文件，并按照任务分工，落实《中国儿童发展纲要（2011—2020 年）》有关任务，推进家庭教育事业发展。（《人民日报》，2020-11-17）

(32b) 蔡冠深表示，社会各界应积极配合参与新冠病毒普及社区检测计划，协助特区政府尽早遏制疫情。[《人民日报》（海外版），2020-9-3]

(33a) 为高质量完成电视片《百家姓》，广州电视台ᵢ <u>将与</u>河北涿州<u>合作</u>，0ᵢ <u>在</u>涿州<u>建设</u>"中华姓氏文化城"，既可作为拍摄基地，又可作为旅游区。（《长江日报》，1993-11-10）

(33b) 惠民生鲜连锁超市由贵阳市政府和农产品流通企业合作建设，打造具有公益性的商品平价零售终端，解决老百姓"买菜难、买菜贵"问题。（《人民日报》，2021-2-6）

三组例句中(a)组的小句动词与主语均形成零形回指，能够整合的小句位置毗邻，论元存在共享情况，提供了能够融合的前提条件。在表达上，出于简省的语用要求，在定景机制（grounding）作用下，背景信息句中的核心动词 V1 逐渐失去独立作谓语时的一系列句法特征，最终压制成短语内的状语修饰成分。在有形态的语言中,非谓语动词都具有特定的形式标记体现出来。汉语"V1＋V2"结构内识别 V1 是否充当状语成分,主要有以下几类扩展格式加以判断:

(1) V1 地/着 V2　　　　(2) 通过 V1 的方式 V2

(3) 在 V1 的状态下 V2　　(4) 在 V1 的时候 V2

(5) 因为 V1 的原因 V2　　(6) 经过 V1 的过程 V2

流水句中两个语义、句法相关的小句整合后,整个句子长度减缩和清晰,事件框架中更加明确 V1 作为背景,V2 作为前景使用。该类现象在新闻报刊语体中的出现,符合语言经济性的语用需求和书写行为过程中"求简律""趋雅律""整齐率""谐体律"的心理制约机制,即使用者在语言成分的选择与组合上追求表达简洁和语体上的和谐一致①,满足书写心理需要。

(二) 宏事件框架

宏事件概念(Macro-event Hypothesis)最早由 Talmy(2000)分析运动事件的语义结构发现,并基于宏事件提出两分法理论。李福印(2020)将宏事件假说概括为:"语言通常把两个较为简单的相关事件更具综合性地表征为一个单一的融合的复杂事件,即'宏事件',在语言表层用一个小句来表达。"可以理解为,在两个小句之间存在句法和语义关系的条件下,宏事件假说认为语言使用者在概念层面上能够把两个离散、简单的事件语义联系整合起来,在同一场景编码中识解和排列优先表征事件的顺序,概念化为一个独立复杂事件,最后表达为单一小句。本文的状中式"V1＋V2"组合结构由两个动词成分构成,在具体句子中可以扩展为两个以单动词为核心谓词报道事件的小句使用,以"并列使用""承包经营""冒险进入"为例:

(34) 在陶渊明之后的历代文献中,谈谐一词屡屡出现,而且多是和戏谑并列使用,在史传写到某人时,也多把谈谐作为一种特别的性格特征加以表述。(《光明日报》,2020-10-26)

(35) 作为党员干部,我带头种树养蚕。一开始只种了 7 亩地,后来铆足劲,承包经营了 50 多亩地带头干。(《光明日报》,2017-1-18)

(36) 在军演中,美军运输机自 1990 年后第一次飞越北极圈,核动力

---

① 孙德金(2012:54)将该类现象归为现代书面汉语中的文言语法成分,笔者表示赞同。

航空母舰"杜鲁门号"及其支援舰近 30 年来首次<u>冒险进入</u>北极地区。此后,美国海军舰队及轰炸机多次进入北半球高纬度地区。(《光明日报》,2020-9-4)

各动词构成的简单事件认知框架表述为:
例(34)　　e1 并列:〈**谈谐　戏谑**〉　　e2 使用:〈**谈谐　戏谑**　作者〉
例(35)　　e1 承包:〈**我　土地**〉　　　e2 经营:〈**我　土地**〉
例(36)　　e1 冒险:〈**航空母舰**〉　　　e2 进入:〈**航空母舰**　北极地区〉

经比较可以发现,如果仅选取状中结构中单一动词构成的事件小句,两个动词形成的简单事件组成要素均存在重合情况(加粗部分),两者语义相关,即论元同指,这是构成状中式宏事件的前提和基础。在"从动作行为角度描写事件发生过程"框架义作用下,状中结构融为复杂宏事件的要求是能够修饰核心动作事件,两个子事件之间具有内在语义关联,表现为两者存在偏正关系,在"参照物先于目标物"认知语序原则安排下(刘宁生,1995),从背景向前景逐级推进,前动词的词汇义修饰或描写动作行为事件,后动词为核心概念,表示句中目标事件的动作行为。在融合过程中,小句之间的边界成分逐渐消失,事件发生时间重合,同指的论元成分合并后由两个动词共享,最后表征为一个宏事件小句[①]。该过程丰富表现了流水句与单句的融合关系,体现小句整合过程中"章法—句法"的交互作用。

通过动因分析发现,小句之间如果存在着语义、句法关联,且发生在同一宏事件框架下,会受到背景化触动,作为从属句的依附性逐渐增强;小句融合过程在相关操作机制下运行,形成从外部到内部,各个阶段逐级失去典型动词语法特点的降级序列,最后体现出非谓词性成分的功能[②]。

五、结语

篇章中的词语具有篇章功能,信息单位相互关联,从而组成一个语义表征的整体(吕为光,2021)。本文的主要观点是现代汉语中存在一部分动词能够

[①] 笔者另有文章考察状中式内部各动词成员的论元互动关系,操作过程归纳为同指原则、合并原则和凸显原则。

[②] 高增霞(2005)在 Lehmann(1988)的基础上,提出从言语行为效力、情态、时体特征、行为者等标准来判断汉语小句去句化各个阶段,在小句与副词性成分的连续统中,每个节点对应着不同内外部特征。相关类型学研究参看 Everett(1986:269)Pirahā 语和 Asher(1985:21)Tamil 语的描写。

直接连用构成状中结构,通过从篇章角度考察该类结构的使用情况,发现其管界范围灵活,可状动词 V1 能够作为次级话题和组块单位具备指称功能。该类结构通过与上下文信息互动,实现篇章的衔接连贯,在篇章背景化、宏事件框架内发生小句融合。另外,本文仅集中在双音动词组合的状中结构进行分析,关于不同音节动词直接连用的其他类型(主谓、述宾、述补、连动、联合)在语篇中的使用情况与表达功能仍需考察。此外,文章观察到了章法与句法的相互关系,但对句法与词法的关系讨论较少,两者是否也能够形成整合程度的连续统,后文将继续讨论。

参考文献

曹秀玲:《汉语小句降级与语篇整合效应——以"作为 NP,(S)VP"为例》,《语文研究》2018 年第 4 期。

陈满华:《由背景化触发的非反指零形主语小句》,《中国语文》2010 年第 5 期。

段业辉、刘树晟:《现代汉语构式语法研究》,2012 年世界图书出版公司。

方梅:《由背景化触发的两种句法结构——主语零形反指和描写性关系从句》,《中国语文》2008 年第 4 期。

高增霞:《从非句化角度看汉语的小句整合》,《中国语文》2005 年第 1 期。

赖慧玲:《现代汉语自主状语研究》,中国社会科学出版社 2017 年版。

廖秋忠:《廖秋忠文集》,北京语言学院出版社 1992 年版。

李福印:《宏事件假说及其在汉语中的实证研究》,《外语教学与研究》2020 年第 3 期。

李晋霞:《现代汉语动词直接做定语研究》,商务印书馆 2008 年版。

李可胜:《连动式的语义生成范式及其触发条件》,《当代语言学》2020 年第 1 期。

刘街生:《双"了"连动句》,《当代语言学》2020 年第 4 期。

刘宁生:《汉语偏正结构的认知基础及其在语序类型学上的意义》,《中国语文》1995 年第 2 期。

刘人宁:《小句整合视野下致使结构对致使事件的压制》,《汉语学习》2019 年第 6 期。

陆丙甫、蔡振光:《"组块"与语言结构难度》,《世界汉语教学》2009 年第 1 期。

吕为光:《"这天"的篇章功能及前项和后项语义关系研究》,《语言教学与研究》2021 年第 3 期。

沈家煊:《超越主谓结构——对言语法和对言格式》,商务印书馆 2019 年版。

宋文辉:《兼语句的小句整合程度与兼语的属性》,《语法研究和探索》(十五),商务印书馆 2010 年版。

孙德金:《现代汉语动词做状语考察》,《语言教学与研究》1997 年第 3 期。

孙德金:《现代书面汉语中的文言语法成分研究》,商务印书馆 2012 年版。

苏颖:《上古汉语状位动词的鉴别》,《汉语学报》2015 年第 2 期。

徐赳赳:《多动词小句中的零形式》,《中国语文》1993年第5期。

徐赳赳、Jonathan J.Webster:《复句研究与修辞结构理论》,《外语教学与研究》1999年第4期。

完权:《语篇中的"参照体—目标"构式》,《语言教学与研究》2010年第6期。

张伯江:《汉语句法中的框—棂关系》,《当代语言学》2018年第2期。

张谊生:《论与汉语副词相关的虚化机制——兼论现代汉语副词的性质、分类与范围》,《中国语文》2000年第1期。

朱庆祥:《语体视角下的现代汉语小句依存性研究》,上海人民出版社2019年版。

Asher, R.E., *Tamil: Croom Helm Descriptive Grammars*, London: Croom Helm, 1985.

Givón, T., *Syntax: A Functional-Typological Introduction*. Vol.1, Amsterdam & Philadelphia: J. Benjamins Publishing Company, 1984.

Lehmann, Christian., "Towards a typology of clause linkage", in Haiman, John & Thompson, Sandra A. ed. *Clause Combining in Grammar and Discourse*, Amsterdam & Philadelphia: J. Benjamins Publishing Company, 1988.

Reinhart, Tanya., "Principle of gestalt perception in the temporal organization of narrative text", *Linguistics*, 1984(22).

Talmy, L., *Toward a Cognitive Semantics*. Vol.1: *Concept Structuring Systems*, Cambridge, MA: The MIT Press, 2000.

微信表情符号[笑哭][捂脸]的情景语义和话语功能研究
——基于青年用户的调查

唐雪婷[*]

摘要：随着互联网技术的进步，网络交际逐渐成为人们沟通的主要方式，表情符号正是在这种背景下诞生的新交际符号。微信作为在中国使用最广泛的社交软件，以该平台为载体的表情符号的使用、理解和规范逐渐成为人们关注的焦点。青年用户作为微信最庞大的使用群体，以其作为调查对象和研究语料的来源更具时代性和代表性。《2019微信数据报告》中指出，[捂脸]荣登表情排行榜的首位，成为最受欢迎的微信表情符号。在Adobe发布的《2021年全球表情符号趋势报告》中，[笑哭]成为全球最流行的表情符号。本文拟以这两个表情符号为研究对象，基于Jon Barwise和John Perry提出的情景语义学理论、Terry D.Royce提出的符际互补理论和张德禄提出的多模态话语分析理论框架，尝试从情景语义和话语功能（概念功能、人际功能和语篇功能）两个角度进行分析，并简要阐释这两个表情符号的联系与区别。基于此研究，希望有助于大众更加深刻地理解[笑哭]和[捂脸]的情景语义和话语功能，从而更好地通过表情符号传达信息、表达情感，提升网络交际的效果与效率，同时也希望对表情符号的使用规范提供有益的参考。

关键词：表情符号；[笑哭]；[捂脸]；情景语义；话语功能；使用规范

一、引言

在互联网和大数据的时代背景下，各类聊天软件成为人们交流情感与沟通信息的重要平台。文字已远远不能满足人们的表达需求，表情符号逐渐成

---

[*] 唐雪婷，中国社会科学院大学研究生院博士生。

为沟通中的重要元素,并使得交流更加丰富与鲜活。从一开始系统自带的emoji表情,到现在各种以不同人物为主题的表情包,表情符号的作用与地位愈发凸显,其研究价值也随之攀升。

"十三五"规划中提到我国要实施"互联网+"行动计划和国家大数据战略,加强网上思想文化阵地建设,加快媒体数字化建设。表情符号的流行正是大数据时代中的一个凸显现象,同时有关表情符号的使用规范问题还是国家网络文化建设的重要组成部分。

随着表情符号的频繁、广泛使用,相关的研究也越来越多,主要涉及符号学、语言学、传播学、社会学、心理学、计算机科学、文化、医学、法学等众多学科。从语言学的角度看,大部分研究主要从宏观角度探索表情符号的类型及语用功能,而本文计划从话语分析的角度以具体表情符号为例分析其话语情景及功能,即基于多模态话语分析尝试从情景语义和话语功能两个方面对具体表情符号进行探索。另外,微信作为国内流行的社交软件,拥有广大的用户群体,而其中青年用户又是最具代表性与推动性的一类。所以,本文以微信作为研究表情符号的平台载体,将青年用户作为表情符号语料的来源,从而提升本研究的时代性与创新性。

《2019微信数据报告》显示,[捂脸]荣登表情排行榜的首位,成为最受欢迎的微信表情符号。Adobe发布的《2021年全球表情符号趋势报告》显示,[笑哭]成为全球最流行的表情符号。因此,本文拟以[捂脸]和[笑哭]两个表情符号为具体的研究对象,基于张德禄提出的多模态话语分析理论、Jon Barwise和John Perry提出的情景语义学理论和Terry D.Royce提出的符际互补理论框架,提出小黄脸表情符号—文字符号符际互补分析框架,尝试从情景语义和话语功能(概念功能、人际功能和语篇功能)两个角度进行分析,并简要阐释这两个表情符号的联系与区别。从而使网民更加深刻地理解此表情符号的情景语义和话语功能,提升网络交际的效果与效率,规范表情符号的使用。

二、小黄脸表情符号—文字符号符际互补分析框架

研究微信表情符号,即对网络交际中的视觉模态进行分析,也就是所谓的多模态话语分析中的一类。张德禄(2009)指出:"多模态话语指运用听觉、视觉、触觉等多种感觉,通过语言、图像、声音、动作等多种手段和符号资源进行交际的现象。这种现象司空见惯,自古有之,如诗歌配上图画,说话时打手势做鬼脸,使用不同口气和腔调等。但话语的多模态性一直没有受到人们的重视,只是到了现代语言学研究中,人们才开始从非语言特征和伴随语言特征的角度研究它,不过只作为语言的辅助表达系统,没有作为意义表达模态来研究。随着多媒体话语的产生,人们直到最近几年才逐步认识到其重要性,将其作为一个独立的学术领域进行研究。"

(一)多模态话语分析理论框架

张德禄(2009)曾为多模态话语分析建立了一个理论框架,这个框架主要由五个层面的系统组成:文化层面、语境层面、意义层面、形式层面和媒体层面。其中,意义层面包括由几个部分组成的话语意义及概念意义、人际意义和谋篇意义。本文针对表情符号话语功能的分析视角借鉴的是意义层面。同时,笔者根据分析对象的特殊性结合 Halliday(1994)在其功能语法中提出的语言三大元功能(概念功能、人际功能和组篇功能),对相关概念进行了具体的定义。针对表情符号的话语功能分析,具体说来分为篇章功能、概念功能和人际功能三个方面。篇章功能指该表情符号在篇章中出现的位置以及重叠的次数;概念功能指该表情符号所表达的语义内涵;人际功能指该表情符号的语用功能,即言者在交际中使用该表情的目的和意图。

(二)情景语义学理论

本文分析表情符号的另一个视角借鉴的是情景语义学理论。情景语义学是在情境理论的基础上产生的。由 Jon Barwise 和 John Perry(1983)于 20 世纪 80 年代初提出,后经 K. Devlin、J. Gawron、S. Peters 等人深入发展。该理论以信息为研究对象,突破传统语义学、句法学与语用学的界限。情景是其基本概念,指相对于世界而言的,在局部范围内产生的各种事物之间的特定关系,是特定语言单位反映的世界片段。依靠上下文是情景语义学的绝对必要前提。某一个句子可以在不同的情景之中反复使用,表述不同的事情,对它的解释从属于它所处的情景。这种具有上下文的情景,即话语情景,包括说话者、听话者、说话的时间和地点以及话语内容。由于说话者总是处于不同的情景,与不同的世界及信息有着不同的因果联系,因此,话语所传递的信息与说话者和听话者相关。除此之外,上下文还支撑着话语参与者与其他关联情景的关系,如资源情景。同样,同一表情符号可以用在不同的情景、表达不同的意义,而这些意义都是不同情景下的产物。表情符号的情景语义分析实际上就是从语义的角度归纳表情符号可出现的情景类型,简单地说就是其使用场合。

(三) 符际互补理论

多模态语篇中图像与文本的关系是解读多模态语篇的重要环节,也是近年来多模态话语分析的研究焦点和发展趋势(杨曙,2012)。Terry D. Royce 于1998年提出了符际互补理论(intersemiotic complementarity)用于分析多模态篇章中图像与文本之间的关系。符际互补是指视觉模态(visual mode)和文字模态(verbal mode)在语义上相互补充,共同构建一个完整、连贯的多模态语篇的过程(Terry D. Royce,1998)。符际互补理论建立在 Halliday 的系统功能语言学的基础上,运用了交际中的语言元功能(metafunction)理论。Halliday(1978;1994)指出,语言的本质是一种社会符号,具备概念功能、人际功能和语篇功能三大元功能。符际互补理论对多模态语篇中视觉模态的分析运用了 Kress & Van Leeuwen 提出的视觉语法理论;在分析图像和文字概念功能层面中的关系时运用了 Halliday(1994)和 Halliday & Hasan(1976)的词汇衔接理论。Terry D. Royce 从概念功能、人际功能和语篇功能三个角度出发,分别阐释了分析视觉模态意义、文字模态意义以及两者相互补充关系的步骤方法。当然,对于这三大元功能的概念,Terry D. Royce 也结合自己的研究内容重新做出了诠释。

概念功能(ideational metafunction)意在展示正在发生的情景。视觉模态中体现为该情景中所有的再现参与者(represented participants),包括生命体和非生命体;人际功能(interpersonal metafunction)意在展现参与者在该交际互动中所扮演的角色,这里的互动参与者(interavtive participants)即画者(体现在作品上)和观者;语篇功能(textual/compositional metafunction)意在通过一定的组织形式将结构要素整合为一个语义连贯、有条理的篇章整体。这里主要是指对再现参与者和互动参与者的设计与布局。详细的符际互补分析框架参见表1(Terry D. Royce,1998)。

表1 符际互补分析框架

元功能	视觉意义	符际互补	文字意义
概念功能	1. 识别再现参与者 2. 描绘的活动 3. 环境 4. 再现参与者的属性	在词汇—语义层面有下列联系: 1. 重复关系 2. 同义关系 3. 反义关系 4. 借喻关系 5. 上下义关系 6. 搭配关系	在文本中查找与视觉意义相关的词汇 1. 识别参与者 2. 活动、过程 3. 环境 4. 属性

(续表)

元功能	视觉意义	符际互补	文字意义
人际功能	1. 画者与观者是否有直接的眼神接触 2. 观者与再现参者与的权势关系 3. 观者与再现参与者的社会距离 4. 情态(可信度、可接受度)	1. 语气上的加强 2. 态度一致 3. 态度不一致	1. 语气线索 2. 情态线索 3. 态度线索(态度形容词)
语篇功能	1. 信息值 2. 视觉显著度 3. 视觉要素构建	1. 信息值 2. 视觉显著度 3. 视觉要素构建 4. 视觉同义 5. 阅读路径	1. 排版、排字 2. 统版、组排 3. 其他排版技术 4. 主题、固定/新结构

　　从 Terry D. Royce 提出的符际互补理论框架可以看出,该理论更适用于对主题海报、插图等大中型画作与其同现文字符号之间的关系进行分析。而微信小黄脸表情符号仅仅只有一张小圆脸,不涉及环境、前景—背景、色彩对比、聚焦等问题,因此,用该理论分析表情符号与同现文字符号的关系不太适合。因此,笔者在符际互补理论的基础上尝试提出针对分析小黄脸表情符号和同现文字符号之间关系的框架。详见表2。

表2　小黄脸表情符号—文字符号符际互补分析框架

元功能	视觉意义	符际互补	文字意义
概念	识别小黄脸表情符号的意义	在词汇—语义层面有下列联系: 1. 近义关系 2. 反义关系 3. 搭配关系 4. 语义背景 5. 替代关系	在文本中查找与视觉意义相关的词汇
人际	1. 观者与小黄脸的眼神是否有直接接触(有—索取;无—提供) 2. 言者双方的社会距离	1. 语气上的加强 2. 态度的一致 3. 态度的不一致 4. 交际氛围的营造润滑气氛(缓和气氛;表达情感)	1. 语气四类言语功能(提供:提供、陈述;索取:命令、疑问) 2. 情态 3. 态度(态度形容词)
语篇	1. 信息值(句首;句中;句末;单用) 2. 信息显著度重复频次	1. 信息值(句首;句中;句末;单用) 2. 信息显著度重复频次	特殊结构

本文将按照小黄脸表情符号—文字符号符际互补的分析框架从整体的角度探索表情符号[笑哭]和[捂脸]与文字符号的互补关系,并分别从情景语义和话语功能两个方面具体说明这两个微信表情符号的使用和规范,尝试阐明它们之间的联系与区别,并进一步分析这两个微信表情符号如此受大众欢迎的原因。

三、[笑哭]的情景语义及话语功能分析

（一）[笑哭]的情景语义

Adobe 发布的《2021 年全球表情符号趋势报告》显示,[笑哭]成为全球最流行的表情符号。从[笑哭]的外观设计来看,该表情既具有代表悲伤的两滴[＋眼泪],又有代表开心的开口[＋笑],看似是一对意义矛盾的构件,可实际上大大增强了[笑哭]的表现力,丰富了其意义与可使用的情景。对于[笑哭]情景语义的分类,本文借鉴的是美国哲学语言学家约翰·舍尔对言外行为的分类。详见表3。

表 3 [笑哭]的情景语义

情景语义			频次	占总数比例	小计	小计比例
阐述类		面对困难	1	0.005 291 005	15	0.079 4
		日常	14	0.074 074 074		
表达类	表达情感	主体	无奈	46	0.243 386 243	136	0.719 6
			不好意思	44	0.232 804 233		
			吃惊,没想到	15	0.079 365 079		
			逗乐	12	0.063 492 063		
			表达歉意	7	0.037 037 037		
			崩溃	4	0.021 164 021		
			遗憾	3	0.015 873 016		
			感慨	3	0.015 873 016		
			撒娇	1	0.005 291 005		
			沮丧	1	0.005 291 005		
		客体	调侃	12	0.063 492 063	12	0.063 5

(续表)

情景语义			频次	占总数比例	小计	小计比例
表达类	表明态度	自嘲	9	0.047 619 048	18	0.095 3
		反语	7	0.037 037 037		
		同情	1	0.005 291 005		
		讽刺	1	0.005 291 005		
指令类		询问	5	0.026 455 026	8	0.042 3
		提出要求	3	0.015 873 016		
合　　计			189	1	189	1

由上表可知,[笑哭]的情景语义大致可分为三类:阐述类、表达类和指令类。其中表达类情景是[笑哭]最常使用的情景,使用频次166次,占总发送量的87.84%;然后是阐述类情景,使用频次15次,占总发送量的7.94%;最后是指令类情景,使用频次8次,占总发送量的4.23%。

表达类情景又分为表达情感和表明态度两类,表达情感类情景的使用比例(78.31%)以压倒性优势高于表明态度类情景(9.53%)。表达情感类情景根据情感的语义指向又可以分为针对主体的情感表达和针对客体的情感表达。其中,针对主体的情感表达占总发送量的71.96%,是[笑哭]最为常用的情景。具体表达什么情感要根据不同的语境来判断。比如,表达"无奈"和"不好意思"的情景是[笑哭]最为典型的情景语义,使用率分别占总发送量的24.34%和23.28%。在表"无奈"(例1)的情景中用[笑哭]表达一种不情愿做却又不得不做某事的无奈感。"不好意思"(例2)情景中用[笑哭]表达一种尴尬/囧,或者谦虚的情感。位居第三的是"吃惊,没想到"(例3)的情景,其用[笑哭]表达一种意料之外的情感。位居第四的是"逗乐"(例4)的情景,在该情景中,[笑哭]只取[+笑]的开心含义,表现出一种笑出眼泪的欢乐感。此外,[笑哭]表达主体情感的情景还包括"表达歉意"(例5)、"崩溃"(例6)、"遗憾"(例7)、"感慨"(例8)、"撒娇"(例9)、"沮丧"(例10)。针对客体的情感表达只有"调侃"(例11)这一类,使用频率占总发送量的6.35%,因为[笑哭]的表情设计正符合调侃的情景特征,给人一种随性、放松的感觉;表明态度类情景主要有四类:"自嘲""反语""同情"和"讽刺"。在"自嘲"(例12)的情景中使用[笑哭]进行自我调侃表达一种尴尬/囧的情感却又不失风趣。在"反语"(例13)和"讽刺"(例

14)的情景中使用[笑哭]表达一种哭笑不得的无奈感,正好与该表情矛盾的构件设计相呼应。在"同情"(例15)情景中,[笑哭]主要取[+眼泪]的悲伤义,表达对对方处境的同情与感同身受。

(1) 论文虐我千百遍,我待论文如初恋[笑哭]
(2) 想起了去年赶期末论文的时候,拖延症啊[笑哭]
(3) [笑哭](上下文是T告诉大家她怀二胎3个月了,L说前几天还看T发穿高跟的照片时使用的表情符号)
(4) [笑哭][笑哭][笑哭][笑哭](上下文是C告诉A她的眼线花了,公交车上的人都在看她,而她却毫不知情,A听后的反应)
(5) 晚上和对面宿舍约了[笑哭][笑哭][笑哭](上下文是A与Y约饭,Y的回答)
(6) [笑哭][笑哭][笑哭][笑哭](上下文是L告诉A大家看戏看到崩溃时用的表情)
(7) [笑哭][笑哭][笑哭](上下文是J告诉L她要结婚了,L说要12月份回来,J说她10月份估计就结了,L的反应)
(8) 经过无数论文练手后,反馈总结工作报告那都不是事儿[笑哭][笑哭][笑哭]
(9) 我只想要个人陪[笑哭]
(10) 哦[笑哭](上下文是Q雅思考了7.5,K问Q复习雅思用了多久,Q说一个月,K的反应)
(11) 为了祝你生日快乐啊[笑哭][笑哭](上下文是M发微信说从重庆发来贺电祝H生日快乐,H问M平常在泰国工作咋跑重庆去了,M的回答)
(12) [笑哭][笑哭][笑哭]嗯,我最近脑子一团糨糊了都
(13) 想看书呢!忒别想看书!想学习想得不要不要的![笑哭][笑哭][笑哭][笑哭][笑哭][笑哭][笑哭]
(14) 在我们部门,哪一个心理素质都是被锻炼得强大[笑哭]
(15) [笑哭](上下文是S摔了一跤,向G哭诉,G的回答)

阐述类情景又分为面对困难和日常两类。[笑哭]在面对困难(例16)的情景中只出现了一次,用于表达一种为难的情绪。在日常(例17)情景中出现14

次,一般单用或用在句末,没有实在的意义,主要用于缓解或润滑气氛。

指令类情景分为询问(例18)和提出要求(例19)两类。[笑哭]在这两类情景中都没有具体实在的意义,主要用于缓和气氛,让听者更加乐意接受言者的指令。

(16) 我要去的话还得跟张老师请假[笑哭]
(17) 不知道唉[笑哭]
(18) 学姐在宿舍没[笑哭]不用懂,关注就好了[笑哭]
(19) 不用懂,关注就好了[笑哭]

(二)[笑哭]的话语功能

1. [笑哭]的篇章功能

[笑哭]的篇章功能主要是指该表情符号在文中出现的位置以及重叠的次数。详见表4。

表4 [笑哭]的篇章功能

位置	重叠次数	用例	频次	比例
句末	1	44	98	0.518 519
	2	7		
	3	8		
	4	2		
	7	1		
单用	1	20	72	0.380 952
	2	6		
	3	6		
	4	3		
	10	1		
句首	1	2	19	0.100 529
	2	2		
	3	3		
	4	1		
合计			189	1

由表 4 可知,句末和单用是[笑哭]最常出现的篇章位置,分别占总发送量的 51.85% 和 38.10%。重叠次数以 1~3 次为主,单次使用的频率更高一些。重叠次数由言者根据表达的需要自主把握。出现在句首的情况相对来说比较少,只占总发送量的 10.05%。

2.[笑哭]的概念功能

[笑哭]的概念功能主要是指其在句中的语义内涵。通过对语料的归纳整理,本文将[笑哭]的概念功能大致归为两类——无意义类和表达情感类。详见表 5。

表 5 [笑哭]的概念功能

语义		频次	比例	合计	比例
无意义		34	0.179 894	34	0.179 894
表达情感	哭笑不得/无奈	60	0.317 46	155	0.820 106
	尴尬/囧	53	0.280 423		
	吃惊	14	0.074 074		
	喜极而泣/笑出眼泪	12	0.063 492		
	谦虚	7	0.037 037		
	崩溃	4	0.021 164		
	遗憾	3	0.015 873		
	沮丧	1	0.005 291		
	为难	1	0.005 291		
总计		189	1	189	1

由表 5 可知,表达情感类是[笑哭]最主要的概念功能,具体表达什么样的情感取决于其所处的语境。其中,"哭笑不得/无奈"(例 1)是[笑哭]表达的典型情感,也是其最典型的语义内涵,用例 60 次,占总发送量的 31.75%。常用在无奈、感慨等情景中,用于表达面对不情愿做或不情愿承认的事情,却不得不去做或承认的无奈感。其次,"尴尬/囧"(例 12)是[笑哭]第二典型的语义内涵,用例 53 次,占总发送量的 28.04%。常用在表示不好意思(例 2)、自嘲(例 12)、调侃(例 20)以及表达歉意(例 5)的语境中,用一种轻松的方式表达内心的尴尬或窘迫。再次,"吃惊"(例 3)也是[笑哭]比较常用的语义内涵,主要用在吃惊、没想到的语境中,表达一种出乎意料的惊奇感。紧随其后的"喜极而

泣/笑出眼泪"(例4)也是[笑哭]比较常用的语义内涵,这里只取了[笑哭]中开心的意义,[＋眼泪]不表示悲伤,而是用于表达开心的程度,常用于逗乐的情景。除此之外,"谦虚"(例21)、"崩溃"(例6)、"遗憾"(例7)、"沮丧"(例10)、"为难"(例16)也是[笑哭]可以表达的语义内涵。

(20) 我也不知道[笑哭][笑哭](上下文是L在群里发红包,N抢了最多,L开玩笑问N为什么抢了那么多,N的回答)

(21) 哈哈[笑哭][笑哭][笑哭](上下文是A羡慕J的假期丰富多彩,可以去很多地方旅游,J的回答)

第二类无意义的概念功能也是[笑哭]比较常用的一类。正是由于[笑哭]的构件具有矛盾性,情感倾向不是特别明确,所以常用在一些日常(例17)、询问(例18)、提出要求(例19)的情景中用于缓和或润滑气氛,并没有什么具体实在的意义,只是使交际氛围更加活泼而已。

3. [笑哭]的人际功能

[笑哭]的人际功能主要指其在上下文中实现的语用功能,也就是用户在交际中使用该表情符号的目的和意图。本文根据语料归纳出了[笑哭]的4条人际功能。详见表6。

表6 [笑哭]的人际功能

序号	语用功能	频次	比例
1	表达情感	153	0.809 524
2	缓和气氛	24	0.126 984
3	润滑气氛	9	0.047 619
4	寻求帮助	3	0.015 873
合计		189	1

由表6可知,表达情感是[笑哭]最重要的人际功能,用例153次,占总发送量的80.95%。具体来说[笑哭]可以表达的情感非常丰富,最典型的是"哭笑不得/无奈"和"尴尬/囧",比较常用的是"吃惊"和"喜极而泣/笑出眼泪",除此之外,[笑哭]还可以表达"谦虚""崩溃""遗憾""沮丧""为难"的情感。这些在[笑哭]的概念功能里都有所提及。其次,缓和气氛是[笑哭]的第二大人际

功能,占总发送量的12.70%。常用在询问、提出要求、表示不好意思的情景中,没有具体实在的意义。再次,[笑哭]的第三个人际功能是润滑气氛,润滑气氛与缓和气氛的区别就在于其情景语义有所不同。当[笑哭]实现润滑气氛的人际功能时,常用于日常情景中,没有什么实在的意义。[笑哭]的第四个人际功能是寻求帮助,使用频次比较少,主要出现在表示不好意思的情景中表达内心的尴尬与窘迫。

四、[捂脸]的情景语义及话语功能分析

[捂脸]是2016年11月微信平台新推出的系列表情符号之一,自该表情"横空出世"以来,便受到广大用户的喜爱,发送量急速攀升,短时间内上升到了TOP10,有一种直逼[笑哭]地位的趋势。2019年,微信发布《2019微信数据报告》,[捂脸]荣登表情符号排行榜首位,成为最受欢迎的微信表情符号。微信表情团队曾说"虽然很难说出[捂脸]具体代表什么意思,但这个表情确实表达了不少人的新心声",也有网友说[捂脸]其实是[笑哭]的升级。

从[捂脸]的外观设计来看,其保留了[＋眼泪]和开口[＋笑]的特点,不同的是,[捂脸]将[笑哭]中的两滴[＋眼泪]换成两行[＋眼泪],除此之外,还增加了一只手捂住半边脸的动作。据微信表情制作团队中的成员说,[捂脸]表情的人物原型是周星驰。微信表情制作团队中有一名广东"80后"设计师,他非常喜爱周星驰夸张搞笑的"捂脸"动作,再加上他本人就是一个特别喜欢做"捂脸"动作的人。于是,经他亲自操刀制作的[捂脸]表情就这么诞生了。

所有的[捂脸]表情都有一个共同点——用于掩盖真情实感。和[笑哭]一样,[捂脸]虽也表示"边哭边笑",但其有自己独特的情景语义与话语功能。

(一)[捂脸]的情景语义

本文根据搜集到的语料将[捂脸]的情景语义大致分为三类:阐述类、表达类和指令类。分类的依据借鉴的是美国哲学语言学家约翰·舍尔对言外行为的分类。详见表7。

表7 [捂脸]的情景语义

情景语义		频次	占总数比例	小计	小计比例
阐述类	面对困难	3	0.019 108 28	11	0.070 064
	日常	8	0.050 955 414		

(续表)

情景语义			频次	占总数比例	小计	小计比例
表达类	表达情感	主体			126	0.802 548
		无奈	49	0.312 101 911		
		不好意思	45	0.286 624 204		
		表达歉意	14	0.089 171 975		
		吃惊,没想到	6	0.038 216 561		
		犹豫	4	0.025 477 707		
		感慨	4	0.025 477 707		
		逗乐	2	0.012 738 854		
		诉苦	2	0.012 738 854		
	客体	调侃	4	0.025 477 707	4	0.025 478
	表明态度	佩服	7	0.044 585 987	14	0.089 172
		嫌弃	4	0.025 477 707		
		自嘲	3	0.019 108 28		
指令类		询问	2	0.012 738 854	2	0.012 739
合计			157	1	157	1

由上表可知,表达类情景是[捂脸]最常使用的情景类型,使用频次144次,占总发送量的91.72%;其次是阐述类情景,占总发送量的7%;最后是指令类情景,占总发送量的1.27%。

表达类情景又分为表达情感和表明态度两类。其中,表达情感类情景(82.80%)的使用频率远远高于表明态度类的情景语义(8.92%)。表达情感类情景根据情感的语义指向又可以分为针对主体的情感表达和针对客体的情感表达。其中,针对主体的情感表达占总发送量的80.25%,是[捂脸]最常用的情景,至于具体表达什么情感要根据具体的语境来判断。其中表达"无奈"和"不好意思"是[捂脸]最常表达的主体情感,两者分别占总发送量的31.21%和28.66%。在表"无奈"(例22)的情景中[捂脸]用于表达对某件事的无可奈何。这与[笑哭]中的表"无奈"情景有异曲同工之妙。在表"不好意思"(例23)的情景中[捂脸]一般用于表达做了糗事后或寻求帮助时的尴尬/囧(例23),或者是发表自己见解后的谦虚(例24),或是单纯表达一种害羞的情绪(例25)。这与[笑哭]中表达"不好意思"情景的用法也非常相似。其次,"表达歉意"(例26)

的情景也比较常用,占总发送量的8.92%,主要用于表达自己的行为给他人带来不便时的尴尬和歉意。再次,[捂脸]还可以用于"吃惊,没想到"(例27)的情景,主要表达知道真相后的不可思议。除此之外,[捂脸]还可以用于表达"犹豫"(例28)、"感慨"(例29)、"逗乐"(例30)以及"诉苦"(例31)的情景。另外,针对客体的情感表达只有"调侃"(例32)一类,占总发送量的2.55%,主要用于表达一种面对无法改变的事实的无奈调侃,幽默中多了一分苦涩感;表明态度类的情景主要有3种:"佩服""嫌弃"和"自嘲"。在表"佩服"(例33)的情景中用[捂脸]表达佩服的程度,因已然无法望其项背而黯然神伤。在表"嫌弃"(例34)的情景中[捂脸]同样是表达嫌弃的程度,嫌弃到了不忍直视的地步。而在表"自嘲"(例35)的情景中,[捂脸]用于表达一种尴尬/囧的情绪。

(22) 回到房间就没网,流量也要连半天[捂脸][捂脸]

(23) 对啊,明天跟别人约了,都忘了这回事了[捂脸]

(24) 师姐对得好棒！我来献丑了:丁是丁卯是卯责有攸归。[捂脸]

(25) 摆拍你懂的[捂脸]

(26) 我昨天忘了找你拿东西了[捂脸][捂脸]

(27) 没想到[捂脸][捂脸]

(28) [捂脸]机票好便宜啊我动心了……在想要不要请假回去……

(29) 感觉工作以后每一次备课都是一个小小的research[捂脸][捂脸][捂脸]

(30) 好逗[捂脸]

(31) 又忙又闹心[捂脸]

(32) 周末……是什么,可以吃吗[捂脸]

(33) 姐姐你咋这么棒[捂脸][捂脸][捂脸]

(34) [捂脸][捂脸][捂脸](上下文是Q觉得彩色的咖啡机看起来很low)

(35) 那我能考上吗[捂脸][捂脸][捂脸](Q让B考中国传媒大学的研究生,B的反应)

阐述类情景主要有"面对困难"和"日常"两类情景,分别占总发送量的

1.91% 和 5.10%。在"面对困难"(例 36)类情景中,[捂脸]多用于表达面对困难、寻求帮助时的尴尬或窘迫。在"日常"(例 37)情景中使用[捂脸]一般没有具体实在的意义,多是为了润滑气氛,使交际氛围更加活泼。

指令类情景只有"询问"(例 38)一类,[捂脸]在该情景中同样没有具体实在的意义,只是为了在询问、寻求帮助时缓和气氛,让听者更乐于接受言者的指令。

(36)我就只认识一个北语的你[捂脸](上下文是 H 找 L 帮忙拿快递,对 L 说的话)

(37)[捂脸]我在看机票

(38)2 号楼在哪儿啊[捂脸]

(二)[捂脸]的话语功能

1.[捂脸]的篇章功能

[捂脸]的篇章功能主要是指该表情符号在文中出现的位置以及重叠的次数。详见表 8。

表 8 [捂脸]的篇章功能

位置	重叠次数	用例	频次	比 例
句末	1	32	85	0.541 401
	2	10		
	3	9		
	8	1		
单用	1	14	53	0.337 58
	2	4		
	3	9		
	4	1		
句首	1	13	15	0.095 541
	2	1		
句中	1	4	4	0.025 478
合计			157	1

由表8可知,句末和单用是[捂脸]最常出现的篇章位置,分别占总发送量的54.14%和33.76%。重叠次数以1~3次为主。出现在句首和句中(例39)的情况相对比较少。

(39) 有个字不认识[捂脸]那是什么辣眼睛[抱拳]

2. [捂脸]的概念功能

[捂脸]的概念功能主要是指其在句中的语义内涵。通过对语料的归纳整理,本文将[笑哭]的概念功能大致归纳为三类——无意义类、表达情感类和表明态度类。详见表9。

表9 [捂脸]的概念功能

语义		频次	比例	合计	比例
无意义		12	0.076 433	12	0.076 433
表达情感	尴尬/囧	60	0.382 166	134	0.853 503
	哭笑不得/无奈	50	0.318 471		
	害羞	7	0.044 586		
	吃惊	6	0.038 217		
	纠结	4	0.025 478		
	谦虚	3	0.019 108		
	喜极而泣/笑出眼泪	2	0.012 739		
	焦虑担心	1	0.006 369		
	伤心失望	1	0.006 369		
表明态度	佩服	7	0.044 586	11	0.070 064
	嫌弃	4	0.025 478		
总计		157	1	157	1

由表9可知,表达情感类的语义内涵是[捂脸]最主要的概念功能,用例134次,占总发送量的85.35%;表无意义的语义内涵是[捂脸]的第二个概念功能,占总发送量的7.64%;紧随其后的是表明态度类的语义内涵,占总发送量的7.01%。

在表达情感类的语义内涵中又细分为9种情感。其中最典型的情感内涵是"尴尬/囧"(例23),用例60次,占总发送量的38.22%。多用于表示不好意思、表达歉意以及面对困难的情景。在表示不好意思的情景中,言者用[捂脸]表达自己做了糗事而尴尬的情绪(例23)。在表达歉意的情景中,言者用[捂脸]表达因自己的行为给他人带来不便而窘迫的心情(例26)。在面对困难的情景中,言者用[捂脸]表达遇到困难的窘迫与不得不寻求帮助的尴尬情绪(例36)。其次比较典型的情感内涵是"哭笑不得/无奈"(例22),用例50次,占总发送量的31.85%。常用在表无奈的情景中,用[笑哭]表达对某事的无可奈何。剩下的几种情感内涵使用频率相对来说比较低,不属于[捂脸]的典型情感内涵,但在某些情景中也可以这样使用。[捂脸]表达"害羞"(例25)的情感内涵时,常用在表示不好意思的情景中;表达"吃惊"(例27)的情感内涵时,常用在吃惊、没想到的情景中,用于表现一种出乎意料的情绪;表达"纠结"(例28)的情感内涵时,常用在犹豫的情景中,用来表现一种无法做出选择和决定的挣扎感;表达"谦虚"(例24)的情感内涵时,常用在表示不好意思的情景中,通常是言者发表了自己的见解或看法而表现出惯有的谦虚态度;表达"喜极而泣/笑出眼泪"(例30)的情感内涵时,常用在逗乐的情景中,用于强调开心到无法自已的程度;表达"焦虑担心"(例40)的情感内涵时,常用在面对困难的情景中;表达"伤心失望"(例41)的情感内涵时,常用在诉苦的情景中,用来表现对某事没有达到自己预期的失落感。

(40)我今早死活都起不来了,想想就发愁。[捂脸]
(41)红包都没了[捂脸]

表明态度类的语义内涵细分为两类:"佩服"和"嫌弃",分别占总发送量的4.46%和2.55%。当[捂脸]表达"佩服"(例33)的语义内涵时,常用在钦佩、赞赏某人的情景中,表现出佩服的程度之深,感觉自己无法望其项背而黯然神伤。当[捂脸]表达"嫌弃"(例34)的语义内涵时,常用于表达对某物不满意的情景,强调嫌弃到不忍直视的地步。

无意义的语义内涵用例12次,占总发送量的7.64%,通常用于日常(例37)和询问(例38)的情景中,没有具体实在的意义,主要功能在于润滑或缓和交际气氛,使交际氛围更加轻松、活泼。

3.[捂脸]的人际功能

[捂脸]的人际功能主要指其在上下文中实现的语用功能,也就是用户使

用该表情符号的目的和意图。本文根据语料归纳出[捂脸]的 4 条人际功能。详见表 10。

表 10 [捂脸]的人际功能

序号	语用功能	频次	比 例
1	表达情感	140	0.891 719 75
2	润滑气氛	10	0.063 694 27
3	寻求帮助	5	0.031 847 13
4	寻求安慰	2	0.012 738 85
合计		157	1

由上表可知,表达情感是[捂脸]最主要的人际功能,用例 140 次,占总发送量的 89.17%。[捂脸]最典型的情感内涵是"尴尬/囧"和"哭笑不得/无奈",另外,它还可以表达"害羞""吃惊""纠结""喜极而泣/笑出眼泪""焦虑担心""伤心失望"的情感。同时,[捂脸]还可以表达"佩服""谦虚"以及"嫌弃"的情感态度。润滑气氛是[捂脸]的第二个人际功能,当其实现该人际功能时,一般不具有具体实在的意义,通常用在日常和询问的情景中。寻求帮助是[捂脸]的第三个人际功能,通常用在面对困难的情景中,表达一种尴尬/囧的情绪。寻求安慰是[捂脸]的第四个人际功能,不太常用,一般用在因自己做了糗事而不好意思的情景中,表达一种尴尬与窘迫的情感。

五、[笑哭]与[捂脸]的联系与区别

[笑哭]与[捂脸]从构件设计上说就有很多相似之处,两个表情符号都同时具有[＋眼泪]和[＋笑]的构件,不同的是[笑哭]的[＋眼泪]是两滴,而[捂脸]的[＋眼泪]是两行,[捂脸]的矛盾对比更加鲜明,更夸张,戏剧感更强。另外,[捂脸]还增加了单手挡住半边脸的动作,比单纯的[笑哭]表现力更进一步。除了设计方面的联系与区别,这两个表情符号在情景语义和话语功能方面也存在不少异同。

(一)[笑哭]与[捂脸]在情景语义上的联系与区别

由表 3、表 7 可知,[笑哭]和[捂脸]在情景语义中有较多的交叉部分。阐述类情景语义相同且使用比例也差不多。指令类情景中,[笑哭]比[捂脸]多了一个"提出要求"的情景。表达类情景中,两者均有表达情感和表明态度两类情景。表达情感类情景均有针对主体和客体之分,针对客体的情感表达也都只有"调侃"一类,而针对主体的情感表达却有同有异。"无奈"和"不好意思"是[笑哭]和[捂脸]共同的典型情感表达情景,使用频率也大致相当。除此之外,"吃惊、没想到""表达歉意""逗乐""感慨"是两个表情符号共同可以使用的情感表达情景。不同的是,对于[笑哭]来说,"吃惊、没想到"和"逗乐"的情景使用频率稍微高一些,而对于[捂脸]来说,"表达歉意"情景的使用频率相比较而言高一些。两者用于"感慨"的频率都比较低。另外,[笑哭]还有一些独特的情感表达情景,比如"崩溃""遗憾""撒娇""沮丧"。而[捂脸]同样也有一些独特的情感表达情景,比如"犹豫"和"诉苦"。在表达态度类的情景语义中,[笑哭]和[捂脸]除了都可以表达"自嘲"外,各自表达的态度情感也各不相同。在"自嘲"的情景中,[笑哭]的使用频率(4.76%)比[捂脸]的使用频率(1.91%)稍高一些。[笑哭]除了可以用在"自嘲"情景中表达态度情感,还可以用在"反语""同情"和"讽刺"的态度情景中;而[捂脸]还可以用在"佩服"和"嫌弃"的态度情景中。由此可见,在表达态度情感时,[笑哭]的态度情感比[捂脸]的态度情感更为强烈,也更倾向于表达一些比较敏感、尖锐的态度。

(二)[笑哭]与[捂脸]在话语功能上的联系与区别

1.[笑哭]与[捂脸]在篇章功能上的联系与区别

表11 [笑哭]和[捂脸]的篇章功能对比

笑哭				捂脸			
序号	位置	频次	比例	序号	位置	频次	比例
1	句末	98	0.518 519	1	句末	85	0.541 401
2	单用	72	0.380 952	2	单用	53	0.337 58
3	句首	19	0.100 529	3	句首	15	0.095 541
				4	句中	4	0.025 478
合计		189	1	合计		157	1

由表11可知,[笑哭]和[捂脸]最常出现的篇章位置都是句末和单用,所占比例也大致相当。重叠次数以1～3次为主,表达的情感越强烈,重叠的次数越多。而两者出现在句首的情况比较少。另外,[捂脸]比[笑哭]多了一个句中的篇章位置。

2.[笑哭]与[捂脸]在概念功能上的联系与区别

由表5、表9知,[笑哭]和[捂脸]在概念功能方面非常相似。[笑哭]有无意义和表达情感两类概念功能,而[捂脸]除了上述两类外还有一类表明态度的概念功能。

表达情感是两个表情符号最重要的概念功能类型,但具体表达什么情感有细微的差别。其中"哭笑不得/无奈"和"尴尬/囧"是这两个表情符号最为典型的语义内涵,使用频率也大致相当。因此,在主要的概念功能上,两者没有太大的区别,从这个意义上可以说[捂脸]是[笑哭]的升级版。同时,这两个表情符号也都可以表达"吃惊""喜极而泣/笑出眼泪"和"谦虚"的情感内涵,只是在使用频率上[笑哭](7.40%、6.35%和3.70%)比[捂脸](3.82%、1.27%和1.91%)更为常用。另外,[笑哭]和[捂脸]各自也有独特的情感内涵。比如,[笑哭]还可以表达"崩溃""遗憾""沮丧""为难"的情感内涵;[捂脸]还可以表达"害羞""纠结""焦虑担心""伤心失望"的情感内涵。从这些边缘情感内涵来看,[笑哭]所表达的情感类型比[捂脸]稍微消极与极端一些。

无意义的概念功能是[笑哭]和[捂脸]的第二大概念功能,一般用在日常和询问的情景中,不表达具体实在的意义,只是用来缓和或润滑气氛,增加交际的生动性与趣味性。但[笑哭](17.99%)比[捂脸](7.64%)在实现无意义概念功能的频率上更高一些。可见,[笑哭]的语境适用性比[捂脸]稍强一些。

表明态度类的概念功能是[捂脸]独有的概念功能,包括表达"佩服"和"嫌弃"两类情感态度。这两类情感态度看起来是一对矛盾的态度情感,但[捂脸]却可以在不同的语境下实现不同的概念功能,主要是强调情感的强烈程度。[捂脸]表达"佩服"时,强调程度之深至感觉自己无法望其项背,而表"嫌弃"时,也是强调程度之深至不忍直视。

3. [笑哭]与[捂脸]在人际功能上的联系与区别

表 12　[笑哭]和[捂脸]人际功能对比

笑哭				捂脸			
序号	语用功能	频次	比例	序号	语用功能	频次	比例
1	表达情感	153	0.809 524	1	表达情感	140	0.891 72
2	缓和气氛	24	0.126 984	2	润滑气氛	10	0.063 694
3	润滑气氛	9	0.047 619	3	寻求帮助	5	0.031 847
4	寻求帮助	3	0.015 873	4	寻求安慰	2	0.012 739
合计		189	1	合计		157	1

由表12可知，表达情感是［笑哭］和［捂脸］最主要的人际功能，使用频率分别占总发送量的80.95％和89.17％。具体表达什么情感，要根据语境做具体的判断，这一点在之前的概念功能对比中有所提及。其次，润滑气氛也是两个表情符号共有的人际功能，实现这一人际功能时，两个表情符号一般用于日常或询问的情景，没有具体实在的意义，只是为了使交际氛围更加轻松。此外，寻求帮助也是两个表情符号共有的人际功能，主要用在面对困难的情景中，表达一种尴尬与窘迫。除了以上这些人际功能，［笑哭］还有一项缓和气氛的人际功能，主要用于询问、提出要求、表示不好意思的情景中，也没有具体实在的意义；而［捂脸］也还有一项寻求安慰的人际功能，通常用在因自己做了糗事而不好意思的情景中，表达一种尴尬与窘迫的情绪。由此可见，［捂脸］比［笑哭］的人际互动功能更强一些。

六、余论

　　［笑哭］和［捂脸］这两个表情符号从表情设计的角度来看，同时具备积极情绪［＋开口笑］和消极情绪［＋眼泪］的元素，表现张力很强，适用于表达丰富多样的情绪，用于不同的交际场景，极具戏剧感。强大的语境适应性和融合性使得这两个表情符号倍受欢迎。

　　从情景语义的角度来看，表达言者情感的语义情景，尤其是"无奈"和"不好意思"是［笑哭］和［捂脸］这两个表情符号表达的典型情感类型。"吃惊、没想到""表达歉意""逗乐""感慨"是这两个表情符号都常用情感表达情景。［笑哭］有一些独特的情感表达情景，比如"崩溃""遗憾""撒娇""沮丧"。而［捂脸］独特的情感表达情景有"犹豫"和"诉苦"。由此可见，在表达态度情感时，［笑哭］的态度情感比［捂脸］的态度情感更为强烈，也更倾向于表达一些比较敏感、尖锐的态度。

　　从话语功能的角度来看，篇章功能上，［笑哭］和［捂脸］都常处于句末或者单用，重叠使用的次数与情感强烈程度成正比；概念功能上，［笑哭］和［捂脸］最主要的概念功能是表达情感，"哭笑不得/无奈"和"尴尬/囧"是这两个表情符号最为典型的情感内涵。在主要的概念功能上，两者没有太大的区别。［笑哭］和［捂脸］各自也有独特的情感内涵。比如，［笑哭］还可以表达"崩溃""遗憾""沮丧""为难"的情感内涵；［捂脸］还可以表达"害羞""纠结""焦虑担心""伤心失望"的情感内涵；人际功能上，［笑哭］和［捂脸］最主要的人际功能就是表达情感，除此之外，［捂脸］还有一项寻求安慰的人际功能，通常用在因自己做了糗事而不好意思的情景中,表达一种尴尬与窘迫的情绪。由此可见,[捂脸]比[笑哭]的人际互动功能更强一些。

总体来说,各个表情符号的情景语义与话语功能密切相关,不同表情符号之间既有联系又有区别,把握住不同表情符号的典型情景语义和话语功能是高效并规范使用表情符号的关键。

参考文献

冯正德、张德禄:《Kay O'Halloran 多模态语篇分析的进展与前沿》,《当代语言学》2014年第 1 期。

傅红秀:《对网络即时通讯文本中表情符号的研究:符际互补视角》,中南民族大学硕士学位论文,2011 年。

黄琼:《网络表情符号、卡通表情图片和汉语双字词的情绪启动效应探究》,《牡丹江师范学院学报(哲学社会科学版)》2015 年第 3 期。

黄琼、谢腾:《阈上/阈下呈现网络表情符号的情绪启动效应研究》,《牡丹江师范学院学报(哲学社会科学版)》2015 年第 2 期。

胡壮麟:《社会符号学研究中的多模态化》,《语言教学与研究》2007 年第 1 期。

胡壮麟:《PowerPoint——工具、语篇、语类、文体》,《外语教学》2007 年第 4 期。

李战子:《多模式话语的社会符号学分析》,《外语研究》2003 年第 5 期。

李战子、陆丹云:《多模态符号学:理论基础、研究途径与发展前景》,《外语研究》2012年第 2 期。

申光:《情景语义学概述》,《河南社会科学》2004 年第 5 期。

唐清霞:《QQ 表情符号在网络聊天中的表达功能及其局限性》,《今日南国(理论创新版)》2008 年第 4 期。

唐师瑶:《Q 时代的交际想象——QQ 表情符号的构形规律及功能初探》,《现代语文》2006 年第 8 期。

杨昆:《基于视觉语法对表情符号的多模态语篇分析》,西南大学硕士学位论文,2014 年。

杨曙:《符际互补理论——多模态话语分析理论框架》,《长江大学学报(社会科学版)》2012 年第 7 期。

余光武、秦云:《语言学视角下的网络表情符号初探》,《中国社会科学院研究生院学报》2011 年第 1 期。

张德禄:《多模态话语分析综合理论框架探索》,《中国外语》2009 年第 1 期。

张美静:《人际传播的符号回归——网络表情符号 emoji 在社交媒体爆红的因素分析》,《新闻爱好者》2015 年第 12 期。

赵屹星垚:《Emoji 表情符号中的受众心理研究》,《设计艺术研究》2016 年第 1 期。

朱永生:《多模态话语分析的理论基础与研究方法》,《外语学刊》2007 年第 5 期。

邹倩:《符际互补观下文本即时通讯中表情符号浅析》,《考试周刊》2011 年第 84 期。

Barwise, J. & Perry, J., *Situations and Attitudes*, Cambridge, Massachusetts: MIT Press, 1983.

Halliday, M.A.K., *Language as Social Semiotic: The Social Interpretation of Language and Meaning*, London: Edward Arnold, 1978.

Halliday, M.A.K., *Introduction to Functional Grammar*, London: Edward Arnold, 1994.

Halliday, M.A.K. & Hasan, R., *Cohension in English*, London: Longman, 1976.

Kress, G., *Literacy in the New Media Age*, London: Routledge, 2003.

Kress, G. & van Leeuwen, T., *Reading Images: The Grammar of Visual Design*, London: Routledge, 1996.

Kress, G. & van Leeuwe, T., *Multimodal Discourse: The Modes and Media of Contemporary Communication*, London: Edward Arnold, 2001.

Royce, T., "Multimodality in the TESOL classroom: Exploring visual-verbal synergy", *TESOL Quarterly*, 2002, 36(2).

Royce, T., "Intersemiotic complimentarity: A framework for multimodal discourse analysis", in Royce, T. & Bower, W., *New Directions in the Analysis of Multimodal Discourse*, 2007.

Royce, T. & Bower, W., *New Directions in the Analysis of Multimodal Discourse*, New Jersey: Lawrence Erlbaum Associates, 2007.

Royce, T., "Synergy on the page: Exploring intersemiotic complimentarity in page-based multimodal text", *JASFL Occasional Papers*, 1998(1).

来琼留学生对汉语教师形象的概念认知研究*

孙　丹　潘　磊

摘要：汉语教师形象是来琼留学生认知海南的重要概念源。本文运用"自由联想法"对来琼留学生进行测试，并进行数据分析得出来琼留学生概念认知中的汉语教师形象。我们看到，被试在海南自贸岛建设背景下，汉语教师形象总体上是积极的，受试者对汉语教师的联想从语义上分析，是多重身份的统一，其中"知识传递者"形象最为突出，"海南代言人"形象则占比最低。由此，汉语教师形象是一个深刻影响海南走向世界的重要论题，汉语教师形象再定位则为海南建设自贸岛提供了切实的参考。

关键词：教师形象；概念认知；自由联想；身份认同

中华人民共和国成立以来，海南走向国际的征程大致经历了三个阶段，分别是1988年"建省热""特区热"带来的"拓荒期"，2010—2017年建设国际旅游岛的"发展期"，以及2018年至今的"国际自贸区/港"的飞速"发展期"。经历了前两个阶段的长期摸索与积累，在2018年，海南才正式拉开了面向全球建设世界最大贸易区/岛的序幕。海南走向世界的进程中，"向世界讲述海南"成了必有之义，讲述的主体包括"我""你"还有"他"（胡范铸，2017），这也是实现"海南与世界互动"，达成"国际理解"，实现"国际化"目标的关键一步。

"向世界讲述海南""海南与世界互动""走向国际化"是主体间性的，而"谁来讲述？""讲述什么？""谁来听？"则是国际主体间理解的关键参数。本文将从汉语国际教育的角度入手，探讨来琼留学生对汉语教师形象的概念认知，进而

---

* 本文系海南省教育厅项目"海南省高校国际汉语教师团队建设方向研究"（Hnjg2017-16）的阶段性成果；海南师范大学项目"慕课时代海南高效对外汉语教师能力发展研究"（hsjg2019-16）的阶段性成果。孙丹，海南师范大学国际教育学院副教授，华东师范大学博士生；潘磊，海南医学院国际学院讲师。

分析海南自贸区背景下"汉语教师形象"如何影响海南走向世界及"汉语教师形象"再定位的问题。

一、汉语教师形象：来琼留学生认知海南的重要概念源

"形象"是指能引起人的思想或感情活动的具体形态或姿态[《现代汉语词典(第7版)》，2016]，"认知是形象存在的前提"(陈燕玲，2014)，是对于某一客体形象的认识。

教师作为推动社会进步、促进人类文明传承的重要群体，其形象一直是公众的关注焦点。公众通过自身的"经验"＋"公共话语空间"建构了对教师形象的认知，且"公共话语空间"对教师形象的影响一直是举足轻重的，这也引起了学界的重视，有的学者集中讨论了公众是如何认知教师形象的，以及教师形象如何在公共话语空间内重构。例如，李琼(2007)、吴文涛等(2017)、徐博文(2018)、张丽敏(2020)等的研究集中讨论了教师形象的建构进路。

学者们通过各种方法提取在他者心中教师的形象，通过质性访谈、问卷调查实证、网络＋新闻数据建库等方法进行研究，获取大学生、家长、公众对各级教师形象的认知，尤其聚焦在"幼儿教师形象"。如，苏海峰(2010)、关恒达(2011)、张丽敏(2020)等学者的相关研究。从关注维度来看，中国公众关注教师的职业形象，外国学者更加关注教师的生命形象。不同的国家文化不同，教育价值不尽相同，由此，对教师的形象及理想状态就有不同的看法。李琼(2007)、周雁(2007)、吕素珍(2009)从对比角度出发，就不同国家的教师形象进行了跨文化的比较研究，提出不同国家民众心中理想教师形象的关注维度不同，中国更关注教师"知识传递者"形象，而美国等更加关注教师"平等、民主、理解"的朋友形象，由此，应采用不同的方式建构教师形象。

从受教育者角度来看，汉语教师形象是教师形象在汉语国际教育专业视域下的观瞻。"教师"是"教学的关键"。对汉语教师的研究关系到国际汉语教育事业发展，关系到国家、政府向世界"讲述自己"的进程。汉语教师的"认知""实践知识""创造性""情感""认同"与"教学""教师发展""学生态度"等方面的互动是近些年研究的热点，如，孙德坤(2008)、江新(2010)、石旭登和吴勇毅(2018)、吴勇毅(2019)等的研究。

汉语国际教育的本质就是"国际理解教育"，是"民心相同"的基础，应该转向"教育者"和"受教育者"的"共同意愿"，首先就要关注受教育者的"情感意愿"，与受教育者进行"情感沟通"(胡范铸，2014、2018)。由此，我们想探讨"海南"如何建构自己的"情感地缘政治"影响下的国际化"海南"，以及汉语教

师形象在这个情感沟通动程中的作用。"向世界讲述海南",让世界"知道海南""理解海南"进而"与海南互动",归根到底是人际间的、也就是主体间的问题,由此,最便捷、有效的路径便是聚焦海南蓬勃发展的国际汉语教育事业,其主体便是汉语教师及来琼留学生。汉语教师是与留学生接触频次最多、接触最广的群体,所谓发挥主体作用,就是要充分利用汉语教师和来琼留学生两大群体紧密连接的关系。来琼留学生对海南的认知,深受汉语教师的影响,而汉语教师在多大程度上影响留学生还取决于"汉语教师形象如何",留学生对汉语教师形象的认知也必将深刻影响他们未来向世界讲述海南讲述中国的意愿,进而我们推知汉语教师形象是来琼留学生认知海南的重要概念源。

要获知汉语教师形象从而有针对地提出建构汉语教师形象的建议与策略,我们就需要面临两个问题:其一,如何获取他者(留学生)视域中的汉语教师形象?其二,留学生概念认知中的汉语教师形象是何样态?

用于获取概念认知的心理学实验方法"自由联想"是我们开展研究的有效方法。

二、自由联想法:获取教师形象概念认知的有效方法

自由联想是心理学的实验方法,是给被试一个目标刺激词语后,要求被试迅速说出或者写出头脑中浮现的词语。运用自由联想时,对联想内容不加任何限制,是一种分析受试的内心"认知概念"的重要方法。这种心理学实验方法能够有效探知被试心理认知。计冬桢(2005、2014、2018)、胡亦名(2013)、陈燕玲(2014)、刘伟乾(2014)、牟蕾(2019)运用此方法以中学生、大学生和留学生为被试,就国家/政府形象、称谓语的认知发展等方面展开了概念认知的探讨。本文拟定运用自由联想法对来琼留学生进行词汇自由联想实验,探究对其对"汉语教师形象"概念认知。

接受测试的实验对象为来琼留学生,年龄 17—23 岁,来自海南 6 所高校,包括海南师范大学(45 人)、海南医学院(62 人)、海南大学(11 人)、三亚中瑞酒店管理职业学院(18 人)、三亚航空学院(6 人)及海口经济学院(3 人),共 114人,学习汉语的时间从 3 个月至 10 年不等,平均学龄为 24.8 个月。来琼留学生来自 27 个国家[①],其中男生 71 人,女生 43 人。

---

① 参加本次调查的来琼留学生生源国:尼泊尔、乌兹别克斯坦、泰国、俄罗斯、哈萨克斯坦、吉尔吉斯斯坦、塔吉克斯坦、土库曼斯坦、蒙古国、菲律宾、巴基斯坦、尼日利亚、爱尔兰、印尼、喀麦隆、加纳、也门、苏丹、多哥、乍得、科摩、南非、埃塞俄比亚、科伦坡、加蓬、刚果、坦桑尼亚、赞比亚。

我们以"汉语教师"为目标词,请留学生在看到目标词后 2 分钟之内写出联想到的 10 个词语。正式实验前,我们进行了前测以保证该实验的信度和效度。我们从获取的数据中发现留学生测试结果不同于之前学者已有的对中国人(母语者)的联想实验数据,且这种现象普遍存在于留学生的前测实验。我们进行了前测后的访谈,我们获知留学生为了自由、准确及真实表达自己的联想内容,但其汉语水平还未能达到自由表达的程度,存在跨语言的转码问题,就将联想的表达式从"字""词"单位延展到"短语",但是依然不能完整表达其联想,于是,我们修改了测试的语言选择,从"汉语、汉语拼音"放宽到"汉语、汉语拼音、英语、被试者母语"的范围,允许问卷存在空白。

三、基于实验数据的汉语教师形象分析

本次实验发放 145 份问卷,回收的有效样本问卷 114 份。本次实验理论上应获取的联想词 10×114＝1 140 个,被试是留学生,他们的表达相对单一、集中,实际上共得出 356 个词语。我们对这些词语进行了同义词合并处理,得到 311 个不同意义的联想词语。由于 311 个词语分布频率不同,我们对实验数据进行如下统计。

（一）基于高频词语的汉语教师整体形象分析

通过实验提取出来的词语,是被试自由联想出来与研究项目紧密相关的词簇,词簇中的词语频率分布是不均衡的,分高频词和低频词,高频词是认知的聚焦,也是关键信息的载体,是我们获取留学生对汉语教师形象概念认知的"关键信息词"。通过统计,来琼留学生对汉语教师的联想高频关键信息词如表 1:

表 1　来琼留学生对汉语教师的联想高频关键信息词

严格(41)	认真(17)	可爱(12)	热情(10)	HSK6(7)	精力充沛(6)	专注(5)
工作努力(40)	帮助(16)	很专业(12)	高兴(9)	讲理(7)	辛苦(6)	汉字(5)
聪明(29)	好(15)	准时(11)	礼貌(9)	好老师(7)	助人为乐(6)	爱(5)
鼓励(29)	幽默(15)	严苛(11)	上课(9)	考试(7)	足智多谋(6)	建议(5)
友好(24)	教学方法好(14)	学习(11)	交际能力强(8)	谦虚(7)	智慧(6)	宽容(5)
耐心(23)	准时(11)	理解(10)	美丽(8)	漂亮(7)	真诚(5)	无聊(5)
善良(21)	严厉(11)	作业(10)	有意思(8)	开朗(6)	令人尊重(5)	有经验(5)
负责(18)	关心(12)	亲和力(10)	文化(8)	厉害(6)	PPT(5)	周到(5)

我们可以看到来琼的留学生对汉语教师的形象感知,是在学生头脑中关于汉语教师的信息总和。汉语教师的教学态度是"严格""耐心""准时""认真""幽默""热情""宽容""讲理"的,教学活动中教师们"鼓励"为主,"教学方法好""很专业",对待自己的职业则是"工作努力""辛苦"的。情感是影响第二语言教与学的重要因素(吴勇毅,2019)。来琼留学生对汉语教师形象的想象,也是情感态度的再现。从上述高频词语中,我们可以看到汉语教师的总体形象是积极的。教师们有"聪明""友好""礼貌""很专业""善良""关心"的积极一面,同时我们注意到还有对待教学的"严格"的一面,也有"无聊""严厉/严苛"不被留学生所接受的一面。就消极形象来看,除了高频词语,其他词频的想象空间里,还有"不耐心""疲倦""英语不好""语法太多""不运动""迟到""不关心"等消极形象的存在。

(二)基于联想词语的"汉语教师形象"身份认同分析

留学生对汉语教师形象的想象是复杂的,为了更加全面确切地探究留学生认知中汉语教师形象的概念认知,我们将研究词语词频设置为3,得出70个词语,并且对词语进行意义维度的分析。我们发现对汉语教师形象的想象,是多重身份的想象,且身份认同具有复杂性、动态性。我们共得出五重描述教师形象的身份认同,按照身份比重,分别是知识传递者、外国学生的朋友、内外兼修的社会精英、跨文化交际者、海南代言人。

表2 五重描述教师形象的身份认同信息

多重身份认同类别	身份词语	词语数	词频/比重
1. 知识传递者	严格、努力工作、鼓励、耐心、负责、认真、帮助、幽默、教学方法好、严厉、很专业、学习、作业、亲和力、上课、HSK6、好老师、考试、辛苦、令人尊重、PPT、汉字、建议、无聊、有经验、备课、毕业、称职、教法有创意	29	345/56.3%
2. 外国学生的朋友	聪明、友好、讲理、关心、可爱、理解、有意思、开朗、厉害、精力充沛、真诚、周到、爱好广泛、博学、朋友、善解人意、慷慨大方、厚道	18	129/21%
3. 内外兼修的社会精英	善良、好、准时、热情、礼貌、美丽、谦虚、漂亮、助人为乐、足智多谋、专注、爱、宽容、平易近人	14	99/16.2%
4. 跨文化交际者	文化、中国文明、交际能力强、英语不好、传播文化	5	27/4.4%
5. 海南代言人	经济、阳光、椰子、大海边	4	13/2.1%
合计	/	70	613/100%

在留学生的概念认知里,汉语教师的形象最主要是知识传递者形象,比重达到56.3‰。来琼留学生基于生存以及未来职业发展的需要,首先是学习汉语知识。留学生对汉语教师的深刻印象就是努力教授他们汉语的"工作狂"形象,教师们"努力工作",对待学生非常"严厉"。同时,汉语教师又是知识的"创造者"形象,他们的"教学方法好""教法有创意","鼓励""帮助"学生深入学习,给学生"建议",以达到可持续学习的目的。"严格""严厉"的学校纪律"管理者"的形象深入人心,"上课""考试""HSK6""学习"等教学行为活动的想象,把留学生带入了中国学校的理想模式,对教师的想象是不知疲倦的"教书匠"形象。

留学生对汉语教师的身份想象,不同于传统的较为单一形象,多了一重朋友身份。体现在"友好""讲理""真诚""善解人意"等朋友之间人际交往的基本条件符合度上,对待朋友的描述性词语"可爱""慷慨大方""厚道"等称赞性词语,表现师生之间少了教师身份的权势压力,是一种平等、沟通、理解的相处模式。

第三重身份是内外兼修的社会精英形象。汉语教师的"美丽""谦虚""助人为乐""足智多谋""专注"等形象,是中国社会精英形象。其行为具有示范作用,汉语教师通过自己的言行举止,以及不断自我反思的道德品质,成为学生的"示范者",使其朝着社会精英的方向努力。

第四重身份是跨文化交际者形象。汉语国际教育是跨文化的,其本质是"国际理解教育",在课堂上学习汉语时,汉语的中国"文化"元素、"中国文明"的相关知识也同时进入了留学生的知识域中,"交际能力强""传播文化"等表述,表现了汉语教师在努力进行文化教学,同时"英语不好"也成为与学生跨文化交际的一个障碍。

第五重身份是海南代言人身份。关于海南的知识,留学生联想的不多,"海南"经济的发展,给留学海南的学生留下了深刻印象,因此"经济"出现在想象空间之中。为大家所熟知的热带风情美景"椰风海韵"是留学生最为喜爱的,生活经验的刺激,教学环境的美好都成为"阳光""椰子""大海边"等海南代表词进入了对教师身份的想象之中,教师成了海南代言人。但是这部分想象是非常少的,值得我们注意。

基于词语的想象分析,我们还原了来琼留学生认知概念中的汉语教师形象的身份认同,也体现了汉语教师角色的多重性。胡范铸(2014)提出,"国际汉语教育的目标"更应该注意"情感共同体"共同体的建构,身份认同的比重,更是体现了对汉语教师形象的认同的情感态度,其中,"海南代言人"身份认同比例最低,为海南的国际化发展提供了新的思考方向。

四、海南自贸岛建设视域下汉语教师形象再定位

由上述实验数据,我们提取到了关于汉语教师形象的词语,分析了由词语建构出的现实语义空间。我们知道了汉语教师形象的身份认同是多重的,留学生对汉语教师的整体形象认知是非常积极的,汉语教师在来琼留学生的心目中声望颇高。如何发挥汉语教师的作用,推进海南自贸岛建设,使海南真正走向国际化,汉语教师形象是影响留学生对海南事务参与程度的重要参数。然而,汉语教师在海南代言人身份认同上参与度似乎很低,由此,我们提出一些建议。

第一,汉语教师形象身份:从"知识的传递者"转向"海南生活经验的分享者""情感分享的朋友""多元文化的分享者"。

"情感共同体"的建立远比建立"知识共同体"更符合国际教育的本质。教师在教学过程中仅关注语言能力的提升是远远不够的,留学生还有了解所生活环境的生存需求与情感需求。与来琼留学生共同分享海南生活经验、体验,为留学生从教学环境走向海南的社会生活、参与社会生活提供给可能,在沟通中建立情感联系,彼此成为平等互信的朋友,分享彼此的多元文化,增加留学生对海南的理解与好感,为其向世界讲述海南,进而实现海南与世界互动,提供现实的基础。

第二,利用新媒体受众优势打造讲述海南故事的汉语教师明星。

如今5G时代已经到来,新媒体在世界范围内井喷。汉语教师可以利用中国互联网的技术优势,在新媒体上发布有海南生活元素加入的教学视频,学习者在学习汉语的同时,重构学习者关于海南的概念认知,推进海南快速走向国际化。

第三,推进本土化汉语教材的编写,为汉语教师讲述海南故事提供教科书。

本土化汉语教科书是将海南意象融入其中,并在其中塑造海南形象的汉语教材。汉语教师授课时,以教科书为蓝本,与学生进行文化互动,让教科书、教师、本土教材都参与留学生概念意义的建构中,共同塑造海南自贸岛样态。

五、余论

来琼留学生对汉语教师形象是其认知海南的重要的概念源。自由联想法是提取概念认知的有效的心理试验方法。实验中,我们给出被试测试对象,让其自由联想头脑中潜在的与之相关的关键词语,这些词语是观念的集合,也是语言关键词的模式表述出来的事实。这些显示与原本潜藏在被试头脑中不那么容易被发现,甚至是被试自己都不那么清楚的意识,也是未来影响被试言语行为模式与观念重要因素。

我们运用自由联想法提取来琼留学生对汉语教师形象的概念认知,并且进行了数据分析,为海南国际化道路提供了一个参考路径。

参考文献

计冬桢、范学:《"同志"称谓语的"自由联想法"研究》,《修辞学习》2005 年第 4 期。

胡亦名:《上海中学生关于日美韩国家形象的概念结构——基于"词语自由联想"测试的分析》,《华东师范大学学报(哲学社会科学版)》2013 年第 5 期。

胡范铸、刘毓民、胡玉华:《汉语国际教育的根本目标与核心理念——基于"情感地缘政治"和"国际理解教育"的重新分析》,《华东师范大学学报(哲学社会科学版)》2014 年第 2 期。

陈燕玲:《菲律宾青少年关于中美日国家形象的认知——基于"词语自由联想"测试的分析》,《当代修辞学》2014 年第 2 期。

计冬桢:《"阿姨"称谓的认知发展:基于"联想组合分析"的研究》,《语言文字应用》2014 年第 4 期。

刘伟乾:《塔吉克斯坦民众眼中的中国形象调查》,《中南民族大学学报(人文社会科学版)》2014 年第 3 期。

胡范铸:《国家机构形象修辞学:理论、方法、案例》,学林出版社 2017 年版。

计冬桢、陈佳璇:《称谓语的"历史对比/自由联想法"研究:以"小姐"为例》,《语言文字应用》2018 年第 1 期。

胡范铸、陈佳璇、张虹倩:《目标设定、路径选择、队伍建设:新时代汉语国际教育的重新认识》,《世界汉语教学》2018 年第 1 期。

吴勇毅:《论情感在教师汉语二语教学中的重要作用——基于叙事的探究》,《华文教学与研究》2019 年第 4 期。

牟蕾、吴勇毅、李婷:《"一带一路"国家来华留学生对中国形象的认知及传播》,《青年研究》2019 年第 5 期。

当代汉语流行语的"市场假象"与澄明

邢兆梅[*]

摘要：在市场逻辑作用下，当代汉语流行语日益表现出在多个层面与传统语言相偏离，不仅影响人们对语言世界本真性的正确认识，而且容易使人产生思维混乱与错觉，形成"市场假象"。现代人对这种假象的"集体无意识状态"以及"有组织的不负责任态度"使得汉语言的发展具有"人为的不确定性"。因此，我们要认清假象，澄明真相，进而明确"语言态度"，提高"语言自觉"意识，回归"真诚"语用伦理，确保汉语言的健康发展。

关键词：当代汉语流行语；"市场假象"；语言态度；语言自觉

一、引言

目前，在网络经济作用下，网络语言的使用也出现了市场化倾向。网络空间内，人们相互往来交接，就像在市场上进行物质交换活动一样，必须要靠谈话，要靠使用语言和符号才能完成。为了在熙攘的集市上获得更多关注，或者更好地完成交换活动，网络主体使用的流行语往往在语音、语法、语义、语用以及文化等层面与传统语言相偏离。这些形式上的偏离不仅容易造成理解和解释上的障碍，而且遮蔽了汉语言的本质，阻碍人们对语言世界本真性的正确认识，甚至使人产生思维混乱与错觉，形成培根在"四假象"理论中提出的"市场假象"。现代人对这种假象的"集体无意识状态"以及"有组织的不负责任态度"使得汉语言的发展具有"人为的不确定性"，这对语言的发展是一个极大的风险。因此，从培根"四种假象"之"市场假象"出发分析当代汉语流行语的偏离现象，对于认清汉语言各层面的真相以及人们交往实践中的理性逻辑，确保汉语言的健康和可持续发展具有重要意义。

---

[*] 邢兆梅，大连理工大学人文学部教师，博士。

二、当代汉语流行语的"市场假象"内涵

关于流行语的定义,本文基于徐朝晖(2013:25)的相关研究①,认为流行语有狭义和广义之分,狭义的流行语是指在社会、心理和语言自身等因素的影响下,社会上某一时期被人们普遍接受并使用而流行起来的字、词、短语、句子或固定结构甚至篇章②等语言单位,这些表达在语音、语相、语法、语义、语用等方面都呈现出偏离特征。如"囧"③、"奇葩"④、"柠檬精"⑤、"我太南了"⑥、"××帝"⑦等。广义的流行语还包括网络表情符号,即由字符、文字、图片、视频等元素组成的以视觉化方式呈现的一种非语言符号。流行语具有时段性、新奇性、高频性等特征,这是我们判断区分是否为流行语的主要依据(夏中华,2016:36)。

当代汉语流行语的"市场假象"是指弗朗西斯·培根(Francis Bacon)在其"四假象"理论中提出的"市场假象"。"四种假象"原指在追求科学真理的过程中,受到已有观念(可能是先见,也可能是成见或者偏见)的影响或遮蔽,通过逻辑而被固定下来的种种错误观念,它们阻碍着通向真理的道路,进而不能够认识事物的真相或者真理。培根把这些成见或者偏见的东西称为假象。这在当时是针对经院哲学的烦琐、抽象而在认识论层面提出的理论、教条和教义。在培根看来,假象(idols,亦译作"幻象""偶像")是盘踞在人的头脑中的一些错误观念,它们形成了成见或偏见,使人们不能正确地认识到真理,严重妨碍了科学的复兴(张志伟,2010)。

---

① 徐朝晖认为,狭义的流行语只包括流行的词和短语、固定结构,而广义的流行语还包括字、句子、篇章和表情符号。

② 篇章流行语有"无概念,不成房地产"的段落——"最贵的房叫楼王,建得最晚的叫绝版,建得最高的叫地标,在老城区叫传承千年人脉,远离市区的叫生态奢华,起个洋名叫欧式,命名中式叫古典,又大又贵叫府邸,又小又贵叫豪宅,精装修叫给你五星级的家,毛坯房叫创意空间。"

③ "囧",原为废弃古字,读音为"jiǒng",义为"光、明亮"。现因其字形特点,又与"窘"同音,故被赋予"郁闷、尴尬、无奈"之义。古废弃字今用,属于历史时代偏离类型。

④ 汉语中本有其词,指珍奇而美丽的花朵,常用来比喻不同寻常的优秀文艺作品,是地道的褒义词。而当代流行语"奇葩",常用来比喻某人、某事或某物十分离奇古怪,世上少有,常人不可理解,含有讽刺或调侃的意味,属于语义偏离的类型。

⑤ 其字面意思是"柠檬成精"。柠檬味酸,与嫉妒他人时"心中酸溜溜"的感觉相合。因此,"柠檬精"最初用在他人身上,是用来嘲讽他人的,其含义与"嫉妒"类似。近来,它的贬义色彩不断淡化,有时也用在自己身上,即用于自嘲,表达对他人或外貌或才华,或物质条件或情感生活等各方面的羡慕。"我柠檬精了"就相当于"我羡慕了"。一词多义,属于语义偏离的类型。

⑥ 即"我太难了",用别字"南"代替"难",起强调作用,属于语相偏离的类型。

⑦ "××帝"原指某些领域中成就大、造诣高的人,如"影帝"。如今,只要拥有某一特点即可称"帝"。如"数钱帝""表情帝""体操帝""贺岁帝"甚至"章鱼帝""保罗帝"等。类似的结构还有"最美××""××达人"等,语义逐渐弱化,属于语义偏离的类型。

市场假象是指人们在相互交往和联系的过程中,由于语言概念的不确定和语词使用不当而产生的思维混乱。培根(1984:21)指出,"人们在市场中往来交接,是靠谈话来联系的。但所使用的文字则是依靠一般俗人的了解,因此选用文字之失当害意就惊人的妨碍着理解力。(失当)文字强制和统辖着理解力,弄得一切混乱,并把人们岔引到无数空洞的争论和无谓的幻想上去"。也就是说,"如果人们对各种名称和概念的规定与理解不当,就会以假乱真,名实不符,造成理解上的障碍,从而产生错误"(敖素,2011)。"语词的不准确、多义性以及由此而造成的理解和解释上的混乱,是形成'市场假象'的一个重要原因"(唐玉斌,2014)。"培根清楚地看到语言与认识有密切关系,并明确将语言的滥用看作错误认识和无谓争论的一个根源,而这一观点几乎成为后来经验主义者共同接受的原则"(叶秀山、王树人,2004:243)。

基于此,本文所讨论的当代汉语流行语的"市场假象"是指人们在网络乃至现实交往中出现的故意错位、错意使用语言,利用价值颠倒、视点位移、规则瓦解、种类混淆等偏离手段来消解语言规范,使部分流行语在语音、语法、语义、语用、文化等层面显现出明显的偏离性和工具化特征,使原本真诚的语言"交流"沦为语言"交换"。这不仅妨碍他人的理解和解释,影响人们对语言真相的认识,而且容易造成人们思维上的混乱和错觉。更重要的是,对于当代汉语流行语的滥用和滥觞①,现代人的"集体无意识状态"以及"有组织的不负责任态度",使得汉语言的发展具有"人为的不确定性",这对语言的发展来说是一个极大的风险。

三、当代汉语流行语的"市场假象"与澄明

本文尝试在几个层面上分析当代汉语流行语的"市场假象",澄明真相,使人们对汉语言有更全面和理性的认识。

(一)"市场假象"之语音层面

当代汉语流行语语音层面的市场假象,指在流行语中,出现了大量无语音特征的网络交际符号和视觉形象,以及有语音特征的"无关谐音"式表达。这些形象化及个性化表达极大弥补了虚拟空间体态语的缺失,增强了交际效果,但从文字学视角来看,这些表达并不符合文字学标准,无法进入文字系统。

---

① "滥觞"一词含义较多,本文取其"泛滥""过分"之意。例如:《明史·史可法传》:"今恩外加恩未已,武臣腰玉,名器滥觞,今后宜慎重。"

一方面,"汉语言文字是合形、音、义三个要素组成的;我们识字是从形辨音,从音析义;古人制字是从音定义,从义定形"(胡朴安,2016:6)。因此,汉字应该包含有三种字符:意符、音符和记号。"跟文字所代表的词在意义上有联系的字符是意符,在语音上有联系的是音符,在语音和意义上都没有联系的是记号。而拼音文字只使用音符。"(裘锡圭,2017:10)另外,从汉字的发展史来看,"没有文字,先有言语;没有言语,先有声韵。由复杂的声韵,变为有形迹的文字"(裘锡圭,2017:9—10)。因此,汉语言的文字必须有其对应的语音系统。而当代流行语中大量网络表情符号的存在,虽然在表象上增添了虚拟世界生动立体以及个性化色彩,但因其没有对应的语音,无法和语言中的字词相对应,因此,不符合传统的文字学标准,在本质上不能算作文字。而且,它们也不是纯粹的标点或数字,因而无法进入文字系统。

另一方面,当代流行语中大量的"无关谐音"式表达也不符合文字学对汉字的构件要求。所谓"无关谐音","指用来表达的谐音形式和语境之间没有语义关联,其语义也没有对理解产生特殊的表达效果"(徐默凡,2005)。例如,"神马都是浮云"(什么都是浮云)、"围脖"(微博)、"蓝瘦,香菇"(难受,想哭)等。这些"无关谐音"式表达,的确念着顺口、听着顺耳,并且诙谐幽默,方便传播且容易引起公众注意。但从文字学视角来看,其书写形式并不符合汉字的构件要求。

文字学规定,构件(也称部件)是汉字的构形单位。当一个形体被用来构造其他的字,成为所构字的一部分时,我们称之为所构字的构件。如"口、木"是"呆"的构件。构件在构字时都体现着一定的构意(如在"诺"中,"扌"是"又"的变形,表示右手),构件所承担的构意类别,称为这个构件的结构功能。汉字构件的结构功能有以下四类:1. 表形功能[①];2. 表义功能[②];3. 标示功能[③];4. 示音功能,即构件在构字时体现示音的构意。如"榆""松""桐""梨"是表示不同

[①] 构件用与物象相似的形体来体现构意,如"齿"—"齒";"浴"—"⿳"。

[②] 构件以它独立时所记录的词的词义来体现构意,如"祝"(甲骨文"祝"),画的是一个人张着口向着木主祝祷。"示"是木主的形象,放在祝祷者的前方或上方,应是表形构件;但在小篆中,"示"已失去了象物性,只提供"祝"与祭祀(示)、祝祷(口)有关的意义信息,它受"福""祀""祠""祷"等音义合成字的影响,固定地放在字的左边,因此已成为表义构件。

[③] 构件不独立存在,而是附加在另一个构件上,起区别和指事作用。它有两种情况:(1)只具有区别作用的标示构件。如"太"和"大"的区别,所加的点具有标示功能;(2)既有区别作用又有指示作用的标示构件,如"刃""末""本"等。

树名的字,"俞""公""同""利"这些构件分别与全字的读音相近或相同,承担的是示音功能。在这里,构件的示音功能是在义符所表示的意义类别范围内,区别出文字所表示的个体。另外,在具有示音功能的构件中,有一部分还同时可以提示词源意义,也就是具有示源功能①。而当代汉语流行语中的"无关谐音"式表达,如"神马都是浮云""围脖"等,我们无法对其进行构件的划分,因为"神马""围脖"作为无关谐音式流行语,从构成方式上来看,都是以多音节语素构成的单纯词形式存在,无法对其单个语素进行部件的拆分。另外,它们是单纯的记音词,只具有示音功能,但该示音功能既非在义符所表示的意义类别范围内,因为没有对应的义符,也不具有示源功能。因为它们并非广义分化或引义分化的产物,因此都不符合文字学的构件标准。

(二)"市场假象"之语法层面

当代汉语流行语语法层面的"市场假象"是指部分流行语在词法和句法构式上与常规语法相偏离。流行语中常见的"一词多性"以及"不及物动词及物化"现象便属于词法结构的偏离,如"雷",不仅可用作名词,还逐渐被用作动词("被你雷得外焦里嫩")和形容词("一个最雷的词语");再如,在传统的"被××"结构中,"被"字后应为及物动词("被打""被骗"),但在网络交际中,一些自主性、弱动作性的非及物动词,甚至名词、形容词纷纷进入这种被动结构中,以凸显受事方发生变化或受影响的一种被动关系。如"被就业"("被"+不及物动词)、"被小康"("被"+名词)、"被和谐"("被"+形容词),并由此衍生出更多的"被××"结构,如"被自杀""被捐款""被代表""被自愿"等。以上在词法上的偏离使得汉语言表达更加生动活泼,富有感染力。

而当代汉语流行语中,某些句法结构的偏离却容易导致人们在思维上的混乱。以英汉"时""体"的混合搭配为例,为实现高效、简洁、新奇而又不失时尚的语用效果,使用者有时故意偏离和超越传统语法规则,形成了一些特殊的"时""体"组合规则和聚合规则。众所周知,汉语主要借助于语序与词汇手段而不用形态表达语法意义,如用"着、中、正、正在、一直"等表持续进行义,用"曾经、已经、过、了、去年、昨天"等表过去完成义。而在网络空间的书面交流

---

① 这是由于一部分形声字属于源字的分化字,包括(1)广义分化:源字具有广义,加义符分化出其中某一类范围较狭小的意义。例如:都从"仑"得音取义的"伦""论""轮""沦""纶"等。(2)引义分化:原来属于一个字的不同义项,加义符将其中的一项分化出来,例如:"心"分化出"芯"、"坐"分化出"座"、"责"分化出"债"等。

中,人们经常用英语的后缀形式"-ing""-ed"来表达进行时和完成时,如"囧ing""我吃饭 ed"等。该偏离结构在现实口语交际中也普遍流行,如,"我(有)去过那里"(I have been there before),"我(有)在网上看过这个东西"(I have seen this online)。在"有+动词"结构中,"有"相当于英语语法中的助动词"have",表示动词的"体"。但"有"在汉语中是动词,而动词叠加动词,在汉语言中是明显的语法错误。

我们知道,渐变性和不平衡性是语言发展的两大特点。语言发展中,词汇的变化速度往往最快,语音次之,而语法的演变最为缓慢,因为"语法表达语言的本质,告诉人们某种事物属于哪个对象种类"(维特根斯坦,1996:39);"语法体现了一种精神格局,民族精神则在语法中认识了自身"(申小龙,2014:44)。由此,施坦达尔指出,"在语言中存在着民族的逻辑,即民族对思想的观念和原始关系的认识。这样,语法在其最高的使命上就是民族逻辑的历史"(赵世开,1990:36)。这实际上揭示了民族语法和民族思维方式的文化通约性。英汉两种语言的语法就蕴含着中西不同的思维方式和思想观念,我们可以从不同的语法体系中体会不同的精神格局。如,英汉"时""体"表达差异恰恰反映了中西文化中不同的时间观念,"中国人的时间观活跃在本源性的标度时间经验中,对'时''机''运''命''气数'的领悟,构成了中国传统时间观的主体"(吴国胜,2006:31),把握各种时机,达成与宇宙生命的和谐,是中国人生活的主要目的和内容(吴国盛,2006:29),这种时机是不可言说的(吴国盛,2006:26)。而西方文化更注重把时间分解为过去、现在和将来。如在亚里士多德心目中,时间是一个类空间的无限长流,可以进行分割,"现在"则构成了某种分割点(吴国盛,2006:68);奥古斯丁(2014:225)同样承认有三种时间,但不是简单的过去、现在、未来,而是过去之物的现在,现在之物的现在,未来之物的现在。过去之物的现在是记忆,现在之物的现在是视界,未来之物的现在是期望;罗素也指出,过去、现在和未来之区别对于时间是根本性的,如果这一区别不成立,则时间不是实在的(吴国胜,2006:183)。总之,中国古代思想中,既有循环时间观,又有线性时间观,所以其"时""体"表达相对灵活,富有弹性;而西方人更推崇线性时间观,所以在"时""体"上更注重时间之流的表达。当代汉语流行语中英汉"时""体"的混搭,虽然具有一定的新奇性,但一方面,可能会滋生出更多的僵硬的欧化句式;另一方面,人是有逻辑的动物,人的思维只能在语言中进行。汉语言中英汉"时""体"的混搭,不仅是对我国民族语法的偏离,而且也容易导致人们思维上的混乱。

(三)"市场假象"之语义层面

当代汉语流行语语义层面的"市场假象"指其发生语义变异后所引发的语义模糊或语义多歧现象,由此导致其语义上的主观不确定性。

培根曾提到,我们的另一些属于较狭义的概念,像"人""狗""鸡"等,其实质并不会把我们引入歧途;但即便是这些概念,有时仍不免会因事物的运动变化和事物彼此掺和而发生混乱(培根,2000:9)。的确,在现代流行语中,即使是以上较狭义的概念也难免在能指或所指上发生偏离,如,"人"不叫"人",叫"淫";"狗"不叫"狗",叫"狗狗",还有"累成狗""狗带"(go die/去死)等表达;"鸡"不指"鸡",指性工作者,还有"母鸡"(不知道)、"炒鸡"(超级)、"烘焙鸡"(homepage/个人主页)等表达。当代流行语语义上的混乱不仅造成了语用上的歧义和理解中的困难,而且污染语言生态。具体说来,语义层面的"市场假象"主要表现在三个方面:

1. 外来新词与传统语词的矛盾。譬如,"脑洞大开",不了解其网络语义的人,往往以为其与"茅塞顿开"同义或近义。而事实上,"脑洞大开"由"脑补"衍生而来。"脑补"源自日本动漫,本指观剧者在大脑里通过自己的想象来补充或添加原剧中没有的情节或内容,"脑洞大开"则义为想象天马行空,联想极其丰富、奇特,甚至到了匪夷所思的地步。其内涵完全不同于"茅塞顿开"。

2. 语词的能指和所指发生严重偏离。如,"尼玛"一词来自藏语的汉译,在藏文化中是一个神圣的词汇,译为"光明的、神圣的",是对太阳的尊称。藏族同胞们常用"尼玛"作为人的名字,象征这一家的希望和光明。例如,尼玛卓玛、尼玛永宗、尼玛布次等。拉萨又称"尼玛拉萨",意思是"太阳光所照耀的神地"。而在网络空间,"尼玛"就变成了一个谐音的骂人用词,其概念义和情感义都发生了完全偏离。

3. 语义由良义降格为劣义,造成指称混乱或缺失。如,小姐(从尊贵到低俗)、美女(从真正的美女到几乎一切女性,包括丑女)、鸡(从正常的禽类到非正常的人类)、表哥(从亲戚到贪官)、干爹(从长辈到情人)、奶粉(从食品到毒品)等。而真正的"美女"或"小姐"等概念,却存在指称空缺问题。

语言是存在之居所(Die Spracheist das Haus des Seins),人栖居在语言所构筑之居所中,思考者与诗人是这一家宅的看家人(海德格尔,1978:318);语言是人类最后的家园(钱冠连,2005:10)。倘若没有语言这个家园,人类就是一群无家可归的流浪汉;失去语言这个无价之宝,我们这个物种就不能称其为人类。因此,语言是心智之窗,是文化沉积的结果。但当代汉语流行语日趋重形合、轻意合,在追求简单模仿和刻意偏离的过程中与传统语言、传统文化割裂,不断经受前所未有的美学重创,日益暴露出"诗性脱落"危机,这无疑是汉语文化的重大损失。另外,根据"葛氏定律",在语言演变过程中,一些语词(如"尼玛")一旦被滥用,其良义往往迅速流失而劣义留存,这也将严重破坏汉语言的"味"与"韵"。

当代汉语流行语的语义混乱也反映了现代交际主体语用伦理的缺失。网络空间内,人们为了达到传达情绪、宣泄情感、吸引眼球等目的,在进行语言选择时,只考虑"说什么"和"如何说"的语用问题,而忽视了"应该说什么""不应该说什么"的伦理问题。钱冠连(2002:285)曾告诉我们,"我想怎么说就怎么说,是不存在的、一厢情愿的愿望。人不能想说什么就说什么,不能想怎么说就怎么说",且"我们在说话的时候,顾及这顾及那……我们在做语言环境的奴隶"。因此,即使是在网络空间,也同样存在一张由社会关系、文化、道德标准、行为规范、物质环境与自然力量组成的社会人文网,它要求我们每当在说话的时候,要从"应该怎样说"这一伦理问题出发。

(四)"市场假象"之语用层面

当代汉语流行语语用层面的"市场假象"指一种在特定语言情境中,交际主体故意临时改造和消费网络语词,以实现其功利性的交际目的,使语言"交流"沦为语言"交换"的工具理性行为。

以网络称呼语为例。众所周知,称谓词语是语言交际中不可或缺的组成部分,在许多情况下,称谓是传递给对方的第一个信息。言语交际所要表达的许多意义,往往通过称谓就可明白无误地表达出来。因此,一个语言体系中的称谓系统的形成以及沿革的规律,不仅具有语义价值,更有道德伦理价值。而在当代汉语流行语中,大量的称呼语发生语义泛化。譬如,"亲爱的"最初只用于夫妻或情侣之间,后渐渐被用来指好朋友、陌生人,甚至讨厌之人。再如,"老板"一词从稀有到遍地;"乖""宝宝""小伙伴",从小孩到大人。从表象上看,这类称呼语的泛化具有很强大的语用功能,因而得以广泛流行,但在本质上,使用者故意通过提高对方的社会地位来讨好他人,或者通过亲切的称呼来拉近彼此之间的距离,最终都是为了实现其功利性的交际目的,在一定程度上使语言"交流"变成了"交换"。

譬如,在某市场交易的语境中,卖家甲称呼不认识的买家乙为"亲爱的"。根据语用平衡理论①,买家乙的交际需要为正常的维持关系型对话,卖家甲可调用的语用资源并不多,零称呼或者使用"这位顾客"或"您"完全能完成打招呼功能。然而甲所调用的称呼语"亲爱的"的语用力量 F 大于交际需要的力量 N,导致了语用不平衡,其结果有两种:1.正向不平衡,即暂时拉近了与乙的距离,并给人以热情之感;2.负向不平衡,即让乙感觉不真诚,并心生厌恶,最终拒绝选购。在这类语言"交换"活动中,说话者的语用动机在于利益的驱使,是语言贿赂;其方式为自轻自贱,奴颜婢膝,故意降低自己的交际地位,是伪尊重;其结果是人与人之间充满虚情假意,是受目的/工具理性控制的虚假的语言行为。由此可知,当代汉语流行语中一些发生语义泛化的称呼语,不仅在语义上发生严重偏离,容易产生负向不平衡的语用效果,而且使人与人之间的真诚弱化、信任缺失、关系疏离。

而真诚性是语言的本质属性。如卢梭(2010:12)曾指出,"人类衣食住行等第一需要根本不是语言产生的原因";"语言起源于人类的精神需要,起源于人类的激情。所有的激情倾向于把人类再次召集到一起,但谋生的需要又使他们彼此分离"。由此可见,语言的本质功能是"交流",语言"交流"使人类联合起来,而语言"交换"的结果是使人类彼此分离。在《穆勒评注》中,马克思也曾指出,交往是指人与人之间不以盈利为唯一目的的物质和精神交流,但在市民社会中,交往转变为单纯的买卖关系和单纯以物为中介的商品交换。在马克思看来,"交往"变成"交换"是一种最根本的交往异化,也是市民社会中其他形式的交往异化的基础(张严,2013:164)。因此,从哲学视角看,部分流行语的"交流"功能变成"交换",不仅是一种典型的"市场假象",而且是一种最根本的语言异化,是消极的,需要摒弃。

---

① 参见陈新仁:《语用学视角下的身份与交际研究》,高等教育出版社 2013 年版,第 11 页。语用平衡理论认为,人们为了实现其交际需要(communicative needs,用 N 表示),总要付出一定的语用努力,交际者通过调用各种语用资源产生语用力量(pragmatic force,用 F 表示),该语用力量与交际需要之间的作用力会产生两大类交际结果:(1)语用平衡:N=F,交际平衡,说话人一般取得预期的语用效果;(2)语用不平衡:N≠F,交际失衡,说话人可能会也可能不会取得预期的语用效果。语用不平衡还包括两个方面:(1)正向不平衡:当 N<F,说话人不但经常取得预期语用效果而且经常伴有额外效果。比如,上司不时地屈尊与下属平等交流,不仅能做成事而且会给下属留下平易近人之感;(2)负向不平衡:当 N>F,说话人一般不会取得预期语用效果。

(五)"市场假象"之文化层面

当代汉语流行语文化层面的"市场假象"指的是当代流行语中大量的缩略词、简称、新词、新说法等令人眼生拗口、难以卒读,无法形成文字认同、文化认同,乃至价值观的认同,不利于我国民族精神的凝聚与民族文化的统一。

统一形式的汉字在中国社会、文化的统一中发挥了巨大作用。语言是民族聚合的纽带,"优秀语言对民族的凝聚作用无论怎样评价都不过分"(查振科,2006:2)。帕默尔(2013:117—118)亦曾引用一位汉学家观点,认为文字(汉字)是一种线条化了的、简化了的图画系统。就是说,视觉符号直接表示概念,而不是通过口头的词再去表示概念。这就意味着,(汉字的)书面语言并不总是受制于口头语言的各种变迁和变异。它意味着,在中国,一个学生学了4 000个左右的视觉符号之后,4 000年的文献就立刻展现在他面前了,他没有学习中古汉语和上古汉语的负担。但一个学习古希腊文献的学生需掌握多种方言才能欣赏荷马、莎芙、希罗多德、狄摩西亚的作品。因此,汉字是中国通用的唯一交际工具,唯其如此,它是中国文化的脊梁。汉字的这一特质使它在中国社会、文化的统一中发挥了巨大的作用。中国的统一依靠一种共同交际手段的存在,这同任何行政区域的统一是一致的,而这种共同交际手段就是全国普遍通用的汉字。为此,洪堡说,"语言是一个民族人民的精神,一个民族人民的精神就是其语言"(陈嘉映,2003:1)。而且,汉语言背后更是蕴藏着一系列更深层的哲学观念,像"天人合一"的观念、"气"与"理"的宇宙观、追求"和谐"的价值观、重视"宗法"的伦理观、重视"味觉"的饮食观,以及独具特色的"色彩"文化心理等(杨乃济,2002:294)。

但当代汉语流行语受美国式文化影响的痕迹很明显,除了语词中加入的大量英语和语法的英语化倾向,更重要的是美国化的观念影响,追求简便省事,开放直接,有强烈的自我表现欲,与传统疏离并以此为荣。语言是一个民族文化的围墙,更深刻地讲是一个民族的心理,直接关系到一个民族的思维方式、情感和下意识等。语言文字又是审美的重要内容,当代汉语流行语的美国化倾向,影响了中国传统文化的含蓄、严谨和精致,给中国传统文化造成了一定的烧伤度,形成了文化层面的"市场假象"。

四、当代汉语流行语"市场假象"的风险及消解

语言是间接的生产力,语言是民族的凝聚剂,语言是知识的储备库,人和思想凭语言出场。尤其在当今的网络社会,人与人沟通最重要的媒介莫过于语言,语言的使用对语言本身的发展以及对人类的意义恐怕比以往任何时期都重要。而当代汉语流行语的"市场假象"不仅使其与汉语言的本质属性发生偏离,而且使汉语言的发展具有主观不确定性。乌尔里希·贝克(2004:7—8)说,现代社会是一个风险社会,所谓风险社会,就是一个"人为的不确定性"社会,也就是一个由人自身造就的全面问题社会。现代性的核心问题与根本风险在于,面对生态环境破坏等问题,现代社会在整体上却处于个体化、无组织状态,他称之为"集体无意识"意义上的"有组织的不负责任"。我们生活在"有组织的不负责任"的背景下。贝克的风险社会理论对当代汉语流行语的"市场假象"具有很好的警示作用。面对当代偏离式流行语在量上的扩张与在质上的回缩,现代人的"集体无意识状态"以及"有组织的不负责任态度"导致汉语语言的发展具有"人为的不确定性",这对汉语言的发展是一个极大的风险。因此,对于当代汉语流行语的"市场假象"及其可能带来的风险,我们每一个人都应该明确语言态度,提高语言自觉意识,回归真诚语用伦理。

(一)明确"语言态度",加强网络语言管理

"'语言态度'是指言语共同体成员对特定的语言变体所持的态度,包括看法、情感和行为意向。'语言态度'在一定程度上影响人们的语言行为,从而导致语言的发展变化。"(邹玉华,2005)面对当代汉语流行语的普遍性偏离,我们首先应该有客观认识和理性判断:1.当代汉语流行语是网络技术高度发展的产物,多为网络俗字或网络符号,不属于汉语正字系统;2.部分流行语甚嚣尘上,多源于它的感官刺激性以及网络的产业化运营模式;3.假象是真相某一方面,或某一阶段的表象,在一定条件下可互相转化。因此,部分流行语可以正式进入汉语言的文字系统;4.人类活动不断使语言"人化",其结果是现代语言的污染程度已超过了语言的自净能力,其发展越来越呈现出一种失控的状态。基于此,我们要明确语言态度,即我们不能一味消极地依赖语言内部的自我选择和自行过滤系统的作用以及过分相信网民的价值取向,还要诉诸国家的政治理性,即相关管理部门采取有效措施,甚至制定相关法律和政策,保证语言规范工作有法可依,有据可循。

(二)激活语言环境公共话题,提高"语言自觉"意识

"语言自觉"是"人们对自己所操母语有自知之明,并对其发展历程和未来前途达成共识,从而在语言使用过程中本能地表现出来的一种亲近、敬惜及呵护母语健康发展的责任意识"(陈乃举,2012)。语言如环境,与人类社会发展

相互制约、相互作用。语言人人都在使用,人人都有权使用。因此,面对语言环境的污染,我们可通过开展有组织的语言保护运动,来激活语言环境公共话题,最终提高公众的"语言自觉"意识和责任意识。如,通过召开"语言发展大会"来探讨语言发展问题,确定语言发展规范,或成立各级"绿色语言保护组织"。康德(2005:6)说:"每一个在道德上有价值的人,都要有所承担,不负任何责任的东西,不是人而是物。人类的能力越大,责任也越大。"因此,作为社会主体的人,越是在无所不能的网络社会,越是要强化自身的责任意识,努力处理好"能够做"和"应当做"之间的关系。越是在网络语言充斥的公共空间,越是要形成一种语言自觉,提升我们的母语认同意识以及母语权利意识,保障我们的语言安全,使其健康持续发展。

(三)回归"真实""真诚"语用伦理,重建网络话语信任体系

当代汉语流行语的"市场假象"之症结在于说话者的内容不真实,态度不真诚,使语言"交流"变成了"交换"。态度问题应交由道德来解决,因此,应把伦理学的关照引入语言问题,回归"真诚"语用伦理,营造"真诚"语言环境。中国传统语言伦理认为言语行为讲究"言忠信",与"言忠信"相悖的言语行为,如巧言("巧言乱德""巧言令色")、佞("友便辟,友善柔,友便佞,损矣")、讪(诽谤)、伪(言而不实)、僭(超越自身的地位、身份的言语行为)及道听途说都是令人憎恶的;在交往行为理论中,哈贝马斯提出了真实性、正确性和真诚性三个维度的有效性要求;为了日常交际得以顺利进行,约翰·罗杰斯·塞尔(John Rogers Searle)也指出,交际者的言语行为需满足四个基本条件,诚意条件是其中之一。因此,当代汉语流行语中需要的增长和工具理性的增加所导致的真诚性情感的缺失,对语言和人类交往来说,都是一种退步。越是在虚拟空间,我们越是要坚持语言的真实性、正确性和真诚性原则,一如既往地推动"诚"在语言交际中的复兴,重建网络话语信任体系。

五、结语

语言是人类最为基本的行为和生命形式。语言依赖人得以存在,人依赖语言得以成其所是,得以成其所为。语言既是显示其他存在的存在,也是成就其他行为的行为(钱冠连,2005:70);"词语缺失处,无人出场"(钱冠连,2005:105);"词语破碎处,无物存在"[①];语言使得思想清晰,使人出场;语言本身就是

---

① "Where word breaks off no thing may be"出自 Heidegger, M., "The Nature of Language", in *On the Way to Language*, 1982b, p.63.

思想,就是存在;语言本身就是主体,不是工具。但在"流量至上"的资本逻辑下,当代汉语流行语日益表现出在语音、语法、语义、语用、文化等层面的偏离,其本质是把语言工具化,用以彰显个性,吸引眼球,实现交换目的等,这不仅妨碍主体间的理解和交往关系,而且影响人们对语言本源世界的正确认识,造成思维上的混乱和错觉。这是一种"市场假象"。更重要的是,当代汉语流行语的"市场假象"使语言的发展具有主观不确定性。爱默生说:一个人如果能看穿这个世界的矫饰,这个世界就是他的。因此,面对当代汉语流行语的"市场假象",我们应该有理性的态度、清醒的认识、纵深的研究,澄明"市场假象",认清语言真相,并在此基础上明确语言态度,提升语言自觉意识,回归真诚语用伦理,用新的语言发展理论和伦理形态指导和规范人类的话语实践,确保汉语言健康、持续发展。

参考文献

徐朝晖:《当代流行语研究》,暨南大学出版社 2013 年版。
夏中华:《面向多种媒体的当代汉语流行语研究》,中国社会科学出版社 2016 年版。
张志伟:《西方哲学史》,中国人民大学出版社 2010 年版。
培根著,许宝骙译:《新工具》,商务印书馆 1984 年版。
敖素:《弗·培根的"假象论"对后世哲学的影响》,《贵州大学学报(社会科学版)》2011 年第 11 期。
唐玉斌:《培根四假象理论及其批判性思维的意蕴》,《中外企业家》2014 年第 10 期。
叶秀山、王树人总主编:《西方哲学史》(学术版),第四卷,凤凰出版社 2004 年版。
胡朴安:《文字学常识》,中华书局 2016 年版。
裘锡圭:《文字学概要》,商务印书馆 2017 年版。
徐默凡:《网络语言无关谐音现象的构造原则和理解机制》,《当代修辞学》2015 年第 12 期。
维特根斯坦著,李步楼译:《哲学研究》,商务印书馆 1996 年版。
申小龙:《汉语与中国文化》,复旦大学出版社 2014 年版。
赵世开:《国外语言学概述》,北京语言出版社 1990 年版。
吴国盛:《时间的观念》,北京大学出版社 2006 年版。
[古罗马]奥古斯丁著,徐蕾译:《忏悔录》,江西教育出版社 2014 年版。
[英]培根著,张毅译:《新工具》,京华出版社 2000 年版。
钱冠连:《语言:人类最后的家园——人类基本生存状态的哲学与语用学研究》,商务印书馆 2005 年版。
钱冠连:《汉语文化语用学》,清华大学出版社 2002 年版。

[法]卢梭著,吴克峰,胡涛译:《论语言的起源兼论旋律与音乐的模仿》,北京出版社2010年版。

张严:《"异化"着的"异化"》,山东人民出版社2013年版。

查振科:《汉语与汉语文学》,文化艺术出版社2006年版。

[英]L.R.帕默尔著,李荣等译:《语言学概论》,商务印书馆2013年版。

陈嘉映:《语言哲学》,北京大学出版社2003年版。

杨乃济:《吃喝玩乐中西比较谈》,中国旅游出版社2002年版。

[德]乌尔里希·贝克著,吴英姿,孙淑敏译:《世界风险社会》,南京大学出版社2004年版。

邹玉华:《关于汉语中使用字母词的语言态度的调查》,《语言教学与研究》2005年第7期。

陈乃举:《道德堕落导致"语言腐败"》,《群言》2012年第9期。

[德]伊曼努尔·康德著,苗力田译:《道德形而上学原理》,上海人民出版社2005年版。

"一带一路"倡议下商务沟通中的中国人积极形象研究：交互性视角[*]

王婳娜　陈　琦

摘要：中国人的形象问题会对"一带一路"倡议的推进产生重要影响。本文以扎根理论为研究方法，以访谈法为主，观察法和实物分析法为辅进行数据搜集，以中德合资企业中的员工在工作中遇到的问题领域为切入点，采用交互性的视角，从交流方式、关系经营、工作态度和个人成就四个层面描述并分析商务活动中的中国人积极形象的建构过程。研究结果显示，"一带一路"倡议下，在高语境与低语境、集体主义与个人主义等文化因素的互动过程中，中国人积极形象的建构过程体现出相对性、多层面和协商性的跨文化性特征。

关键词：中国人形象；中德商务沟通；交互性；扎根理论

一、引言

中国人在跨文化商务沟通中的形象问题会对"一带一路"倡议的推进产生重要影响。正如习近平总书记提出的"文化自信"[①]理念所指，如何在"一带一路"倡议的推动下，形成自己的积极形象是一个当务之急、值得深入探讨的问题。在当前我国经济社会发展的新时期，重新定位创新型外语人才培养规格和目标、建构创新型外语人才培养模式，有助于完善外语教育教学方案，有力促进创新型外语人才培养[②]。

---

[*] 本文受教育部人文社科青年基金项目"当代德国影视中的华人影像和中国叙事研究"（19YJCZH271）资助。王婳娜，上海理工大学副教授，硕士生导师，外语学院 MTI 教育中心副主任，研究方向：国别与区域研究、跨文化交际；陈琦，上海理工大学教授，硕士生导师，国际交流处副处长，研究方向：跨文化交际、语言学。

① 习近平：《文化自信——习近平提出的时代课题》，http：//www.xinhuanet.com//politics/2016-08/05/c_1119330939.htm，2016。

② 卢植：《论创新型外语人才培养模式建构》，《外语界》2018 年第 1 期。

德国是最早公开表态支持"一带一路"的国家之一,在此背景下中德经济合作空间广阔。德国工商总会调研报告显示:"2019 年受到中美贸易争端的严重影响,全球倾向于贸易保护主义的经济政策发展趋势不断上升,同时全球经济也在减速。但是,大多数(77%)接受调查的德国公司没有考虑将业务移出中国,这表明了中国市场的重要性。"[1]随着中德之间的经济往来的加深,我们也应当看到文化冲突所带来的诸多问题与挑战。本文选择将中德合资企业中的中国人形象作为研究对象,是因为合资企业是两国文化碰撞最激烈的地方,对于展现跨文化商务沟通中的文化特殊性具有较强的代表性。本文的目的在于,以跨文化商务沟通中双方员工的问题领域为切入点,立足交互性的研究视角,即基于自我形象、他者形象和他我形象,从交流方式、关系经营、工作态度和个人成就四个层面描述并分析"一带一路"倡议时代背景下跨文化商务沟通中中国人的形象问题。

二、跨文化性与形象理论

跨文化性与文化间性是两个相近而又有所区别的概念。跨文化性(cross-culturality)通常表示两个或多个文化在交际中存在文化差异现象,需要交际者掌握对方文化的特征,使文化间的交际能够顺利进行[2]。文化间性(inter-culturality)意指"多种文化的共存和公平互动,以及通过对话和相互尊重而产生彼此共享的文化表现形式的可能性"[3]。德国跨文化学者博尔滕(Bolten)认为,文化间性不停地被建构出来,在第三性意义上的间性世界 C 既不与 A 也不与 B 的生活世界完全相符,而更多的是在传统学习效应意义上的碰撞中产生的一种全新的质量,一种协同作用。而这种协同作用是单凭借 A 或 B 自身力量无法取得[4]。如图 1 所示:

普遍认为,人们对自己的看法被称作自我形象;人们所用于的,关于其他社会群体的思维方式,被称为他者形象。换句话说,自我形象也可以被理解为

---

[1] 中国德国商会 business confidence survey. https://china.ahk.de/market-info/economic-data-surveys/business-confidence-survey,2020.
[2] 张德禄、郝兴刚,《超文化交际能力培养模式构建探索》,《外语界》2019 年第 5 期。
[3] UNESCO. The Convention on the Protection and Promotion of the Diversity of Cultural Expressions,https://en.unesco.org/creativity/convention,2005.
[4] Bolten, J., *Einführung in die Interkulturelle Wirtschaftskommunikation*,Göttingen:Vandenhoeck & Ruprecht,2007,p.138.

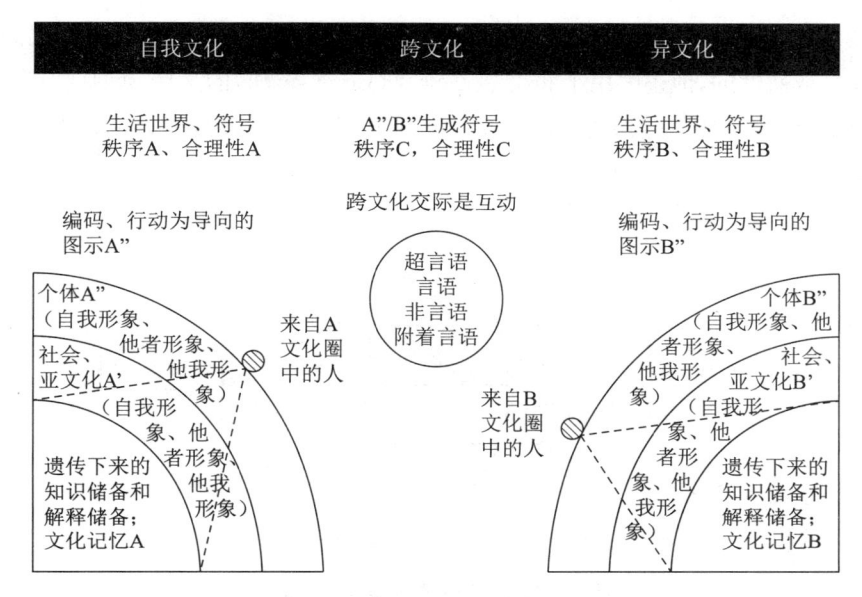

图 1 跨文化交际是互动

自我评价(【德语】Selbstkonzept),而他者形象是对其他人或/和人群的评价①,而他我形象在上述图示中所指的含义即"对期待的期待"。而自我形象(【德语】Selbstbild)、他者形象(【德语】Fremdbild)和他我形象(【德语】Metabild)构成了"视角的交互性"也为本文的实证性研究提供给了理论支撑。

形象的研究具体表现为如下几类:他者感知的形式、社会交往中的功能、思维固见的变体以及建构主义的结合。

(一)他者感知的形式

社会心理学理论旨在将他者的感知模式作为自我形象和他者形象的联系去分析②。施韦尔(Schweer)等意识到两者之间由于缺少互动的要素,就存在信息带来误解的危险③。舒尔茨·冯·图恩(Schulz von Thun)的四耳模型由于信息含义赋予的过程会受到可能的期待、担心或者预先经验的影响,因而

---

① Tsann-ching Lo, D., *Die Bedeutung kultureller Selbst- und Fremdbilder in der Wirtschaft*, Berlin, 2005, p.25.
② Lüsebrink, H.-J., *Interkulturelle Kommunikation: Interaktion, Fremdwahrnehmung, Kulturtransfer*, Weimar, 2005, p.106.
③ Schweer, M. & Thies, B., *Vertrauen als Organisationsprinzip: Perspektiven für Komplexe soziale Systeme*, Bern, 2003, p.70.

表现出极大的个体性特征①。比尔布鲁(Bierbrauer)从心理学角度提出我们的感知是或然性的,他还引用了布劳恩斯维克(Braunswick)的透镜模型(如图2)。该模型表明,主观所感知的世界不是外部客观世界的被动反映,而是我们对这个世界的阐释②。

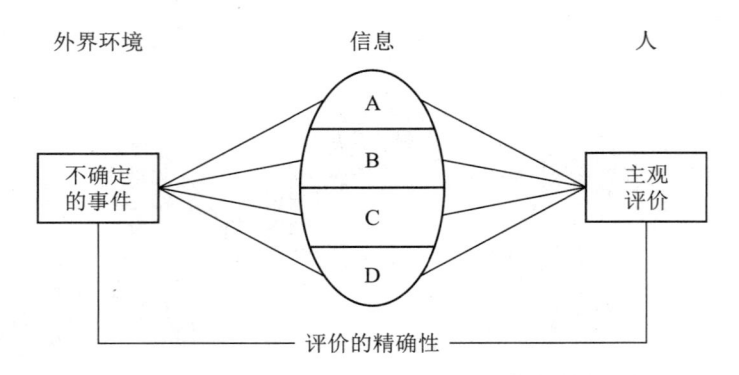

图 2　透镜模型(笔者翻译后绘制)

（二）社会交往中的功能

库利(Cooley)提出的"镜中我"概念,认为个体的自我感受是通过他人的反射而形成的,"人人都是一面镜,照出对方的身影"③。并提出,在与人交往时,个体会首先设想自己在他人面前的形象(自我形象),他人对这一形象的评价(他者形象),以及这种评价给个体带来的自我感觉,如自豪和耻辱(反思与调整)。戈夫曼(Goffman)将社会交往类比为戏剧表演,每个人在特定环境下都力图保持一个适当的形象,以求得到他人良好的评价④。亚历山大的"情景一致"理论认为,在特定的社会环境下,每个人都有一套特殊的与该情景相一致的行为模式,这种行为模式帮助个人进行有效的自我形象选择和修整⑤。在哈恩(Hahn)看来,"他者被视为一种放松,是对给人带来负担的习惯和习俗的突破;作为对已有文化的丰富和启发,是激动人心的、惊险的,也是令人神往的"⑥。

---

① Schulz von Thun, F., *Miteinander reden：1：Störungen und Klärungen-Allgemeine Psychologie der Kommunikation*, Band L. Hamburg. 1998, p.61.

② Bierbrauer, G., *Sozialpsychologie*, Stuttgart; Berlin; Koln; Kohlhammer, 1996, p.71.

③④　转引自陈向明:《旅居者和"外国人"——留美中国学生跨文化人际交往研究》,教育科学出版社2004年版,第323页。

⑤　[英]迈克·彭著,邹海燕等译:《中国人的心理》,新华出版社1990年版,第211页。

⑥　Hahn, A., "Die soziaIee Konstruktion des Fremden", in Sprondel, Walter M. (Hg.) *Die Objektivität der Ordnungen und ihre kommunikative Konstruktion*, Frankfurt a. M., 1997, p.144.

(三) 思维定式的变体

自我形象包括了一个人关于自己能力和性格的所有假设，包括有意识的和无意识的。人们通过交流、他者的言论、生活体验可以构建他者形象。有些学者认为，自我形象和他者形象具有相似之处。比如，冈特（Günter）认为，因为每个人部分地——在极端情况下也有完全地——通过同其他人的界限而赢得一个稳定的自我身份[1]。诺伊尔纽曼（Noelle-Neumann）认为，无论是自我形象还是他者形象都是各种思维定式（【德语】Stereotyp）和偏见（【德语】Vorurteil）的变体[2]。伯格勒（Bergler）是如此描述自我形象的产生的："对现有偏见的无意识地采纳等同于自我生活真实的建构，以及自我形象的建构。"[3]

还有诸多学者对两个概念进行了区分，虽然思维定式和偏见大多是负面、片面的或者不正确的评价，但在跨文化交流中却起到了导向和认同的作用[4]。韦斯（Weiss）认为，"一般来说，形象是某种现象、事件或者一个地区的外在画面……形象是多个部分设想画面的结果，这些部分的设想在它们所构成的整体中是千差万别的。某一种视角越发受客观要素的影响，相应的整体事件（【德语】Sachverhalt）的形象就越发统一、越发牢固、贴近事实"[5]。

无论是在文化内部领域还是在文化外部领域，自我形象和他者形象之间的对称过程都要归根于所参与者之间关系的质量。根据自我形象和他者形象之间的对称质量可以说明两者之间的关系质量[6]。两者之间的相似度越高，对所评价人的好感越发增强[7]。在商务沟通中的他者形象本身就是跨文化交流，他者形象是社会的建构，与自我表达的形式密不可分。

---

[1] Günter, T. Vorurteile, "Fremdbilder und interkulturelles Lernen", in Trautmann, Brütting (Hg.) *Die hässliche Deutschen? Deutschland im Spiegel der westlichen und östlichen Nachbarn*, Darmstadt, 1997, p.26.

[2] Noelle-Neumann, E., "Das Stereotyp als Verkehrsmittel der öffentlichen Meinung", in LIPPMANN, Walter, *The Public Opinion(deutsche Übersetzung: Die öffentliche Meinung)—Reprint*, Bochum, 1990, p.287.

[3] Bergler, R., *Vorurteile-erkennen, verstehen, korrigieren*, Köln, 1976, p.110.

[4] Kindervater, Angela, *Stereotyp versus Vorurteile: Welche Rolle spielt der Autoritarismus? Ein empirischer Beitrag zur Begriffsbestimmung*, Frankfurt am Main, 2006, pp.48-49, 56-57.

[5] Weiss, M., *Studienreisen nach Marokko. Angebote, Teilnehmerkreis, Reisemotive, Images*, Passau, 1998, p.22.

[6] Tsann-ching Lo, D., *Die Bedeutung kultureller Selbst- und Fremdbilder in der Wirtschaft*, Berlin, 2005, p.27.

[7] Ibid., p.31.

（四）他我形象与建构主义的结合

他我形象实际上是互动中的主体不断更新自我、完善自我的过程。从这个意义上来讲，他我形象是处于自我与他者的建构关系之下的。金（Kim）认为，跨文化认同的建构是交际者与他者不断寻找自我的本真性以及跨越文化边界的过程，它包括两个辩证统一的趋向：其一，个体化（【英语】individualization）；其二，普遍化（【英语】universalization）[1]。个体化意味着陌生人不再拘泥于既定的社会范畴来界定自我与他者，转而以人类一员的视角重新定义各自的身份，交际者的认知能力因而得到了提升和扩展。普遍化是指一种新的思维方式。当交际者意识到价值的相对性以及人性的普遍性，以非二分的、超越语境的和共生共赢的观念来体验人性、解读文化差异之时，自我与他者都将成为宇宙的中心，跨文化认同随之就会出现。认同的普遍化使交际者能够整合不同的文化视角，不仅深刻地理解差异，而且了然人类处境的高度相似性，帮助他们超越族群中心主义，促进"第三种文化"的发育与生长[2]。

总的来说，跨文化交流中的跨文化性表现在"自我"与"他者"之间的协商过程，"从长远来看，跨文化交流其实反映了不同文化之间所呈现出来的此消彼长的力量互动"[3]。随着中国国力的逐渐上升，特别是在"一带一路"倡议的推进过程中，更应当抛弃"中方单方面适应西方，以西方的文化标准为评价的标准"的文化观，而应当树立双向适应之下的文化观。

三、研究设计与数据分析

本文采用扎根理论的研究方法，以访谈法为主、观察法和实物分析法为辅的数据搜集方法。在研究设计上，从文化互动的角度出发，重点突出对研究对象适应策略的研究。采用了目的性抽样、异质性抽样和滚雪球式抽样三种方式对研究对象进行选择，从而确保了样本的丰富性和代表性。在对研究对象进行主观选择的基础上，按照 Z 字形路线进行数据收集，最终对位于中国东北地区的 3 家中德合资企业中的 16 名德方人员和 20 名中方人员进行了访谈（后面的研究结果呈现中以第一个字母 C 和 D 分别代表中国和德国，数字代表

---

[1] Kim, Y. Y., "Intercultural personhood: Globalization and a way of being", *International Journal of Intercultural Relations*, 2008(32), pp.359-368.

[2] Kim, Y. Y., *Becoming Intercultural: An Integrative Theory of Communication and Cross-Cultural Adaptation*, Thousand Oaks, 2001, pp.65-68.

[3] 张晓玲：《跨文化上下级信任互动研究》，北京外国语大学博士论文，2014 年。

受访员工的序号，ABC分别代表三家合资企业）。

数据的分析借助于Nvivo 10.0软件，对数据进行了开放式、关联式和核心式编码三层编码。在对数据分析时，依据互动过程所发生的情境，提炼出交流方式、关系经营、工作态度和个人成就四个层面中的中国人形象。这四个层面的排列是依据企业内部工作开展的逻辑顺序而进行的。交流的顺畅与否决定了双方的人际关系好坏；工作交流也决定了各自的工作态度；依据互动双方的工作效果，研究对象会感到是否取得了成就；由此，互动双方会根据自己的经验以新的认知进入新一轮的互动过程当中。

四、质性研究结果

研究发现，在跨文化商务沟通过程中，中国人积极形象的建构体现在积极的自我形象、他者形象和他我形象的建构过程中。而积极形象的建构基于互动个体的跨文化性，即互动个体在与异文化合作伙伴进行有效互动所需要的跨文化认知和理解能力，其认知水平决定了合资企业中的双方员工是否能够对异文化合作伙伴的行为给出正确的原因或解释，是否能够对互动对方将会对他们做出怎样的行为给出预测。因而，中国人的跨文化性推动了彼此的进步，最终取得了卓越的成就。下面就访谈数据所呈现出的交流方式、关系经营、工作态度和个人成就四个方面，对中国员工在自我形象、他者形象以及他我形象中所体现出的跨文化性进行描述与分析。

（一）交流方式

1. 中国人的自我形象

（1）掌握好英语和德语的意识

很多受访人员都意识到了语言的重要性，"文化差异最基本的或者说是非常重要的一个决定性的因素在于语言"（C9B）。中国员工对语言的认识包括语言会带来信任，语言意味着优势和语言有助于开展工作。第一，语言会带来信任。与谈话伙伴讲他的母语"会拉近人与人之间的距离"（C18C），即使公司的工作语言是英语，"但是与德方人员讲德语还是会增强对方对自己的信任感"（C19C），并且"语言还会带来相同的思维方式"（C3A），"那边发过来的图纸、基础文档，还有比较重要的大型会议都是德语的"（C9B），并且"招聘的标准之一就是沟通要好"（C15C）。

（2）将语言与专业知识相结合的意识

受访中的很多人都意识到了如果不能很好地掌握技术语言，就会对双方的交流造成障碍:"德语里面好多汽车用语,好多都是从英语来的,有美式和英式英语,大家用法也都不一样会导致误解,所以需要德语解释。"(C20C)比如:"我不懂'装车'是指往货车上装呢,还是往车身上装?"(C2A)一位资深的中方高级经理,他提出:"我们最迫切需要的,是把翻译培养成一个专业领域内的翻译。"(C3A)

(3) 了解对方文化背景的意识

受访人员表示,除了语言本身之外,文化背景也会交流产生影响,"成语、典故、QQ 群或者微信群,年度热词都是德国人所不能理解的"(C9B)。同时,也有员工提到,"德国文化对隐私的保护"(C6A)和"文化背景的巨大差异"(C18C)是对双方顺畅交流的阻碍,而"中国文化中的友善"(C10B)以及"德国礼貌的文化"(C1A)是有助于文化交流的因素。

2. 中国人的他者形象

(1) 交流更加直接

受访人员感知到,"中方的搭档经理和翻译都会给她提出很好的建议和提醒"(D15C),"现在的中方经理会要求每周汇报下自己的工作情况,以前他们不会这样要求的"(D10B),并且,"我们团队工作得都非常诚实,最初不是这样的,现在越来越好了。我觉得真的很好。"(D13C)受访德方人员感知到中方的搭档经理和翻译给她提出的很好的建议和提醒。他表示感谢:"我们之间有非常牢固的信任关系。如果我哪里没有照顾到中国的国情,她会单独找我进行谈话,只有我们两个。"(D15C)

(2) 思维方式受德国人影响

也有受访者从另外一个方面肯定了中国人已经开始接受讨论、主动讨论的趋势:"我觉得中国人工作的思维被德国人影响,也以目标为导向,直奔目标了。"(D11C,D13C,D16C)德方员工看到了很多这样的成功案例,"随着时间的流逝,在这里工作时间越久的人,他们越会愿意直接表达他们想说的话"(D12C)。

(3) 礼貌地交流

德国人看到了中国同事的委婉表达方式,德方表示很值得学习:"我将任务交给中国同事时就很直接,他拿到工作任务后,会很礼貌地找到其他的中国同事,进行一番预热性的谈话。"(D16C)也有德方人员注意到,"中国人在解决问题之间会先礼貌地打个招呼,寒暄几句再开始谈工作"(D8A)。

3. 中国人的他我形象

(1) 提高沟通能力的意识

受访人员表示应当提高自己的沟通能力,"中国人有时候比较沉闷,不说话。其实他知道内容,但是不想说。我觉得这个是不利于这种交流的"(C18C),"有的人很会跟人聊,我觉得这个与语言水平无关,就是你这个人爱不爱说笑"(C17C),这位员工还对自己与外方发生过的直接冲突感到后悔:"我现在也就回想我当时,我就觉得当时不应该冲动,不要直接冲突。"(C17C)

(2) 不回避问题,及时沟通

很多中方的多受访人员都意识到,比如"应当把事搁在桌面上说"(C5A,C17C,C3A,C12B),"不愿意掖着藏着,那样难受,说不清"(C3A),"议题拿来之后我们总是把我们做的材料每一季都跟他汇报"(C7A,C12B,C15C,C16C),"在例会上的汇报和头脑风暴法"(C17C),"我们不要一味地探视、打太极、绕弯子"(C4A),"要与德方进行定期而坦诚的谈话,比如我们每周五要有一次单独的谈话,目的是交流信息"(C3A)。

(二) 关系经营

1. 中国人的自我形象

中国员工认为,人际意识是在合资企业中很重要的适应策略。关系很重要,关系体现在要有"人情味",同事也是朋友,应该遵循礼节。

(1) 人情观念

在中国人看来,人情味具体体现在"员工恋家"和"交流倾向性更强"两个方面。首先,受访的合资企业员工表现出稳定性,这是因为"本地员工还是要多一些。本地的员工比较恋家,家在附近的就会来"(C20C)。其次,中方员工还表现出交流倾向性更强的特点,"中国人可能更多的喜欢聚在一起,一起出去旅游、吃饭啊,慢慢大家就熟了"(C9B),"只是通过电话会有比较强的距离感,但是如果见过面,在一起最好能吃上一次饭"(C10B,C18C)。

(2) 将同事视为朋友的意识

同事也是朋友,这一结论在众多受访人员的访谈中均有所提及,这与德国人的公私分明形成鲜明对比。"同事也是朋友,我们关系也都很好,我也去参加我同事的婚礼"(C12B),特别是在与德国的情况对比之后,中方受访人员更加珍惜"这种同事亲如一家人的感觉"(C10B)。一位资深的翻译认为,"取得德方的信任是为后面的沟通打下的良好基础"(C5A)。

(3) 重礼仪的观念

中国人认为,"中方对德国员工要保持宽容,即使德国人犯了错误也要宽容"(C7A)。与此同时,"中国人还拥有这善于倾听的柔和性格"(C15C),"中国人喜欢用那种礼仪来表现出我对你的尊敬与友好,礼仪之邦。比如敬酒、让座等"(C17C)。

2. 中国人的他者形象

(1) 为对方着想

德国人感知到"中国员工之间的很为对方着想,让人感觉很舒服,她自己也曾体验过这种同事之间的温暖,这与她自己的文化比较起来,形成了反差"(D1A),"每次当我有求于他们的时候,他们总是会给我帮助。我还没有过被他们拒绝的经历,一次都没有"(D12C),"我的妻子带着我们的3个小孩在街上,总会有人过来帮忙,帮着她把儿童车拿到楼梯上"(D8B)。

(2) 集体观念强

在与中方的合作中,德方员工对中方的集体观念有了新的认知,意识到"家和单位对于中国人具有举足轻重的作用"(D11C),"中国人的集体观念很强,凝聚力强"(D9B),这位受访的德方员工谈到她"对于中国人强烈的集体观念感到震撼"(D1A),"中国人的价值观源于家庭,他们爱国爱家"(D15C)。

3. 中国人的他我形象

(1) 对"关系"会被滥用的觉察

受访的很多中方员工意识到,"关系"这个词应当用一种理性的态度来对待,不应该被过度的放大,"人与人之间的关系很重要,对任何民族都适用,只不过可能在我们国家的某些领域,被过度的放大了"(C19C),而这样会带来一个问题,"如果在公与私之间的界限变得模糊,就会令规则形同虚设,导致产品质量下降;就会令评价不再公正,进而影响员工的工作积极性"(C10B)。还有中方员工认为,"中国国企的这种方法它存在很大的风险。一旦领导决策错误的话,损失更大"(C20C)。

(2) "关系简单"的观念

有一家合资公司的员工认为将工作上的合作关系带入私人关系是不理性的,并且"因为一次合作不顺利,就判定这个人不可合作,是不利于企业融合的"(C4A),"他所在的合资企业关系简单"(C8B),甚至有的受访人员希望"最理想的情况是只有这个职能的不同,没有职能级别的不同"(C20C),并且,"企业关系简单还有助于企业人才队伍的稳定"(C15C)。

(三) 工作态度

1. 中国人的自我形象:灵活

灵活的好处在于问题的解决途径快捷。中国人"不用通过这个部门,打个电话事情就解决了,虽然不符合流程,但是问题也解决了"(C12B)。灵活的思维也会带来创新:"这也解释了为什么中国的好多企业发展得这么迅速、做得这么强,比如淘宝、天猫、苏宁。"(C9B)并且有中方员工对于中国人的灵活给出了解释,原因有两点:一是"一个大的环境对一个人的影响是特别大的",二是"中国的很多东西是没有办法提前设想好的,有很多临时出现的问题包括路况等"(C16C)。

2. 中国人的他者形象

(1) 勤奋、认真

中国人的勤奋和认真也是得到了受访德方人员的普遍赞赏。特别是,德方特别对流水线上的技术工人的勤奋和认真予以肯定。"中国员工工作量很大,也取得了很多业绩,很努力。"(D1A,D2A,D9B,D10B,D15C)他们的工作热情令德国人感到震惊,"中国同事一旦就某事做出了决定,就进行下去了,非常快捷,不辞辛劳"(D7A),"这几年来,我的印象最深刻的就这一点。他们会跟着思考,给出建议,不再是一味地被动地接受,做事情有规划了"(D11C),"如果有项目启动,他们的压力和工作量也很大,很多同事给我发的邮件都是晚上10点钟"(D4A)。

(2) 乐于学习

中国人乐于学习,积极进步的精神也给德方受访人员留下了积极的印象,"他们能够在这家合资公司工作,他们是感到很自豪的,也都很努力。他们会想着去参加培训,参加补习班。这样让自己的业务能力和其他同事一样好"(D12C),"他们需要重新学习,这对他们来说是额外的工作,可是他们都很乐意地接受了"(D7A)。

(3) 中国人有开放的心

访谈的德方人员也感受到了中国人的友好,"在来中国之前,有人告诉我,中国人很内向、很封闭,这一点我没有感觉到,而是很友好,特别是对外国人,有很开放的心,这就是我在中国感受到的"(D2A,D8B)。

3. 中国人的他我形象

(1) 遵守规则的观念

一方面,很多受访的中方人员意识到"中国的法律法规有很多的漏洞"(C8B),这令他们时常陷入尴尬的处境。约束中国人的条条框框不是法律范畴的,而是在于"道、礼、约束、习惯范畴"(C19C)并且"我们中国的税务条款不够完善。很多纳税的事情是由地方税务局自主判定的,可以谈判"(C4A,C9B)。因此,"要科学地制定质量标准,再根据标准发现这个问题,进而再去改进"(C6A)。

(2) 分工细化的观念

分工细化是中方受访人员对合资企业内工作方式的最深刻的感受。有些人认为,分工细化是分工明确的基础。"任务很明确,不会说出现什么模糊地带"(C15C),并且,"分工细化会带来生产率"(D12C,C15C,C16C),"工作负荷较满也是合资企业在工作分工层面上的一大特点"(C12B)。

(3) 对缺乏工作主动性的自我反思

由受访人员的表述可知,中方员工缺乏主动性的工作态度。第一,中方已对自己的工作态度进行了反思,"你先别去找一些客观原因来影响这个问题的解决"(C1A);第二,增强使命感,"和这些外国人合作的人至少是本身具备一定的专业素养或者责任心"(C2A);第三,"'多一事不如少一事'这样的思想阻碍了社会的协作"(C4A);第四,不能总是等待任务,"德方不愿意看到生产现场或者是说工作环境里的消极怠工的行为表现"(C1A,C20C)。

(四) 个人成就

1. 中国人的自我形象:听话、乖顺

根据受访的结果来看,中方员工对领导的能力是非常信任的,这种信任感就是他们在企业中获得成就的策略。因为他们也通常会认为,工作的推进主要取决于领导的决策,"工作效率很大程度上取决于他的领导者"(C19C)。有的受访人员认为:"小时候听老师的话,长大了以后工作听办公室领导去怎么安排你工作什么,总是期待有个人去带着他做什么。"(C20C,C10B)

2. 中国人的他者形象

(1) 跨文化行为能力

在向受访的德方人员询问中方员工为什么会取得工作上的成就时,他们给出了包括"跨文化行为能力"在内的"个人能力较强"的一些积极评价:"在我们合资公司里,中方经理所具有的重要的品质就是有坦诚、开放的心,相信异文化,对自己的行为有所反思。这就是所需要的跨文化行为能力"(D1A),"我的这位中方搭档有着非常好的企业管理的感觉。管到多少是有必要的,她比我做得好"(D15C),"他们向员工提出的要求多了,比如更多的分析能力、日常工作能力、完成任务能力,要能够发现安装产品的细节方面问题,更了解产品的实物,更多的分析,了解流程的时间,要能够展示出错误"(D10B),"曾经遇到过一个非常棒的合作伙伴,他几乎是欧洲化的思维方式,我们相互非常欣赏"(D4A,D12C)。

(2) 高效率

德国人对中国人的工作效率是认可的,但是他们对中国人工作高效率是加了很多前提条件的:"如果他们知道该做什么,在中国人了解清楚自己的任务后,没有等级方面的决策问题,他们的工作效率非常高"(D4A,D6A),"对于那些站在流水线上的技术工人,我们真的要感谢他们。他们基础知识都很好,受过很好的学校教育"(D2A)。

(3) 具有灵活性

中方员工的高效率源于其灵活性和基础知识好两大因素。一方面,"从大街上的交通情况就能看出来。每个人都在按照自己的意愿开车,但是也行得通"(D9B);另一方面,"中国已经呈现出多元化的文化趋势,不同年龄段的文化是不同的,年轻一代思维更先进"(D10B)。

3. 中国人的他我形象

(1) 评价导向的转变

以往中方领导对员工的评价是看资历、年龄,而"这样的评价标准令合资企业中的中方员工感到是不对的,会影响到员工的积极性"(C15C)。另外一家公司的员工也表示他所在的合资企业"不是论资排辈的,主要是看你的业务能力。各种考试,也是要写论文,专家进行评价,也是看一个综合的分数后才可以晋升"(C11B)。在这样的评价体制下,员工们也会明确自己应该努力的方向。比如,这位员工表示:"这个公司给了我一些机会,我也抓住了一些机会,公司也给了我相应的回报。"(C12B)

(2) 抛弃本位主义

有的受访人员意识到,工作的立足点应当是以工作优先,公司利益至上,因而要放弃各自的民族主义。比如,"我不去想你是德国人还是中国人,为了能把工作做得更好一些,最后的差异都不是问题,都会达成共识"(C12B),"作为翻译,不能说就一定是你应该帮谁,我们总的原则是,工作优先,企业利益最大化"(C1A),"如果团队里有任何的不良企图或不好的想法,我们都要阻止。大家共同解决问题,维护公司利益"(C7A)。

此外,很多受访的中方员工都表示,在度过了最初的对外国人的尊敬和仰视期之后,要想在与德方的跨文化互动中取得成就,也要学会拒绝,"大家都是平等的"(C12B,C17C,C8B,C2A)。

五、研究结果的讨论

理解质性研究、认识质性研究的方法论地位进而用其开展应用语言学与外语教学研究,对于健全学术对话机制、促进外语学科繁荣、推进中国外语研究与国际接轨具有重要意义[①]。本研究一方面,通过跨文化商务沟通中的中国人积极形象的塑造,为中国外语创新人才培养的内涵提供切实可行的理论和实践依据;另一方面,为"引进来"和"走出去"战略下的中国企业文化的打造提供依据,助推中国企业在"一带一路"沿线市场取得成功。

就本文的研究结果来看,中德商务沟通中的中国人积极形象的塑造过程体现在交流方式、关系经营、工作态度和个人成就四个方面。中国人的积极形象是在高语境与低语境、集体主义与个人主义等文化因素的互动过程中形成的,并且其过程体现出相对性、多层面和协商性的特征。

归属于高语境文化中的人们所发出的语码被"训练有素"的本文化中的人自动地通过各种高语境涵义的加工和还原,而成为某种语码指示意义的信息。而来自低语境文化的语码接受者则完全没有这种自动的加工和还原的能力,他所接受到的信息往往只是该语码的指示意义。中国文化与德国文化相比起来,中国属于高语境文化,而德国属于低语境文化。德国人在表达时常常是开门见山、直截了当,交流的信息大多从语言表达中直接反映出来,同时德语的严谨与精确更是使信息明确无误地表达出来,而不需要人们过多的通过语境去推测和理解。

从世界观和哲学思想方面来看,对中国文化起重要作用的哲学思想,无论是儒家还是道家,无论是墨家还是法家,都强调"克己",强调尊人。"仁者爱

[①] 孟春国:《质性研究在中国外语学界的发展困境及出路——一项自传民族志研究》,《外语界》2018年第2期。

人"且"推己及人"。强调个人对群体的依附关系。在现代的中国,社会主义精神文化的思想更是强调集体利益高于个人利益。当然,在世界日趋一体的今天,随着各种文化的相互影响,个人主义的趋向特别是在年轻一代的身上得到越来越多地反映。此外,在中国的传统文化中,求和谐、避免冲突的思想占有很重要的地位。孔子提倡:"礼之用,和为贵。"在我们现代的社会和文化生活的很多方面都能看到这种崇尚和谐、稳定的思想的反映。

而对形成时间要晚得多的"德国文化"来说,其产生重要意义的哲学思想大多是以理性主义为出发点的,同时强调个性的解放与人的独立性,推崇个性的张扬。比如15世纪末期在与宗教和神权统治的斗争中所产生的人文主义的基本原则便是以"人"为主,追求使人性摆脱宗教的羁绊,认为人"应当追求幸福财富,求得个性解放、提倡发展个人才智、要求勇敢进取精神……"[①]。17世纪末产生的启蒙主义要求发表意见和意见争论的自由,要求摆脱对人的思想和人的权利的束缚。

研究结果显示,当今时代背景下的中德合资企业的中国人积极形象的建构过程体现出了跨文化性,具体而言是指,跨文化性呈现出了相对性、多层面和协商性这三大特征。其一,相对性体现在,"自我"和"他者"是相对的概念。跨文化商务沟通中的个体已不再是传统文化比较意义上的典型"中国人"或典型"德国人",而是每个人的体内都具有跨文化性。其二,多层面性体现在,面对新环境文化差异的挑战,个体在交流方式、关系经营、工作态度和个人成就方面都发生了某些变化,这种变化会带来个体的自我发展和转变。其三,协商性体现在,互动中的个体依据会对方的行为作出调整,由此互动双方通过对各自文化的自我吸收和凝聚完成内部的转变,实现个体的发展。

---

① 杜美:《德国文化史》,北京大学出版社1997年版,第56页。

重要学术活动述评

全球思想竞争时代的中国修辞理论建设
——中国修辞学会 2021 年学术年会暨第十一届国家和机构形象修辞学研讨会述评

陈佳璇　周　萍*

一、引言

21 世纪是话语全球流通、思想全球竞争的世纪,为不断推进全球竞争时代的中国的话语实践和修辞理论研究,2021 年 11 月 13 日—14 日,由中国修辞学会、韩山师范学院、上海市语文学会、华东师范大学国家话语生态研究中心、《当代修辞学》编辑部、《外国语》编辑部、《文化艺术研究》编辑部联合主办,韩山师范学院文学与新闻传播学院承办的"全球思想竞争时代的话语实践与修辞理论:中国修辞学会 2021 年学术年会暨第十一届国家和机构形象修辞学研讨会"在网络的云端召开。

论坛由中国修辞学会执行会长、华东师范大学国家话语生态研究中心主任、首席专家、《当代修辞学》编委会主任胡范铸教授与韩山师范学院文学与新闻传播学院副院长陈佳璇教授共同主持。中国修辞学会会长陈光磊,副会长邓志勇、鞠玉梅、刘大为、谭学纯、张先亮、曾毅平和《外国语》主编束定芳、韩山师范学院文学与新闻传播学院院长周录祥等来自国内外 70 余所高校的约 200 位专家学者出席了本次研讨会。会议聚焦于"全球思想竞争时代的修辞学建设"而展开热烈讨论。

二、中国修辞研究何以推进社会的话语实践?

"目标决定过程,语境制约行为。"修辞学不是音韵学,不是甲骨学,不是冷

---

* 陈佳璇:韩山师范学院文学与新闻传播学院教授,文学博士,研究方向:社会语言学、对外汉语教学、语用学;周萍:华东师范大学学报编辑部副编审,研究方向:社会语言学、国家与机构形象修辞学、知识传播。

门绝学,而是现实生活"语言事件"的思想回应和理论建模。事件不等于事实,事件意味着旧语境的断裂和新语境的创生,越是重大的事件愈是意味着创生愈加深刻的新语境(刘阳,2021)。同样,"语言事件"也并不等于"语言事实","语言事件"直接制约社会语言生活的发展走向,中国的修辞研究如何才能有效因应社会生活各种"语言事件"的变化与发展,尤其是如何有效因应当下社会生活的重大语言事件?

新冠疫情的暴发和控制,暴露了当代治理的一个重大问题"信息的生产与管理"。对此,华东师大胡范铸教授的《新言语行为视角下特大疫情管控中的语言传播与信息治理》根据自己构拟的一个全新的语言运用研究理论模型"新言语行为分析",不但揭示了特大公共卫生安全危机管控中信息治理的本质是一种"社会动员"行为,更由此提出了在危机预防阶段,信息治理何以有效把握先机,既维护正常舆论秩序,又不能干扰社会信息预警;危机一旦发生,信息治理何以有效实施社会动员,既及时全面采集疫情、民情各种重要信息,又能使政府信息发布获得社会的普遍认同;危机善后阶段,信息治理何以化危为机,重构社会信任和政府认同等一系列建设性意见。暨南大学曾毅平教授的《〈人民日报〉新冠疫情报道战争隐喻论析》从隐喻认知视角对"抗疫是战争"的映射关系进行分析,从战争的认知属性和隐喻的系统性与媒体意识形态表达的关联两个方面探究疫情报道中的战争隐喻修辞动因。作者认为战争隐喻带来了良好的宣传效果,对防控疫情有着积极的警醒、动员作用,但隐喻的使用若脱离实际,也可能造成认知偏差。

互联网时代,知识生产的方式发生了前所未有的变化。对此,华东师大甘莅豪教授的《知识圈层:空间视域下的互联网百科全书——基于维基百科和百度百科"独生子女政策"条目的话语分析》认为人类知识生产除了可以从权力、资本、技术和历史等视角进行考察,也可以在空间视域中进行描述。通过考察中国政府"独生子女政策"在维基百科和百度百科中的话语表征,发现这两种互联网百科全书在政治文化、资本运作、语言习惯、平台机制和社群成员等因素作用下分别建构了两个内容框架、社群构成和生产机制截然不同的"知识圈层"。从宏观视角上看,"知识圈层"不仅是几个彼此区隔的知识空间,而且彼此互文、相互呼应,共同编织着一张宏大的"星际知网"。

话语生态是社会生态的重要一环。浙江师大张先亮教授的《生态位视域下的政务新媒体语言》借鉴生态学"生态位"概念,提出了"语言生态位"即"在特定的历史时期、地域空间中,某种语言在一定的语言生态环境中所占据的时空、资源以及所具有的功能的总和"问题,并提出"语言生态位"一方面制约着政务新媒体语言,另一方面也为政务新媒体语言提供平台,政务新媒体语言为了适应语言生态位而不断突破时空束缚、扩大语言资源和提升语言功能。

生命与健康是当代社会最重要的问题,医患关系无疑是其中一大关节点。中国人民大学杨敏教授的《庭审叙事中的医患身份建构策略研究》聚焦医患纠纷庭审叙事,结合庭审话语语类特征及身份研究相关理论创建庭审叙事身份建构分析模型,对医疗损害责任纠纷案件庭审中的主题、话语策略和所建构的身份类别进行考察,这为医患矛盾的缓和提供了启示。

华东师大张虹倩副教授的《后疫情时代下的中美竞"合"——基于布鲁金斯"新冠"语篇的框架分析》、南京森林警察学院王卉教授的《基于田野调查的中国当代犯罪隐语存在状况》、北方民族大学郭玉梅与刘晨红的《城市语言景观的话语构建原则及功能》等分别运用语言方法对"中美竞合""越轨社群""城市景观"等多种重要议题做了探索分析。

三、中国修辞研究何以推进话语的跨文化传播?

在全球化的时代,话语实践不仅意味着一种语言内部、一个族群内部的交流,更时常意味着跨语言、跨文化的传播。中国经济在全球影响力与日俱增,但中国话语在全球的传播力与之却并不匹配。如何破局,不仅是对我国传播学研究的挑战,也是对我国修辞学研究的挑战。

"文化关键词"的翻译是跨文化传播的一大要义。上海外国语大学束定芳教授的《"辛奇"与"泡菜"——认知语言学的视角》从认知语言学的视角,以韩语"Pinky"一词的翻译"辛奇"与"泡菜"为例,提出了如何听懂其他社群的话语和内心焦虑的问题,指出语言智慧能否被接受,与文化心理与规律传播方式是有关系的,认知方式影响语言使用。从而指出,中国要对外传播,最好的策略就把事情做好,把事情做到极致,国际社会自然会来关注你,会进行传播。而如果是自身需要传播,却要让别人来为你梳理,这是很难达到传播效果的。

跨文化的交流离不开比较修辞,华中师大刘东虹教授的《汉语语篇修辞策略的比较修辞学研究——兼谈"为他人代言"的恰当性》认为在欧美修辞传统中,有些修辞概念及修辞实践可能会和其他文化中的修辞概念及实践有相似性,然而,这类相似性常常要比我们所想象和预料的更加复杂。由此,她提出了比较修辞的要义在于如何自我反思。

中国话语实践包括全国性话语，也包括地方性话语。韩山师范学院刘毅教授在《潮州文化的对外传播策略》中提出了当中国文化的全球传播遇到巨大困难的时候，如何以地方性知识破局的问题，并以潮州文化对外传播的内容选择与推广策略为例，提出中国话语具有独特的文化特征，其传播需要一个国际再语境化的过程。根据梅顿（Maton）的语义引力原理，意义与语境的关系构成语义引力的强度。意义与语境距离越相近，语义引力越重，反之亦然。这说明语境化的意义传播距离有限。潮州文化对外传播的内容应具有共享知识的属性，才有助于构建具有世界意义的价值体系，使中国智慧的传播超越再语境化的藩篱。

山东大学李克教授的《人类命运共同体的修辞传播范式——共情修辞路径》、东华大学胡清国教授的《汉语国际教育下中华文化教育与传播的内容取舍》等分别从"共情修辞""汉语教育"等视角展开了讨论。

四、中国修辞研究何以拓展自身的知识生产？

修辞学要有效回应社会生活的发展，就不能不有效拓展自己的知识生产。20世纪中国修辞研究的主要范式有辞格分析、语体分析、同义结构分析等，近年来又出现了"新言语行为分析""修辞构式""广义修辞学"等模型，那么，是否还可能提出更多更新的理论模型？这些理论模型之间能否展开对话？这些理论模型能否参与全球的思想竞争？

对静态事物加以运动化表达是语言中常见的现象，复旦大学刘大为教授的《从主观化认知到主观化运动构式》提出，这一语言现象的形成，并非如国外认知语言学的重要代表伦纳德·泰尔米等认为的，只是出于对静态情景进行序列扫描的结果。他认为认知有主观化与客观化的两种过程，这两种过程互相竞争，此显彼隐，由此形成了双层语义，并进而呈现三种主观化运动构式。

成语是汉语一种重要词汇形式，福建师大谭学纯教授的《成语形义变异路径依赖修辞加工与识解》以"义位""空义位""自设义位"等概念，分析了成语的形义变异的过程，并指出成语的规范只能够管控成语，成语一旦发生变异，它就失去了成语的身份，不能用成语的规范来考量。

现代中国修辞学理论的一大重要源头来自国外，当代中国修辞学的发展同样离不开与当代西方修辞理论的对话。上海大学邓志勇教授的《从Irony的变迁看当代西方修辞学的特点》认为西方修辞学历史悠久，从亚里士多德到当代的伯克，从古典时期的劝说到当代的认同（同一），从古典时期"语法性的"到当代的"社会学性的"，修辞学的理念显然发生了巨变，尽管其核心精华得到了传承。在传统修辞学中,irony只是普通的、不起眼的辞格而已,但在新修辞学中,它却是一个"主要辞格"。这个辞格的地位的变化,折射了西方修辞学的变迁,体现了当代西方修辞学的重要特征。

齐鲁工业大学鞠玉梅教授的《伯克修辞学思想的唯名论倾向》提出肯尼斯·伯克修辞学思想的唯名论倾向,认为伯克的修辞学思想充分彰显修辞者作为个人意志的动机,否定所谓"正确理性"的绝对存在,尤为强调对个体符号的互动阐释,这些特征都显现出伯克修辞学正是追随唯名论的主张,顺应了20世纪哲学研究的转变,致力解读和阐释人类生活场景中修辞者的修辞话语。

苏州大学袁影教授的《论四大非转义主辞格》、浙江警察学院顾鸣镝教授的《警察话语视域下讯问语体疑问代词构式的承继研究》、四川外国语大学姜孟教授的《探索语言心脑智能,发展语言智能产业》等分别综合认知与辞格、构式与语体、语言与智能等视角考察了语言运用问题。

陆俭明先生(2020)指出,在当今社会,语言学"逐渐被边缘化";其实,进而言之,在全球思想竞争中,中国学术界相对是边缘化的;在中国学术界中,语言学又相对是边缘化的;在中国语言学研究中,修辞学更是相对边缘化的,亦即中国修辞研究面临三重边缘化。这是历史与现实双重原因造成的,但是这不等于说是应有的格局。本次研讨会显示出中国修辞研究者的学术自信日益增强,不仅关注修辞理论自身建设,更关注修辞理论对推进国内的跨社群对话、推进国际的跨文化理解的社会担当,并由此提出了一系列很有价值的思想。

"知识决定行动,行动生产知识"(胡范铸、张虹倩、周萍,2021)。正如中国如今已然成为世界第二大经济体,正如语言研究如今已然成为科技发展和社会发展的重大突破口,同样,修辞研究也从来没有像今天这样蕴含了无穷的可能性。层出不穷的各种"语言事件"不但深刻影响个人的生存与发展,深刻影响一个社群的生存发展,而且更深刻地影响了人类社会的发展。可以说,修辞的问题空前凸显,修辞学任重道远;修辞学大有可为,修辞学一定大有作为。

参考文献

刘阳:《事件:思想的兴发及五个相关问题》,《文化艺术研究》2021年第4期。

陆俭明:《语言研究要与未来接轨》,《语言战略研究》2020年第6期。

胡范铸、张虹倩、周萍:《特大疫情防控中信息治理的观念重构与行动选择——一个基于"文化治理"视域的分析框架》,《文化艺术研究》2021年第1期。

语言、景观与社会发展

——第五届国家话语生态研究高峰论坛述评

韩晓晔[*]

当今社会景观问题日益深刻地介入社会生活的各个方面,成为地理学、生态学、社会学等多个学科的研究热点。在中国语言学界,景观问题却迄今尚未真正获得全面的关注。

2021年11月6日,教育部"语言与国家认同关系研究"重大攻关项目课题组、华东师范大学国家话语生态研究中心、上海市语文学会、中国修辞学会和《外国语》《社会科学》《当代修辞学》《文化艺术研究》等单位联合召开了"语言、景观与社会发展——第五届国家话语生态研究高峰论坛"。该论坛由华东师范大学国家话语生态研究中心首席专家胡范铸教授主持,来自海内外的语言学、传播学、政治学、国际问题等多个学科的上百位专家学者以"线下+线上"的形式出席了会议。

一

何为景观?何为语言景观?

胡范铸教授在《作为"社会景观"的流行语:以"资本"话语为例的分析》的报告中提出:语言景观并不意味着只是城乡的标牌,一切可以被人"观看""凝视"的语言现象都构成了语言景观。他从"社会景观"的视角重新定义了流行语,提出流行语不仅是通常所说的一种"语汇",或是一种集体的"述说",更是一种社会性的"景观"。从"社会景观"的视角考察流行语,意味着不仅要看到新的流行语,谁在使用,为什么使用,更要关注这些流行语构造出一种什么样的"社会景观",如何吸引整个社会"观看",并影响整个社会的情绪、认知与发

---

[*] 韩晓晔,上海师范大学影视传媒学院副教授、硕士生导师,华东师范大学国家话语生态研究中心研究员。

展。广西师范大学国际文化教育学院教师孟凡璧的《何以汇聚认同：对中越边境城市语言景观的考察》从景观对于社会意识形塑的视角考察了中越边境城市语言景观，认为边境城市语言景观不仅是国家和机构形象的重要标记，更是国家认同、机构认同的重要路径。中越边境城市语言景观的设置存在"身份定位错位""角色预设偏差""话语效力不足""空间选择不当"等问题。

二

语言不仅可以直接呈现为社会景观，更能深刻映射出各种社会景观。

上海社会科学院胡键教授在《"一带一路"的语言景观与中国的外交场域》的报告中阐释了历史场域中的人名符号景观、部落族群景观、地名符号景观、出土文物景观等，指出语言景观对开拓古代中国"丝绸之路"的影响，并进一步分析了借助于语言景观拓展当今"一带一路"倡议的可能性。华东师范大学张虹倩副教授在《"民主国家峰会"与拜登政府对华战略新路径——基于布鲁金斯政策报告话语的框架分析》的报告中，从"民主国家峰会"入手，提出"民主国家峰会"构想既是美国民主党基于"价值观外交"的重要政治语言景观设计，也是"西方阵营"概念失灵后的新的话语策略。报告从其目标设定、议程设置、组织机制等方面进行考查，提出要以构建"民主国家"议题上的反向认知，有效实现"民主"概念的再框架化，创造一幅新的去污名化中国的政治语言景观，维护中国的全球形象。

三

语言景观乃至所有的社会景观，不仅是"呈现性"的，也是"生产性"的。

华东师范大学传播学院甘莅豪教授在《承认理论视域下维基百科全书中的人机社会》的报告中，探究了维基百科全书在语言生产过程中，传统意义上的全书编辑和维基机器人的互动，指出在"皮格马利翁情结"作用之下，维基百科全书中的人机社会经历了"技术物承认""共同体承认""政策承认""价值承认"四个阶段。维基人和维基机器人承担了不同的权利和义务，并在协作编纂中彼此承认，呈现出一种全新的知识生产景观。华东师范大学黄佶副教授的《Dragon还是Loong：中华民族视觉形象"龙"的跨文化传播——基于西方政治漫画的考察》从对西方几百年来政治漫画系统的考察入手，提出Dragon在欧美文化中指一种丑陋的恶兽，更有无数时政绘画把各种病毒比喻为Dragon。汉语中的"龙"作为中华民族最典型的视觉形象符号，在跨文化的语言形象生产过程中，绝不应该继续译为Dragon，而应该直接音译为Loong。

居伊·德波在《景观社会》中阐述:"景观并非一个图像的集合,而是人与人之间的一种社会关系,通过图像的中介而建立的联系。"当"景观"越来越深刻地嵌入我们的语言生活,中国语言学人无疑需要更积极的思考:作为社会景观的语言如何有效地促进社会发展?社会发展如何推动语言和社会景观的演化?

仰止高山怀往哲,发舒贤蕴续新篇
——纪念《修辞学发凡》问世90周年暨第十二届"望道修辞学论坛"学术研讨会述评

王 静 尉 薇[*]

2021年12月4日—5日,由复旦大学望道研究院、复旦大学中文系、《当代修辞学》编辑部、陈望道研究会共同主办的"纪念《修辞学发凡》问世90周年暨第十二届'望道修辞学论坛'学术研讨会"在复旦大学隆重举行。本次研讨会线下线上结合,以开幕式的纪念活动和大会学术报告两种方式进行。

研讨会开幕式由复旦大学中文系党委书记岳娟娟主持,复旦大学副校长陈志敏教授致辞。陈校长首先阐述了此次会议纪念复旦大学老校长陈望道的多重意义,接着介绍了望道先生的革命履历和学术贡献,最后,陈校长着重强调:本次研讨会一方面是为了纪念望道先生,重新认识《修辞学发凡》对现代修辞学科的历史贡献,以传承望道先生的修辞学思想;另一方面,自2008年以来,"望道修辞学论坛"已成功举办了11届,在学界形成了一定的影响力,搭建起了高端的学术平台,每年都盛邀诸多海内外语言学知名专家学者进行专题学术研讨,传播前沿的语言学理念,这将有助于复旦修辞学学科的建设发展,也有助于拓展中国语言学的研究领域和学术视野。

随后,陈望道研究会副会长、陈望道先生之子陈振新教授、复旦大学中文系副系主任陶寰教授、复旦大学中文系宗廷虎教授、中国修辞学会会长陈光磊教授、上海市语文学会会长胡范铸教授分别致辞。他们或叙望道先生的学术生涯,或论望道先生对马克思主义的坚定信仰,或谈自己与望老的师生情谊,或展望修辞学的未来发展,皆表达了晚辈后学对望老深切的怀念以及传扬望道精神、发展修辞学的信心。

---

[*] 王静,复旦大学中文系讲师,文学博士;尉薇,复旦大学中文系博士。

开幕式后即进入学术报告环节。本次研讨会共有十八位海内外著名语言学专家做学术报告,内容主要涉及四个方面:

一、《修辞学发凡》与中国修辞学

2021年1月18日是望道先生诞辰130周年的纪念日,2022年1月又将迎来望道先生创立的现代修辞学奠基作《修辞学发凡》问世90周年,在此岁月之交举办研讨会,纪念望道先生一生的教育事业和学术研究,铭记其对中国修辞学科建设发展的开创之功,可谓意义重大。

北京大学胡壮麟教授做了题为"中国功能语言学的先行者——庆贺陈望道《修辞学发凡》出版90周年"的报告。报告指出,望道先生在《修辞学发凡》中就已运用功能主义的观点,讨论功能与系统、口述语与书面语、文法学、物质与意义、语篇与语境、标准语和全球语等专题,大量的语言事实证明陈望道先生是中国功能语言学的先行者。

复旦大学霍四通副教授做了题为"发展是最好的继承,创造是最好的纪念——重读《修辞学发凡》第一篇,纪念《修辞学发凡》出版90周年"的报告。报告紧扣继往开来之主旨,重读《修辞学发凡》第一篇"引言",结合实际,重新思考修辞学未来的发展,提出了诸多创见。

复旦大学祝克懿教授报告的题目为"20世纪以来汉语修辞的历时建构与演变路径"。报告先是简要梳理了20世纪以来汉语修辞发展演变的历史,随后重点考察陈望道先生将修辞学学科意识转换为学科自觉,借鉴东西方修辞学的前沿理论,以奠基作《修辞学发凡》完成了修辞学从传统向现代的转型。报告内容贯穿了120年来修辞学学科的发展史,突出了《修辞学发凡》作为现代修辞学的理论核心对修辞学发展的引领作用。

二、现代修辞学的历时建构与当代阐释

此专题的报告内容荟萃了五位学者对修辞生态的历时关注与当代思考,在弘扬修辞学传统,开拓修辞研究新领域,提升修辞学研究的前沿理论意识与科学解释力方面具有重要价值。

北京大学陆俭明教授报告的题目是"再议语言信息结构研究"。报告首先指出,从语言信息结构的视角研究分析语言里的种种修辞现象,应列入修辞研究的范围,因此我们必须对语言信息结构本身开展必要的研究,逐步加深对语言信息结构的认识。随后,就怎么认识"信息"、如何进一步认识"语言信息结构"、语言信息结构和信息流、"话题"与"主语"何以会纠缠四个问题进行了探讨。

中国社会科学院方梅教授做了题为"从状态形容词看修辞手段在构词形态的沉淀"的报告。报告从词语修辞的角度,通过大量语例分析,指出构成状态形容词的构词成分形态非常丰富,但无论构成来源是什么,这些状态形容词的构成成分都具有强烈的对称并置倾向。这种修辞上的对偶排比在构词手段的沉淀,从章法层面的修辞到词汇层面的构词词法,一脉相承,可见修辞手段对于词汇规约化具有重要的影响。

上海师范大学陈昌来教授做了题为"表否定评价的立场标记'少来'"的报告。报告指出,立场标记"少来"表达否定评价,主要处于对话中话轮之首的位置,用来及时争抢话轮,表明说话人的否定立场,并引出相关论述。立场标记"少来"在语篇中具有立场表达功能,由于受到交际双方关系、地位以及前后语言成分的影响,在具体语境中,其浮现出的"负面"语义强度有所不同,主要包括嗔怪、拒绝、反驳和斥责。在代动词"来"的并入以及"少"的隐喻与语境吸收等因素的共同促进下,"少来"最终演变为一个表否定评价的立场标记,具有互动性。

复旦大学刘大为教授报告的题目为"从学科识别度到修辞化的理论构想"。报告指出,由于学科识别度的缺失,修辞学在当下的发展陷入一大窘境,为了走出这一窘境,我们应当建构修辞学专属的理论方法体系。而如何在语言学的空间中建构修辞学自己的理论和方法,对于我们这一代学人来说可谓任重道远,我们可以尝试与语法化方向相反但又相辅相成的修辞化理论构想。

中国传媒大学赵雪教授做了题为"新文化运动时期的新闻语体——以《申报》为例"的报告。报告以19世纪晚期至20世纪中期极具影响力的中文日报《申报》为例,对新文化运动前后(1909—1929年)的新闻语体进行探讨,指出该时期的新闻语体在叙事、语篇结构、语文体式、语相(辞的形貌)上都具有过渡时期的特点。

三、跨学科视野下的当代修辞学

20世纪90年代以来,人类社会的存在形态和运行机制都在全球化、信息化、网络化的作用下不断发生着深刻的变革,各种社会现象也越来越呈现出复杂性、相互依存性的特征。单一学科仅仅依靠自身的内在逻辑去揭示社会现实,有其局限性,往往无形中拉大了研究成果与社会现实的距离,无法全面准确地揭示社会事实的本质。所以,日益复杂的现实问题要求各学科必须重新整合，开展必要的跨学科研究。在这样的大背景下，当代修辞学的发展也势必纳入跨学科的视野中，推进研究领域不断纵深发展，这种发展不仅应该包括对语言学本身研究的深入，更应该包括语言学与其他学科的相互渗透，从而促进各学科间的交流与发展，引领修辞学研究的新方向。

北京语言大学李宇明教授报告的题目为"语体与机器"。报告涉及当下人工智能研究的热点，体现了近年来人文社会科学向自然科学技术反向渗透的趋势。李教授首先从话语实体角度定义了语体，接着指出语体的发展与语言技术、语言载体密切相关，随着人工智能的迅速发展，如今"机器语言行为"已经成为语言生活的一部分。因此，从语体学的角度看待语言智能，不仅要了解"机器语体"，还要帮助机器获取语体能力。

中国石油大学（北京）田海龙教授做了题为"'风格'的社会语言学研究"的报告。在与语言研究相关的学科领域里（如修辞学、符号学、社会语言学），"风格"是一个备受关注的研究课题，田教授的报告即在现有社会语言学中"风格"研究成果的基础上展开讨论，包括对相关概念（如风格、立场、身份）进行辨析，探究这些概念体现的不同研究侧重点以及社会语言学关于风格研究体现的一些语言思想，以进一步深入认识风格如何在言语交流中形成，并对身份建构发挥作用。

上海交通大学王振华教授报告的题目是"从庭审多模态话语到判决书单模态文本"。报告首先指出，判决书是对庭审话语进行提炼的产物。判决书中的意义是庭审话语意义受语境迁移影响后转变的结果。庭审话语和判决书中构建的意义差异不仅体现在语类结构层面，还体现在建构意义的模态使用和意义转换层面。接着，王教授从望道先生修辞学两大分野的角度切入，结合系统功能语言学中语篇语义学观点和多模态语篇分析视角，探讨了庭审话语和判决书中意义的产生和变化。

美国加州大学陶红印教授报告的题目为"修辞学的社会属性及其语言学理论与实践意义"。报告借助于当代修辞学理论中有关修辞社会属性的观点，阐述了这些观点在语言学理论与研究实践等方面的意义，并举例讨论了语体的社会属性、言语表达式创新的社会功能以及语言形式选择的互动动因等，说明了当代修辞学研究向社会属性方面转向的可能性与必要性。

上海外国语大学胡开宝教授做了题为"基于语料库的修辞研究：议题与方法"的报告。报告在分析语料库研究和修辞研究的共性基础之上，探讨了基于语料库的修辞研究的主要议题、方法和意义。胡教授认为语料库研究和修辞研究均涉及语言运用和语境研究，故而语料库在修辞研究中的应用不仅是可行的，也是必要的。

西南大学文旭教授做了题为"比喻语言与认知——兼论认知修辞学的某些基本问题"的报告。报告提出了关于比喻语言的研究主要涉及两个基本问题：（一）为什么人们不直接说出他们想要表达的意义？（二）人们是如何理解比喻性语言的？接着便在认知语言学的框架下讨论了这两个问题，并同时结合比喻语言的认知研究，探讨了认知修辞学的相关问题。

四、中西学术的交流与融合

关于修辞学中西学术的交流与融合，有四位海内外著名学者做了精彩的报告。他们融合了中国古典修辞学和西方修辞学的精华，不仅为传统修辞学科引入了先进的研究理念，开拓了与国际接轨、与前沿语言学理论相融的研究路径，也大力弘扬了传统中国文化，为中西学界架起了一座修辞学研究沟通交流的桥梁。

澳大利亚昆士兰大学陈平教授报告的题目是"英语和汉语专名指称功能的对比分析"，报告围绕姓与名在英语和汉语中用作指称手段，聚焦英语和汉语，解释了不同语言对待姓、名不同态度、不同表述的4种现象，并基于此提出：1）除了单纯指称功能，姓名使用的同时还传递其他信息，除亲朋好友交际的语境之外，从信息载荷角度出发，现代英语使用名一般相当于汉语使用姓。2）基于语言成分的意义主要取决于它与其他相关成分在系统中的对立和香农（Shannon）的信息熵原理—信号的出现概率与其信息量呈反比关系这两条原理，进行逻辑推衍，上述现象和观点是必然结果。最后，报告又进一步讨论了汉语国际教育和英语教学、翻译研究以及包括修辞学在内的语言研究具有的启示和价值。

北京外国语大学王文斌教授做了题为"从指元状语的语义指向规律透视汉英时空性特质差异"的报告。报告通过对比汉英指元状语的句法分布、所指论元等性质，指出汉英中的这些特征差异表现出汉语具有强空间性特质，英语具有强时间性特质。

美国犹他大学毛履鸣教授做了题为"重读'濠梁之辩'：意义建构的可危性和认识谦逊的重要性"的报告。报告通过对"濠梁之辩"的修辞分析，首先说明了庄子如何用这个故事作为类比来质疑所谓的真理、现实和存在的客观性；其次论证了我们自己的知识或我们对知识的表现,就像庄子对鱼的快乐的认识和表现一样,与其说是掌握其内在本质,不如说是从修辞视角批判性地审视是谁产生了这种知识,它背后的社会物质条件以及这种知识所带来的后果或影响;同时,也说明修辞实践是与特定社会、政治及文化的矩阵和解释框架密切相关的一种价值主张。

福建师范大学刘亚猛教授报告的题目是"'情感转向'与修辞学的理论更新"。报告指出,当代西方正经历着一个双重意义上的"情感转向":在公共领域,"后真相"时代的来临及社交媒体在交流实践中开始享有主导地位使得情感蹿升为形塑舆论的显要甚或主要手段;而在学术领域,对"情动"及情感的研究兴趣持续高涨,已经成为继"语言学转向""文化转向"之后席卷社会科学及人文学科的又一新潮流。作为学术史上最早对情感作出理论阐述并且深度介入公共交流实践的学科,修辞学如何应对这一双重转向提出的众多挑战,关系到它在"情感时代"的学科发展前途。

闭幕式由复旦大学祝克懿教授主持,复旦大学刘大为教授致闭幕词。刘大为教授对会议进行了全面总结,用"精彩纷呈,高潮迭起"8个字高度评价了本届"望道修辞学论坛",并对修辞学的未来发展提出了一些建议。刘教授指出:《修辞学发凡》自问世以来已历经90周年,至今仍保持着强大的生命力,值得我们不断深入探究,继续推动中国修辞学向前发展;同时,我们也要牢记,发展才是最好的继承,当代修辞学的发展一定要注重与国外语言学的交互整合,拓展传统修辞学研究的新领域,提升修辞学传播发展的国际视野,以宏观、动态、多元的研究理念开拓修辞学科的发展之路。

本次研讨会参会人员高峰时期达到500余人,与会者讨论深入,皆获益匪浅,思维火花碰撞,报告反响热烈。会议的成功举办不仅是对马克思主义传播者和中国共产党早期活动家陈望道先生诞辰130周年、《修辞学发凡》问世90周年的纪念,同时也为海内外修辞学界呈现了一场精彩纷呈的学术盛宴。

附录

2021 年全国修辞学博士论文摘要选

论中国当代修辞观嬗变——基于《当代修辞学》的历时性考察

  国内外早期跨文化交际研究主要描述文化差异,通常回避跨文化冲突类言语交际。美国跨文化交际学理论大师皮尔士回溯其"意义协调构筑论"的发展阶段时,用大量篇幅阐述古希腊修辞观,给读者展现了跨文化交际研究的修辞视角,其研究对象恰恰是跨文化冲突类言语交际。这一研究视角促使我们去发现中西修辞观之异同。

  在中国研究修辞学,《当代修辞学》(2010 年之前刊名为《修辞学习》,以下统称为《修辞》)是必备参考物。在参考《修辞》与其他著述中,我们发现中国当代修辞观并不是单一化的铁打一块,而是呈现出万花筒式的景象,且每隔若干年总有研究者因面对中国当代修辞学研究"止步不前"的窘境而呼唤理论创新。

  我们对 1982 年《修辞》创刊号至 2020 年第 6 期刊载的所有文章进行了穷尽性梳理,可以归纳出较有代表性的三大修辞观,即表达效果修辞观(含同义选择观和审美话语观)、社会论辩修辞观(含说服论辩观和社会认知观)以及言语行为求效观(含交际效果观和推理机制观)。同义选择观和审美话语观、说服论辩观和社会认知观以及交际效果观和推理机制观都分别带有前者包含后者的特点,但后者的研究队伍和研究规模足以构成相对独立的修辞思想流派。

  纵观中国当代修辞观嬗变轨迹,我们发现《修辞学发凡》问世后,表达效果修辞观极具影响力。随着时间推移,尤其是进入 21 世纪后,三大修辞观各有特色,出现并存发展的格局;而言语行为求效观渐成主流趋势,留下了有待拓宽和挖掘的巨大空间。因此,在言语行为求效观基础上,我们围绕语用意图、认知语境观以及修辞原则与策略三大方面提出普通修辞学的理论构架。在研究范畴和概念界定方面,我们认为修辞学是研究以言行事的表达和接受的互动活动:表达者以努力实现语用意图为目标,达到社交性成功;接受者以努力推断表达者的语用意图为目的,达到认知性成功。在语用意图分类方面我们借鉴了"言实、言情、言理"三大粗线条的概括,同时借鉴了聚焦性单一意图和离散性综合意图,并区分了表层意图和深层意图以及即时效应和延时效应,努力将普通修辞学的相关概念构筑成互为关联的一个系统,使其涵盖各种言语行为类型。

之所以提倡加强普通修辞学的理论建构,是因为中国当代修辞观在嬗变过程中形成不同的修辞观,如果作为普通修辞学下位的分支学科,自有其存在的理由和进一步研究的必要,但与此同时,普通修辞学的相关概念和命题对不同分支学科的修辞本质属性必须具备解释力。

本文侧重于中国当代修辞观嬗变历程的描述和归纳。对于言语行为求效观视域下的普通修辞学理论建构,我们努力尝试,并提出了初步构想,但还有待后续研究在广度和深度两个方面发力,进而推出一个更系统更微观的理论构架。(福建师范大学 郑 珺)

国家话语对国家身份的建构及其修辞策略

在国家话语体系内,探索行为体如何用语言来建构国家身份的相关热度正日渐升温。此外,国家身份的建构问题也是国际关系研究中不可或缺的组成部分。近年来,在人文学科研究日益呈现出注重交叉与应用研究的大趋势下,国内外学者特别是国内学者以高度的社会责任感表现出以理论联系实际来解读社会现象及参与社会管理的巨大热情。面对当前复杂的国际情势,对国家身份建构的相关研究不仅是国际政治研究领域的热门课题,而且话语研究领域的学者们对其研究亦愈发呈现出增长之势。

目前,从整体来看,国家身份的话语研究内容广泛、成果丰硕,主要涵盖了在已有理论框架内对身份的整体述评以及对建构过程的分析。具体可细分为功能类、策略类和关系类,且主要在批评话语分析和语用分析的框架内展开,这为本文的研究提供了参考和借鉴。

同时，现有研究亦存在一些问题。比如，研究思路受限，惯用一种理论阐释问题而较少涉及跨学科性的交叉研究；也有研究方式尚待破执，传统的定性研究无法完全满足科研需要，基于此，适当运用各种语料库处理方法对信息进行统计和处理，可以有效提高研究的客观性和准确度。

针对国内外在该领域的研究现状，论文选取国家话语范畴内的国家领导人话语，具体以中国国家主席习近平的外交演讲话语为研究对象，一则尝试结合语料库研究方式解析语篇所构建的中国多重国家身份；二则通过学科交叉研究拓展思维域度，以肯尼斯·伯克（Kenneth Burke）的新修辞学理论为主要理论依据，辅以国际政治的社会建构主义理论构筑国家身份及其话语修辞策略的语篇分析范式。

国家话语的国家身份相关研究视角广阔，论文主要从宏观和微观两个层面进行分析。在宏观分析模块，具体依托的是伯克戏剧主义修辞的动机理论和国际政治的社会建构主义理论。在研究方法上采用了语料库研究、定性研究以及与定量研究相结合的混合研究方式，从整体上回答中国国家身份"是什么"和"为什么"的问题。研究发现，习近平主席的外交演讲语篇具体构建了中国作为新兴大国、世界上最大的发展中国家、负责任大国和具有悠久历史文化传统的文明大国四种国家身份。着眼于国内、国际两个大局，语篇建构国家身份的根本动机一方面在于维护中国自身的发展利益、安全和主权利益以及文化利益等；另一方面亦兼具世界情怀，着力兼顾全球以及国家间的共同利益，推动构建人类命运共同体。此外，语篇建构国家身份的直接动机是使国际社会各方在达成价值共同体和责任共同体理念的基础上，以行动共同体为驱动力，切实将人类命运共同体理念付诸行动。

在微观分析模块，具体依托戏剧主义修辞的同一理论和抽象理论，详细回答中国国家身份"怎么样"的问题。换言之，在结构安排上，论文顺次从内容同一、形式同一和辞格同一这三个层面探究国家身份建构的内部话语机制，即修辞策略。研究发现，中国国家身份建构的内容同一策略分别包含了同情同一、对立同一和无意识同一的三种实现路径。相应地，与内容同一相辅相成的形式同一策略则从规约形式、重复形式和递进形式三个方面展开。此外，在辞格同一策略内，我们发现了语篇建构国家身份的三大主体隐喻辞格，即建筑隐喻、拟人隐喻和旅程隐喻。

在国际关系领域，国家身份的建构从来不是自说自话的"一言堂"，而是内在结构与外在结构共同建构的结果。其中,内在结构可视为身份的"自我"构建,相应地,外在结构即为身份的"他者"构建。因此,论文虽以西方修辞学为基石探究中国国家领导人由内在自建国家身份的话语策略机制,但并未忽略外在的他建效果。根据当代中国与世界研究院发布的《中国国家形象全球调查报告2019》显示,中国国家身份的自建效果已经得到了他者的广泛认同。

论文的创新之处主要包括以下四个方面:(1)在理论上,将西方修辞学与国际政治理论进行有机融合,从而建立一种具有跨学科性质的分析模式,有利于丰富政治话语研究的学术资源;(2)在研究方法上,采用混合研究范式,突破了以往以一种模式进行研究的单一方法,有助于改变人们对话语研究过于主观的诘难,为政治话语的阐释增加具体的实证支撑,增强研究的信度和效度;(3)在研究视角上,将研究的焦点从传统侧重对受众的单向劝说转为开展与受众的双向认同。此处的语篇分析中,我们着重讨论的是演讲者在与受众的互动中是如何合理调度相关的修辞资源来实现国家身份的有效建构的;(4)在研究价值上,面对中国特色话语体系建设的新局面,我们选用中国国家主席和中国共产党中央委员会总书记习近平的外交演讲,使本项课题研究更具有鲜明的时代特色与现实意义。这既有助于增强内部的民族凝聚力,又有助于增益中国在国际社会的影响力,提高我国在国际上的话语权,推进国际话语新秩序的建构。(曲阜师范大学 梁冠华)

形式美学视角下的八股文研究

八股文是中国文化史上独特的文化现象。在它存在的500余年和废除后的100余年里,与其一直相伴的是优劣、功过、存废的巨大争议。经义化的内容取向、程式化的写作方式、单一化的选才路径尤为后人所诟病。根据辩证唯物主义和历史唯物主义的观点,任何事物的产生和消亡都有其合理性和必然性,八股文自然也不例外。无论把它作为遗迹供后人凭吊,汲取教训;还是作为遗产供后人继承,取其精华,都有重要的理论意义和实用意义。因此,有必要对八股文进行客观、全面、科学、辩证、历史的考察。八股文的盛极一时有其历史必然性,它对中国政治、文化确实有极大的负面影响,但不可否认的是,它在继承传统文化(尤其是儒家文化)、训练逻辑思维、培养写作能力、推动文体融合等方面也有不可忽视的作用。尤其是在极尽汉语言文字一切可能性的美质、美形建构方面,至今仍有重要价值。

论文试图建立一个套叠式结构:由"争议"引出"定义",由定义引出"演进逻辑"(动因),由"演进逻辑"分化出"审美阈值",进而再分化为"审美内涵"和"审美价值",最后细化为"韵律""结构""修辞"等3个维度,进而推演出"八股文在形式美学方面具有独特价值"的结论。如图1:

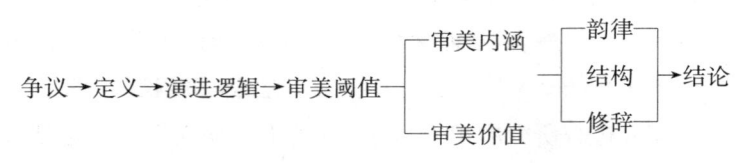

争议→定义→演进逻辑→审美阈值─┬─审美内涵─┬─韵律─┐
　　　　　　　　　　　　　　　　　└─审美价值─┤结构├→结论
　　　　　　　　　　　　　　　　　　　　　　　└─修辞─┘

图 1　本论文的套叠式结构

分述如次:

《导论》从八股文的巨大争议切入,对"育才兴国"还是"毁才误国"、"禁锢思想"还是"开阔眼界"以及"集诗文之大成"还是"僵死如木乃伊"三大焦点争议做概要介绍。本文在八股文性质定义、发生定义和功用定义的基础上,对八股文作了全面的描述,即描述性定义:八股文是明清两代选拔尊儒合用人才而创制的科举考试专用文体。明高祖朱元璋参考宋、元考试的命题方式,因题目均取自《四书》,故又称作四书文;因要求考生阐释经书中的义理,故又称经义;因要求考生"代圣贤立言"(也有解释为奉诏敷陈经义),故又称作制义;因八股文因时而变(也有解释为与古文相对),故又称作时文;因明成化后渐成定式,必须由破题、承题、起讲、入题、起股、中股、后股、束股组成,而主体部分是起二股、中二股、后二股和束二股共8个具有对比排偶形式的语段,故又称作八股文或八比文;或因八股文的文学表现方式,故又称作制艺、时艺。

正因为有如上特征,所以第一章首先讨论了八股文存在与发展的逻辑动因:它虽积弊甚巨,但不失为"不良之良法",在维护统治、统一思想方面无可替代;它虽不涉实用,但不失为"无用之大用",在弘扬儒家文化、培养官员素质、训练逻辑思维和写作能力方面功不可没;它虽文体驳杂,但不失为"破体之合体",在整合历代文体技法,兼容各体之长方面多有可取之处,其中包括这一章的第二部分《八股文的审美阈值》所阐述的:其最大值就是它对汉语言文字诗性功能的张扬,其最小值就是在语言规矩和文体规矩之内的自由发挥,所谓严肃的游戏或戴着脚镣跳舞。

第二章分析了八股文形式的发展及其审美内涵,侧重从八股文审美特征的形成厘析八股文体式的发展历程。起承转合与排偶等八股文体式的要素逐渐凸显的过程,也是八股文美学特征逐步形成的过程。在这个过程当中,八股文体式演变出各种变格,具有了不同的美学取向。八股文自身蕴含着各种文学性的因子,其与古典文学、古代艺术之间有着千丝万缕的关系,这些都丰富了八股文的审美内涵。

第三章从声音层面探讨了八股文作为一种语言艺术所蕴含的音乐性,涉及八股文中几种重要的节奏形式,如音顿律、平仄律、声韵律,分析了平仄调配,音顿与停延的运用,头韵和韵脚的运用与八股文音乐性之间的关联,以及八股文中的语气词所带来的轻重交错的节奏感,从而发掘出八股文文本在语言单位的各个层次上所体现出的音乐美。

第四章从八股文的体式方面探讨了八股文的结构艺术。八股文结构上的起承转合带来一种固定的行文节奏;骈散结合的体式体现出寓多样于统一的和谐;排偶的平衡与对称充分利用了汉语的优势,配合了汉民族的审美心理;长短句式、肯定句与否定句等对立因素的交错使用,构成了独特的参差美。

第五章探讨了八股文的修辞问题。八股文的表达,需要作者在很短的时间内,表现出自己对经典理解的深度、学术功力的深厚以及驾驭文字的才能,因此需要很高的修辞技巧。一方面,八股文作品总是会充分利用各种修辞技术,特别是一些汉语中形式感很强的修辞格,如顶针、对偶、复叠、错综,等等,去制造独特的审美效果;另一方面,代言体的形式使得八股文的写作可以有一定程度的想象性成分的加入,为作者文学才情的发挥提供空间,而戏剧化的修辞又使八股文与戏剧、小说等民间艺术形式发生了互喻。

浩瀚深厚的文化底蕴,经典传统的文体融合,赋予八股文以独特的艺术魅力。从形式美学角度研究八股文,可以揭示它得以流传五百年,至今还不断引起人们关注的深层次原因。(山东大学　鹿晓燕)

《巴赫金全集》(七卷本)修辞理论研究

巴赫金的"语文学和哲学的观点体系"是 20 世纪学术史上"最引人注目的

现象之一"①,七卷本《巴赫金全集》(以下简称《全集》)中译本是国内汇集巴赫金学术文献最全的经典,本文以此为版本依据,研究巴赫金修辞理论。

现有关于巴赫金研究的成果十分丰富,对本文的研究富有启发性,但也有缺失:其一,现有数量有限的巴赫金修辞理论研究缺乏系统性;其二,为数不多的巴赫金修辞理论研究著述中,涉及"超语言学"广义修辞观的研究,仅文献综述提及的2篇论文;其三,现有关于时空体理论、诙谐理论以及复调理论的研究,均未涉其中丰富的修辞理论资源。

本文对以上不足做一些补充性的探讨。

第一,《全集》中体现巴赫金修辞观的核心概念"修辞/修辞学"及其下位概念出现537次,见于各卷的密集度为:第三卷>第四卷>第二卷>第五卷>第六卷>第七卷>第一卷。细读《全集》文献,联系巴赫金对"超语言学"修辞研究的强调(超出纯语言学范围、需要给出修辞解释的因素,详后),分析巴赫金超语言学的广义修辞观,及其区别于纯语言学狭义修辞观的研究范式在修辞研究单位、修辞研究范围、修辞研究目标方面的特征。

第二,作为巴赫金超语言学广义修辞观在不同维度的理论展开,巴赫金论"时空修辞""诙谐修辞""复调修辞",可以依据广义修辞学的"修辞诗学"给出解释。具体地说:巴赫金论述自然时间和自然空间经过叙述层面的修辞加工和改造,产生小说时空体,并按照文学史顺序,研究文学发展的整个系统中各类文体时空体的构成、展开,以及人物、情节等小说要素与特定时空的相应配合,指出小说对时空的选择和组织,以及对时空的表现,是作家有意识修辞活动的结果,以及小说时空体与其他文体的修辞差异,揭示其规律。

巴赫金"论诙谐修辞"可能容易被误解为是谈诙谐的"修辞技巧",因为诙谐风格的产生往往借助于修辞格等技巧,但《全集》文献显示,巴赫金研究的诙谐是语言学和超语言学在文体意义上相互结合的修辞。巴赫金不是就事论事谈词句段层面的诙谐,而是在一个更大的系统中,将拉伯雷的诙谐修辞置入文学史,认为它继承了古希腊罗马的传统,成就了拉伯雷诙谐的再生、积极和创造性,并将其引入人文主义思想轨道。认为拉伯雷的诙谐修辞是非官方意识的存在,展现了粗俗卑下却生机勃勃的下层社会风景。拉伯雷诙谐修辞的描绘对象是底层民众的言语和行为,由此歌颂人的创造力,歌颂诞生和更新的胜

---

① 孔金、孔金娜著,张杰、万海松译:《巴赫金传》,东方出版中心2000年版,第1页。

利,具有快乐、积极的审美基调。

在巴赫金理论中占有重要地位的"复调",指的是"各自独立的不同声音"的结合,具有对话性、统一性和结构性的特性,复调修辞涉及的概念有"声音""多声部""双声"(不是语言学概念)"对话"(不是言语交际学概念)"独白型"小说等。"对话"是复调修辞的核心问题,它不是不同话语主体的对话,而是"我"与从"我"分化出的"另一个我",以及"我"与从"我"分化出的"他们"的对话,由此体现思想观念的相互矛盾和相互否定。其修辞原则为依照思想立场组织对话,依照对话关系组织语言材料,依照话语主体对自己的内部话语态度组织对话,依照话语具体领域组织对话,依照涵义组织对话。巴赫金论述复调型小说修辞和独白型小说修辞的差异,就在于充满争辩和内在的对话性。

本文的探讨旨在对巴赫金修辞理论的体系化和整体把握方面有所补益,能够为巴赫金学术思想全面系统的研究提供修辞角度的观察与解释,同时希望能够为探寻巴赫金广义修辞观和本土学者广义修辞学的相通之处和不同之处,做一点尝试。但这并不影响笔者对纯语言学狭义修辞观的尊重,"不同的修辞观,诉说着共同的学术使命感""尊重不同的修辞观,即尊重思想的在场和学术对话的平等规则"[①]。(福建师范大学 郑竹群)

[①] 谭学纯:《广义修辞学研究:理论视野与学术面貌》,台北万卷楼图书股份有限公司2016年版,第2页。

2021年修辞学研究博士论文目录(部分)

(按作者姓氏音序排列)

序号	题目	作者	学校
1	汉泰"吃"及其相关结构隐喻对比研究	Songkhai Kritsadee(肖玲)	武汉大学
2	基于语言粒度的语言技巧及隐式情绪识别	陈 鑫	山西大学
3	认知社会语言学视角下习语的变异性研究	范 瑜	南京师范大学
4	李白诗歌中的转喻：认知语言学视角	李 炜	西南大学
5	象征、动员与认同：音乐的三重政治功能研究——以"中宣部100首歌曲"为分析对象	连婉廷	吉林大学
6	国家话语对国家身份的建构及其修辞策略	梁冠华	曲阜师范大学
7	形式美学视角下的八股文研究	鹿晓燕	山东大学
8	现代汉语拷贝式话题结构的认知语用研究	盛 蕾	山东大学
9	口语与角色：电子媒介中的广告口语传播研究(1979—2019)	吴 瑜	华东师范大学
10	产品描述创意的说服效应研究	姚斐思	哈尔滨工业大学
11	口语幽默的修辞学研究——以大众传播媒介的语料为主要样本	张大鹏	上海戏剧学院
12	互联网语境下的群域话语研究	张佳奇	哈尔滨师范大学
13	论中国当代修辞观嬗变——基于《当代修辞学》的历时性考察	郑 珺	福建师范大学
14	林译冒险小说与清末民初"少年"的修辞语义及其文化影响	郑晓岚	福建师范大学
15	《巴赫金全集》(七卷本)修辞理论研究	郑竹群	福建师范大学

(周录祥整理)

2021年修辞学研究硕士论文目录(部分)

（按作者姓氏音序排列）

序号	题 目	作 者	学 校
1	十九大报告汉哈修辞格对比研究	阿克宝塔·达列力汗	伊犁师范大学
2	韩国中小学国语教科书中世界观念与中国形象的话语分析	曹银美（Cho Eun Mi）	华东师范大学
3	新冠肺炎疫情新闻语篇研究——以《人民日报》为例	常淼婷	北方民族大学
4	外交模糊语言的语用研究——以俄罗斯外交部官方发言人答记者问为例	常 瑞	东北师范大学
5	公共危机传播中新华网数据新闻的视觉修辞研究	陈 冀	河北大学
6	纪录片《货币》字幕修辞翻译实践报告	陈茜茜	中南林业科技大学
7	基于行为事件框架的汉语修辞性述宾结构研究	陈思颖	湖南师范大学
8	视觉修辞视域下城市标志隐转喻研究	陈 曦	山东大学
9	广义修辞学视角的《红烛》分析及教学设计	陈小娟	福建师范大学
10	"新冠"疫情报道中的概念隐喻研究——以《湖北日报》2020"武汉封城"期间的新闻报道为例	陈小琴	四川师范大学
11	疫情下媒体微信公众号对武汉城市记忆的导向研究	陈月林	大连理工大学
12	社会建构主义视域下小学寓言教学的目标和策略研究	陈云霞	辽宁师范大学
13	中国当代诗电影中意境的营造策略——兼论毕业短片《梦醒时分》	陈忠臣	四川师范大学
14	俄汉政论语篇中军事隐喻对比研究	程 旭	黑龙江大学

(续表)

序号	题目	作者	学校
15	修辞语言与双边互动对文创企业众筹成效的影响研究	池天舒	东华大学
16	忻州民间歌谣的语言研究	褚兰平	山西师范大学
17	基于言语形式的初中文言文教学研究——以统编教材为例	党玥媛	西南大学
18	消费者行为视域下电子产品广告标题辞格研究——以华为和 Apple 为例	董玲	安徽工业大学
19	《晶报》社会新闻话语研究(1919—1940)	窦皓	山东大学
20	高中议论文写作说服力提升策略研究	杜梦婷	西南大学
21	现代小说叙述视角研究	杜文悦	广西师范大学
22	抗击新冠肺炎疫情公益广告的符号叙事与传播效果研究——以中国广告"黄河奖"为例	杜芸美	辽宁师范大学
23	石一枫小说修辞研究	段红	闽南师范大学
24	郭敬明小说语言修辞研究	樊英	湖南师范大学
25	乡村振兴背景下乡村文化墙的视觉修辞策略研究	范思思	山西大学
26	公益微电影情感表达研究	丰孜轩	山东师范大学
27	合作原则视角下的隐性冲突话语研究——以中国外交部例行记者会为例	冯睿	西南科技大学
28	人民网"老漂族"报道的话语分析(2011—2020)	冯天赐	河北大学
29	《饮食战胜疾病》(节选)英汉翻译实践报告——科普类文本中修辞格的翻译	冯紫荆	沈阳师范大学
30	《现汉》(第7版)双音节名词比喻义释义研究	付路艳	河北师范大学
31	政务微信在城市形象传播中的话语建构研究——以"杭州发布"为例	傅梦颖	广东外语外贸大学
32	《农民日报》"三农微评"专栏话语特色研究	甘乘旭	河北大学
33	突发公共卫生事件深度报道的叙事研究——以《三联生活周刊》的新冠报道为例	高锦洁	浙江传媒学院
34	新冠肺炎纪录片中战争隐喻的批评多模态隐喻分析	宫梦如	江南大学
35	古装电视剧名称的语言学研究	龚季红	西北民族大学

(续表)

序号	题目	作者	学校
36	《当代修辞学之管窥》(第三章)汉译实践报告	谷国阳	山东大学
37	"点化"之美——化用修辞研究	管苏妍	西北大学
38	基于语料库的奇幻小说文体学分析——以《冰与火之歌》为例	郭 凡	大连外国语大学
39	支架式教学理论视角下的中学语文修辞教学研究	韩 一	浙江海洋大学
40	临县民间歌谣的语言研究	郝丽丽	山西师范大学
41	儿童死亡教育绘本中死亡意义构建的多模态隐喻研究	郝梦真	上海外国语大学
42	映衬辞格的认知心理研究	何 婧	海南师范大学
43	情景喜剧《老爸老妈罗曼史》中双关语字幕翻译幽默效果研究	侯莹莹	兰州交通大学
44	抖音短视频中老年人形象的呈现研究	胡晓童	沈阳师范大学
45	李清照词中的通感隐喻研究	宦 燕	西南大学
46	初中语文修辞格教学研究	黄海静	阜阳师范大学
47	"修辞立其诚"——孕期情感表达设计研究	黄 弘	中央美术学院
48	汉语死亡委婉语研究与对外汉语教学	黄 珂	南京师范大学
49	修辞劝说视角下企业简介英译技巧探究	黄 蕾	齐鲁工业大学
50	英语母语者与商务英语通用语使用者电子邮件中的元话语对比研究	黄梓晴	广东外语外贸大学
51	认知语言学视角下习近平反腐语篇中的概念隐喻研究	吉 莹	辽宁师范大学
52	修辞结构理论下高盛集团和中信证券CEO致辞比较分析	贾俊玲	西南财经大学
53	中韩领导人讲话的文体风格对比研究	姜博文	中央民族大学
54	幽默话语的表演与生产——基于《脱口秀大会》的媒介社会学研究	蒋昕仪	南京师范大学
55	动物隐喻与相关词汇教学研究——以俄罗斯汉语习得者为例	卡美丽 (Kamila Iakupova)	上海师范大学
56	大连餐饮业店名的语言学研究	康 琳	辽宁师范大学
57	概念隐喻视角下汉语"水、火"词群的对外汉语教学研究	孔 雨	吉林大学

(续表)

序号	题　目	作　者	学　校
58	对外汉语修辞教学的实证研究——以上师大"高级汉语写作"课为例	赖梦梦	上海师范大学
59	2015—2019年《中国语言生活状况报告》媒体新词语造词研究	乐佳(Ishola Labake Sikirat)	河北师范大学
60	社交媒体平台上医美广告视觉修辞及效果研究——以新氧医美视频广告为例	雷馥榕	广东外语外贸大学
61	虎牙直播的视觉修辞研究	李　冲	安徽大学
62	女性主义修辞批评视域下的《女人可食》研究	李春姣	郑州大学
63	修辞接受视角下初中语文教材小说选文改笔研究	李大蓉	阜阳师范大学
64	高中语文现当代散文修辞教学探究——以云南省怒江州R中学为例	李丽花	大理大学
65	《全宋词》"思"及其参构词语的语义分析和修辞阐释	李美玲	福建师范大学
66	《主角》关键词隐喻义与修辞叙事研究	李蒙蒙	阜阳师范大学
67	中华风土谚研究	李慕琰	内蒙古大学
68	纪录片《如果国宝会说话》解说词的修辞研究	李善静	山东师范大学
69	李白诗歌中的转喻:认知语言学视角	李　炜	西南大学
70	翻译修辞学视角下政治文献英译中的"受众认同"研究——以《习近平谈治国理政》为例	李雅欣	大连外国语大学
71	对严歌苓小说隐喻的研究	李　英	喀什大学
72	汉越饮食成语对比研究	梁国兴(LUONG QUOCHUNG)	西北大学
73	视觉修辞视域下《人民画报》(中文版)封面中国形象塑造研究(1950—2016)	廖　莉	湖北民族大学
74	检察机关指导性案例中案情陈述研究——以最高人民检察院第八批指导性案例为例	凌　静	贵州大学
75	修辞劝说视角下英语招聘广告中的元话语研究	刘琛琼	西南财经大学
76	《全宋词》"芳"及其参构词语的语义分析和修辞阐释	刘　晨	福建师范大学
77	电竞解说的传播策略与价值提升研究	刘聪聪	吉林大学

2021年修辞学研究硕士论文目录(部分)

(续表)

序号	题 目	作者	学 校
78	在华留学生学习汉语比喻和比拟修辞格的应用研究	刘 凡	天津师范大学
79	初中语文修辞教学现状及策略研究	刘 慧	辽宁师范大学
80	留学生高级汉语修辞试卷分析——以上海师范大学留学生试卷为例	刘丽芳	上海师范大学
81	塞西莉·布朗作品的"视觉隐喻性"研究	刘莉莎	西南大学
82	社科文本翻译中标点符号的功能运用——以《智人的崛起——现代思维的演化》第八章和第九章为例	刘露露	南京信息工程大学
83	《人民日报》冬奥会报道叙事学研究(1980—2018)	刘 梅	大连理工大学
84	《纽约时报》数据新闻可视化的生产策略与规范研究	刘苗苗	山东大学
85	1912—2011年四音节新词语研究——基于《100年汉语新词新语大辞典》	刘佩琳	福建师范大学
86	美国总统公共卫生危机话语研究	刘思彤	北京第二外国语学
87	哲理意涵的音乐表现:音乐修辞视阈下的勋伯格《期待》	刘为叶	西安音乐学院
88	中国古代判词的论证风格及现实意义	刘向娜	河北经贸大学
89	电视专题片创作中视听修辞手法的运用研究——以毕业作品《化声》为例	刘欣睿	四川师范大学
90	认知修辞视角下汤莎戏剧表量结构比较研究	刘艳斌	广西师范大学
91	新冠疫情防控期间语言生态研究	刘逸凡	扬州大学
92	基于语料库的对外汉语教材中国形象研究	刘熠辉	北京外国语大学
93	纪录片《我们这五年》解说词的语用策略研究	龙 菲	山东师范大学
94	新冠疫情报道共情传播研究——以"财新网"微信公众号报道为例	卢雪莹	武汉体育学院
95	网络辩论综艺节目辩论话语的多模态研究——以《奇葩说》为例	陆雅东	上海外国语大学
96	言语行为视角下的交通标语研究	逯国利	北方民族大学
97	新冠肺炎报道中的中国形象塑造策略研究——以人民日报海外版为例	罗 丽	江西财经大学

(续表)

序号	题目	作者	学校
98	新冠病毒溯源中《纽约时报》的话语建构——基于涉华报道的样本分析	罗雪菁	四川外国语大学
99	统编版初中语文教材中修辞格知识的教学研究	吕弘楠	上海师范大学
100	汉初郊庙歌辞研究	马兰花	宁夏大学
101	高尔基《童年》中的比喻修辞手段研究	马胜楠	辽宁师范大学
102	李洱小说变异修辞研究	马文秀	闽南师范大学
103	基于语料库的短视频新闻语言特色研究——以央广总台《主播说联播》为例	马雨田	华中师范大学
104	毛乌素沙漠治理新闻报道框架研究	马月晗	内蒙古大学
105	好莱坞越战电影的神话建构及其修辞术研究（1975—1990）	麦苗	暨南大学
106	韩国驻华外交机构官网新闻标题中韩翻译研究——以大韩民国驻武汉总领事馆官网为中心	毛安安	北京外国语大学
107	2016—2021年澎湃新闻家暴报道的话语研究	孟妤	山东大学
108	结构主义语境下当代动画隐喻修辞方法设计研究	木子易	江南大学
109	科勒等值理论视角下《资治通鉴》中类比修辞的英译分析	倪嘉琦	大连理工大学
110	塑造与表达——关于纪录片《日子》的创作阐释	聂晓赟	辽宁大学
111	情感、图像、意义——央视春晚公益广告视觉修辞解析（2013—2020）	牛肇鑫	福建师范大学
112	政务短视频的话语研究——以"中国政府网"抖音号为例	钮迎莹	山东大学
113	《庄子·逍遥游》寓言形象与"逍遥"	庞珂	山西大学
114	部编本初中语文古诗词修辞教学研究——基于河北省X中学的个案	裴玉洁	中央民族大学
115	修辞劝说视角下外宣文本英译的研究——以《习近平谈"一带一路"》的译文为例	彭小霞	兰州交通大学
116	"囧"系列喜剧电影幽默台词的制笑机制研究	邱梦彦	华中师范大学

(续表)

序号	题目	作者	学校
117	基于功能对等理论的言语幽默汉译字幕分析——以情景喜剧《石榴熟了》为例	邱宇	喀什大学
118	《人民日报》Twitter 推文的视觉修辞研究	任洁	河北经贸大学
119	土家族情歌语言特色研究——以彭水土家族情歌为例	任秋霖	西南大学
120	十九大后《人民日报》"奋斗"话语建构研究	申奇	江西财经大学
121	舞剧叙事修辞研究——以第14—16届"文华大奖"获奖作品为例	沈佳楠	南京艺术学院
122	《人民日报》微博的修辞学研究	沈雨婷	阜阳师范大学
123	批判黑人基督教中的二元对立——詹姆斯·鲍德温小说《向苍天呼吁》的修辞叙事研究	舒翔	北京外国语大学
124	肯尼斯·伯克动机修辞学视域下《罗辑思维》的语篇研究	宋凌宇	华侨大学
125	"红网"微信公众号新冠疫情报道的话语分析	宋颖	湖南师范大学
126	中国电影空间理论图谱绘制研究	宋振华	三峡大学
127	俄汉外交委婉语对比研究	苏娣	黑龙江大学
128	家事裁判文书说理研究	苏和生	南京师范大学
129	关联理论下《红豺》中修辞格的英译研究	苏绍婷	广东外语外贸大学
130	特朗普和拜登总统辩论比较研究:元话语及其修辞功能	苏雪敏	福建师范大学
131	《申报》小说广告话语研究(1872—1911)	孙孟林	山东大学
132	中国学生英语议论文写作中间接性修辞特征的实证研究	孙萍	北京外国语大学
133	语用学视角下的俄语暗示语研究	孙旭娜	长春理工大学
134	概念隐喻理论视角下中国外交话语中隐喻口译研究——以2016—2020年李克强总理答中外记者问为例	汤慧	北京外国语大学
135	鲍里斯·约翰逊政治演讲的修辞特征研究(2008—2021)	汤璐妍	江苏科技大学
136	网络吐槽语的语用策略研究	汤书杰	新疆师范大学
137	基于语义逻辑机制分析的借代修辞格对外汉语教学方法研究	滕悦欣	辽宁师范大学

(续表)

序号	题目	作者	学校
138	重庆木洞山歌语言研究	田知于	西南大学
139	《全宋词》"香"及其参构词语的语义分析和修辞阐释	田紫钰	福建师范大学
140	"叙事性设计"在潮流玩具设计中的运用研究	童浩原	四川美术学院
141	功能对等理论视角下维吾尔语言语幽默的汉译研究——以情景喜剧《情深巷子》为例	吐鲁洪娜依·艾山江	新疆师范大学
142	新闻摄影中的修辞意义构建与社会对话实现——以新冠疫情期间《中国新闻周刊》摄影作品为例	王荆卉	暨南大学
143	张文宏抗疫话语的修辞框架与知识建构	王婧懿	四川外国语大学
144	《文心雕龙》"夸饰"篇美学研究	王静蓉	西北大学
145	CNN推特平台中的中国国家形象呈现研究	王琨	山东大学
146	对外汉语修辞教材研究	王岚	上海师范大学
147	王毅外长开幕辞的新亚里士多德修辞批评研究	王琳	郑州大学
148	言语行为视角下初中优秀英语教师反馈语的调查与分析	王梅	淮北师范大学
149	裁判文书中情理运用的论证研究	王敏	山东大学
150	汉日惯用语人体隐喻对比研究	王鹊晓	东北师范大学
151	《中国青年报》大学生村官报道话语分析研究	王冉冉	兰州大学
152	反兴奋剂体育新闻报道的话语研究（2010—2020）——以路透社为例	王赛赛	上海体育学院
153	美国媒体对中国的污名议程建构研究——以新冠肺炎疫情报道为例	王婷	上海外国语大学
154	隐喻修辞批评视域下企业年报中隐喻的分析与翻译	王潇	山东大学
155	朔州方言构词法研究	王晓丽	吉林大学
156	主流媒体短视频新闻的视觉修辞研究——以《人民日报》抖音号为例	王鑫	北京交通大学
157	"女性图像"的意涵：小红书APP神话学分析	王亚杰	河北大学

(续表)

序号	题 目	作 者	学 校
158	《布鲁克林的荒唐事》的修辞叙事	王 艳	西北师范大学
159	"标签化传播":基于中美新冠肺炎疫情的舆论交锋研究	王钰琪	北京外国语大学
160	帕尔曼受众理论视域下西部高校招生宣传片的受众接受研究	王云颖	长安大学
161	金庸小说武功名称的修辞研究	韦朝飞	贵州民族大学
162	风格·姿态·结构·情感——以修辞为视角对华金·罗德里戈两部吉他协奏曲的研究	卫璐瑶	武汉音乐学院
163	沈从文小说的语言艺术追求	魏佳滢	浙江师范大学
164	新修辞理论视角下中国高校网页新闻语言特征及俄译策略研究	温青青	大连外国语大学
165	母语为越南语学习者的汉语比喻修辞格习得研究	武氏凤（VU THI PHUONG）	辽宁师范大学
166	比喻教学法在高中生物重要概念教学中的应用	向 洁	重庆三峡学院
167	初中语文修辞知识教学研究	肖艳婷	湖南师范大学
168	儒释道文献中的心喻辞格比较研究	谢大顺	三峡大学
169	高中语文宋词修辞教学内容及策略探究	谢灵晖	海南师范大学
170	汤莎戏剧反复修辞格比较研究	谢稳英	广西师范大学
171	评价理论视角下美国总统竞选电视辩论中人际意义的对比研究——以拜登和特朗普为例	徐金宝	河南大学
172	部编版初中语文教材唐诗修辞教学研究	徐 思	天津师范大学
173	中美大学生议论文中例证模式的比较研究	徐意瑛	华中师范大学
174	行政裁判文书说理研究	徐 卓	河北大学
175	中美关于新冠疫情新闻中的概念隐喻对比研究	薛 璐	扬州大学
176	阿瑟·米勒剧作《美国时钟》中的语象叙事	闫 冬	浙江大学
177	面向中文电子病历的命名实体识别研究	杨 彬	安徽理工大学
178	易门谚语的修辞艺术研究	杨红萍	云南师范大学
179	试论比喻的新分类及其在初中语文教学中的应用	杨敬文	上海师范大学

(续表)

序号	题目	作者	学校
180	国家形象塑造视角下中国外交话语的语用学研究——以近年来华春莹答记者问为例	杨钧寓	云南师范大学
181	修辞批评视角下涉华经济报道中中国形象的隐喻建构研究	杨琳	山东大学
182	《左传》引诗的政治隐喻性研究	杨玲	湖北师范大学
183	体认语言学视野下汉语夸张式成语的认知研究	杨长琴	四川外国语大学
184	符号表征与文化认同：《国宝档案·大运河传奇》的视觉修辞研究	杨郑一	扬州大学
185	粤语脱口秀节目《粤知一二》的话语研究	易惠媚	广东技术师范大学
186	《水浒传》的叙事伦理研究	阴姣	喀什大学
187	突发公共卫生事件新媒体新闻语篇话语研究——以"央视新闻"公众号为例	于乐琪	广西师范大学
188	微信公众号新闻语言主观性研究	袁李容	牡丹江师范学院
189	英语母语者汉语修辞格习得研究	岳靖	信阳师范学院
190	基于副文本中的翻译比喻溯源德莱顿的翻译思想发生	詹歆玮	东南大学
191	《内蒙古日报》"爱上内蒙古"专题报道特色研究	张阿美	内蒙古大学
192	关联理论下《全新工程师》（节选）英汉翻译实践报告——以比喻为例	张红梅	电子科技大学
193	多语境下泰媒新闻标题中的语言特色研究——以2013—2020年的《泰叻报》为例	张俊杰	云南师范大学
194	概念整合理论视阈下宫泽贤治诗歌中的通感隐喻研究	张连子	黑龙江大学
195	统编版初中语文教材修辞格分析及教学建议研究	张琳	浙江海洋大学
196	网络直播购物节目中主播身份建构的语用学研究	张露	中北大学
197	科普挂图修辞关系的多模态分析	张梦娟	河北师范大学
198	隐喻中的中国形象——基于中美"一带一路"新闻语篇的对比分析	张梦真	浙江工商大学
199	修辞心理视角下汤显祖和莎士比亚戏剧夸张修辞研究	张敏	广西师范大学

(续表)

序号	题目	作者	学校
200	从概念整合理论视角解析美剧《破产姐妹》中的言语幽默	张蕊	沈阳师范大学
201	日中概念隐喻对比研究——以爱憎表达为中心	张姝蕊	辽宁师范大学
202	《当代修辞学之管窥》(第四章)汉译实践报告	张思敏	山东大学
203	对外汉语修辞教学现状调查研究——以东北地区为例	张潇月	黑龙江大学
204	《人民日报》新冠疫情报道的话语分析	张晓晴	河北大学
205	经济类科普文本中模糊修辞的翻译——《新型冠状肺炎时期下的经济》(第4章至第7章)的翻译实践报告	张孝阳	大连外国语大学
206	批评话语分析视域下特朗普政府移民政策话语的偏见性研究	张兴兰	黑龙江大学
207	陕北信天游风格与演唱探究	张兴鑫	中国音乐学院
208	《陆犯焉识》变异修辞研究	张叶	辽宁大学
209	政治劝服视角下改善中国国家形象对外传播效果路径研究	张益森	上海师范大学
210	论《红楼梦》中的悖谬修辞	张宇珊	中国艺术研究院
211	纪录片《航拍中国》解说词语篇研究	张资悦	山东师范大学
212	《红楼梦》倒辞研究	赵丹丹	辽宁大学
213	基于语料库的英汉"光"的概念隐喻对比研究	赵梦依	上海外国语大学
214	符号与隐喻——乔玛·帕兰萨公共艺术的形式语言研究	赵宁	西北师范大学
215	顺应论视角下《浮生六记》林语堂译本中的修辞翻译研究	赵沁婵	西华大学
216	俄语动词时范畴的修辞功能研究	赵蕊	长春理工大学
217	陈彦《主角》语言运用艺术研究	赵嵩林	云南师范大学
218	意见领袖的话语修辞对国家认同的建构	赵天阳	辽宁大学
219	真人秀《最强大脑》叙事学分析	赵媛靓	西北师范大学
220	功能对等理论指导下新冠疫苗科普新闻汉译实践报告	甄坤	河北经贸大学
221	林译冒险小说与清末民初"少年"的修辞语义及其文化影响	郑晓岚	福建师范大学

(续表)

序号	题目	作者	学校
222	基于修辞结构理论的英语慕课多模态分析	郑宇婷	汕头大学
223	《人民日报》抗"疫"公益广告意象研究	周爱春	兰州大学
224	引申人文教育的比喻教学在高中化学教学中的实践研究	周海宽	东华理工大学
225	"N+V情态动词"研究与对外汉语教学	周俊良	海南师范大学
226	《阿弗小传》中的批判性拟人化与非人类体验研究	周丽影	杭州师范大学
227	我国媒体跨年晚会的视觉修辞研究——基于2016—2021年间电视跨年晚会与B站跨年晚会对比的视角	周晓敏	北京交通大学
228	《北欧神话》翻译实践报告——功能对等理论视角下的修辞翻译	周云涛	沈阳师范大学

(周录祥整理)

编后记

2021年11月13日—14日,在胡范铸教授、陈佳璇教授等筹划下,"中国修辞学会2021年学术年会暨第十一届国家和机构形象修辞学研讨会"如期召开。本届研讨会由中国修辞学会和韩山师范学院主办、韩山师范学院文学与新闻传播学院承办、华东师范大学国家话语生态研究中心与《外国语》杂志社协办。主题是"全球思想竞争时代的话语实践与修辞理论",来自全国各地高校的110多名专家学者,通过线上视频直播的方式参与了研讨会,除几位专家发表大会报告外,其他专家就"全球视野下的中国国家形象话语建构""新机遇下的汉语国际教育、语言教育及语法构式研究""新时代下的语言功能、语言景观及语言生态研究""当代修辞学、语用学理论的发展""修辞、语用与语法的探索"等话题展开了热烈的讨论,会议取得圆满成功。

会后例行的工作是出版当年的《中国修辞》。周录祥教授提出进一步强化年刊"年鉴"性的思路,除了收录部分年会论文、精选本年度已经发表过的高水平修辞学论文、报道重要学术研究动态外,可以增加博士、硕士论文摘要与目录、重要刊物总目录,也可以介绍学术机构运行情况,推介知名学者、学术新人,展望学术发展前景,等等。这些建议有其合理性,部分已经在本次出版中实现,有些则碍于编辑精力、出版经费等问题,以俟将来。

修辞不但是对世界的"述说",也是对世界的"构造"。2021年,全球可谓风云变幻,中国更可谓是又一个"百年变局"的发端。在这一语境下,2021年的中国修辞学研究,从"政治传播语言学"的理论设想到"共情修辞""视觉修辞"等命题的讨论,可以说比以往任何时候都自觉地参与全球修辞学知识生产的竞争;而以对智库话语的"框架分析"准确预测美国政府对华政策的重大转变,以奥运体育景观的分析考察国家形象的修辞等,可以说比以往任何时候都注意对于全球语言生活和谐的促进。中国现代修辞学的发展是中国社会现代转型、学术现代转型的一个结果,也是这一转型的一个动因。未来的中国修辞学研究,无论在目标设定、问题发现还是在方法设计上,都将更努力地推动社会现代化和人际互动性的发展。

  本卷《中国修辞》的出版,上海社会科学院出版社陈如江、邱爱园老师付出了大量精力,韩山师范学院给予了出版资助,陈香余等同学参与了文稿的整理工作,在此一并感谢!

编 者

2022 年 8 月 30 日

图书在版编目(CIP)数据

中国修辞.2021 / 胡范铸主编；周录祥，陈佳璇执行主编.— 上海：上海社会科学院出版社，2022
 ISBN 978-7-5520-3970-2

Ⅰ.①中… Ⅱ.①胡… ②周… ③陈… Ⅲ.①修辞学—文集 Ⅳ.①H05-53

中国版本图书馆 CIP 数据核字(2022)第 183331 号

中国修辞 2021

主　　编：胡范铸
执行主编：周录祥　陈佳璇
出 品 人：佘　凌
责任编辑：邱爱园
封面设计：黄婧昉
出版发行：上海社会科学院出版社
　　　　　　上海顺昌路 622 号　邮编 200025
　　　　　　电话总机 021-63315947　销售热线 021-53063735
　　　　　　http://www.sassp.cn　E-mail:sassp@sassp.cn
照　　版：南京理工出版信息技术有限公司
印　　刷：上海天地海设计印刷有限公司
开　　本：710 毫米×1010 毫米　1/16
印　　张：17.25
插　　页：1
字　　数：289 千
版　　次：2022 年 11 月第 1 版　2022 年 11 月第 1 次印刷

ISBN 978-7-5520-3970-2/H·044　　　　　　　　　　定价:88.00 元

版权所有　翻印必究